독일교회를 통해 배우는

한국교회의 통일노력

저자 정일웅

서문

　새로운 천년이 시작된 지금, 이 21세기 초엽에 한국교회가 시급히 감당해야 할 중요한 과제는 크게 두 가지라고 생각한다. 첫째는 교회들이 서로 연합하고 연대하여 한국교회의 하나 됨의 모습을 이루는 일이며, 둘째는 그 전제하에 세계선교와 특히 한국민족의 숙원인 남북통일에 기여하는 일이다. 그것들은 교회에 위임된 복음 전도와 선교의 사명을 성취하기 위하여 방법론적인 성찰에서 절대적으로 요구되는 과제요, 더욱이 민족의 숙원인 남북통일에 기여하려는 방법을 찾음에 있어서도 깊이 주목해야 할 일이라고 생각한다. 필자는 이러한 시각과 함께 독일교회가 실천한 통일을 위한 노력들을 살펴보았으며, 교회의 연합과 일치야말로 모든 교회적 활동의 실제적인 힘의 근거요, 바탕임을 알게 되었다. 더욱이 1990년 독일통일이 이루어진 역사적 과정과 이 일에 독일교회의 노력과 역할들이 있었음을 알게 되면서, 그리고 교회의 연합과 일치를 통한 국가와 사회에 대한 교회의 봉사와 노력은 필자에게 새로운 도전이 되었다. 그리고 1991년 동·서독 교회가 하나의 교회로 연합한 일은 이 시대에 더 없는 성숙한 교회의 모습을 보는 듯했었다.

　이러한 하나 됨을 통하여 독일통일에 대처한 독일교회에 대한 필자의 이해는 지난 1년 동안 기독교북한선교회의 지원으로 시작한 연구논문의 근본적인 동기가 되었다(1998/99). 원래 연구논문의 주제는 '독일교회의 연합과 일치가 독일통일의 전과 후에 미친 영향과 그 성과에 관한 연구'였다. 그리고 필자는 독일교회가 취했던 통일노력들에서 한국교회가 남북통일에 봉사하려는 그 롤 모델이 무엇인지를 찾아보려고 하였다. 실제로 필자는 이 연구를 통하여 많은 새로운 지혜들을 찾았으며, 또한 필요한 새로운 방법들을 논문에서 제안하였다. 특별히 우리는 독일교회가 취한 독일통일을 위한 노력의 대 원칙은 성경말씀에 근거한 세 가지 원리였다고 생각한다.

　첫째, "성령이 하나 되게 하신 것을 힘써 지키라"(엡 4:3)는 교훈의 실천이었다. 독일교회는 그들의 역사 속에서 교회의 연합과 일치를 이루 낸 교회였다. 그리고 그러한 연합과 일치는 방법적으로 모든 교단(파)들이 하나의 교파에로 통합하는 것이 아니라, 복음의 더 큰 대의에 따른 과제실현(복음선교, 사회봉사, 진리수호)을 위해 서로 동맹관계의 협의체를 구성하여 대처하는 방법이었다. 둘째, 복음의 핵심적 가치인 용서와 화해의 정신을 실천함에 있었다. 이것은 그리스도가 보여준 화해의 가치를 개별적인 은혜로 수용할 뿐 아니라, 동서독의 이데올로기의 대립을 뛰어넘어 복음의 화해 정신을 사회적으로, 정치적으로 이웃과의 관계에서 삶으로 실천해 갔다는 점이다. 그리고 그 용서와 화해의 정신을 교육적으로는 전 국민에게 계몽하고 의식시켰던 점이다. 셋째, '네 이웃을 네 몸과 같이 사랑하라'는 주님의 계명의 실천이었다. 이것은 동족을 향한 그리스도 사랑의 봉사적 활동으로 나타났고, 그것은 곧 그리스도 안에서 민족의 정체성을 확인하는 수단이 되었으며, 때가 이르러 독일통일이라는 기적의 열매를 얻게 된 것이었다. 그리고 이러한 성경적 대의를 전제하여 연합과 일치의 협의체를 만든 독일교회는 다양한 방법들을 통일을 향한 교회의 노력에 적용하였던 것이다.

　결과적으로 본 연구자는 이러한 독일교회의 통일을 위한 다양한 방법의 지혜가 한국교회의 남북통일을 향한 노력에 다시금 재활용되기를 간절히 소원하는 것이다. 그런 뜻에서 이 책의 이름을 "독일 교회를 통해 배우는 한국교회의 통일노력"이라고 하였다. 특히 한국교회의 연합과 일치가 21세기 초엽에 반드시 이루어내야 할 한국교회의 과제 중 하나임을 인정한다면, 그것은 역동적인 힘을 끌어내기 위한 근본구조라는 사실을 알아야 하며, 또한 독일교회는 그 하나의 분명한 모델임을 말하지 않을 수 없다. 그러므로 한국교회가 이러한 연합과 일치의 모습을 이루게 된다면 그것은 남북통일에의 기여는 말할 것도 없고, 세계의 복음선교와 복음의 사회적 책임과 진리 수호를 위한 과제의 성취에 무한한 힘의 역동성을 발휘하는 교회가 될 것으로 확신한다.

 여기서 한 가지 주의해야 할 것은 독일교회의 상황과 한국교회의 상황이 전적으로 다르다는 시각이다. 그 시각으로 우리는 독일교회의 것들을 모두 평가절하 시킬 수도 있을 것이다. 그러나 필자는 교회의 연합과 일치에 대한 성경적 대의를 생각하면, 독일교회를 통하여 배울 것이 분명히 많음을 확신한다. 그런 맥락에서 본 연구는 한국교회의 통일노력에 기여되기를 바라는 것이다. 물론 한국교회의 연합은 결코 단순하게 이루어질 수 있는 일이 아니다. 아직도 성경의 이해와 신학사상적인 견해의 차이로 나누어진 한국교회의 깊은 골은 쉽게 해결될 수 있다고 낙관할 수는 없다. 그러나 절망하거나 비관적인 시각에 언제까지 머물러 있을 수만도 없는 것이다. 이제 그 가능성은 깊은 이해를 가진 대화로부터 시작해야 하며, 그 대화를 통하여 서로의 간격을 좁히며, 모든 것을 풀어가야 할 것이다. 이미 보수주의적인 교회들의 집합체라 할 수 있는 '한국기독교총연합회'와 '한국기독교교회협의회'(KNCC)라는 두 단체가 한국교회 내에는 형성되어 있다. 필자의 연구논문에서 제안하고 있는 것처럼, 남은 일은 이 두 단체가 하나의 연결된 교회의 통일성을 가진 협의체를 형성하는 일이다. 그리고 한국교회를 대표할 수 있는 제3의 통일된 이름으로 모든 과제들을 협의하여 해결해 가는 길이 모색된다면 좋을 것이다. 이미 작년(1999년 4월)에 시작된 합동측과 통합측 교단의 만남과 대화는 한국장로교회의 연합과 일치를 위한 대화가 이미 시작되었다는 면에서 큰 의의를 가진다. 이러한 만남과 대화가 한국교회의 연합과 일치에 크게 기여하는 기회가 되기를 바란다. 또한 이러한 만남이 민족적 숙원인 남북통일을 앞당기는 하나님의 역사에 귀한 도구가 되기를 소원하는 바이다.

끝으로 필자의 연구논문이 책으로 나오기까지 협력해 주신 기독교북한선교회에 감사를 드린다. 그리고 독일 복훔대학(Bochum)신학부의 링크(Christian Link)교수에게도 감사를 드린다. 그는 독일교회의 통일노력에 관한 역사적 자료들을 찾는데 큰 도움을 주었기 때문이다. 또한 국내의 자료수집에 도움을 제공해 준 주도홍 교수와 이원재 형제에게도 감사드린다. 본 연구는 비록 조그마한 일이었지만, 본 연구자의 마음에는 한국교회의 남북통일을 향한 노력에 함께 봉사한다는 기쁨과 보람을 가지는 일이며, 그 일에 하나님의 역사가 있기를 진심으로 기도한다.

아무쪼록 이 글을 대하는 모두에게 하나님의 지혜의 은총이 함께 하기를 진심으로 기원하면서…

2000년 4월 6일
사당동 연구실에서 정 일 웅

추천사

정일웅 교수님은 역사적인 칼빈주의 입장에 철저히 서면서 하나님이 우리에게 주신 민족의 역사적 과제인 통일에 대하여서도 깊은 관심을 가지시고 이 연구에 전념하심으로써 이번에 값진 저서를 내어 놓은 것을 축하한다.

정교수님께서는 이 저서에서 기독교 예배와 교리 교육을 전공하시는 실천신학자의 관점에서 분단독일 시대 동서독 교회의 역할에 대하여 깊은 연구를 하시고 소개하심으로 한국교회가 이 역사적 시기에 해야 할 일을 내어 놓으신 것이다.

새로운 천년, 지금 우리 한반도에는 화해와 통일의 새로운 무드가 조성되고 있다. 그것은 김대중 정부가 집권 이래 줄기차게 취하여온 대북한 포용정책이 결실을 맺어 6월 13-15일에는 분단 이후 처음으로 남북정상이 평양에서 서로 악수를 하고 평화공존을 위한 대화를 갖게 되었다는 점이다. 분단 이후 처음있는 사건이요 분단 이후 남북관계에 새로운 이정표가 되기에 틀림없는 사건이다.

이번에 한국개혁신학과 복음주의 실천신학계의 중요한 몫을 담당하고 있는 정일웅 교수께서 그동안 독일통일에 있어서 동서독 교회가 어떻게 협력을 하였는가를 신학자의 관점에서 연구하여 발표한 것은 한국보수신학이 한국통일을 위해 내어놓는 중요한 공헌이라고 생각한다. 이제 한국교회의 보수신학도 현실과 무관한 사상만을 외치고 역사적 현실에 방관만 할 것이 아니라 종교개혁자들이 남겨 놓은 위대한 신학적 유산을 계승하면서 오늘날 우리의 구체적인 역사적 현실에 이를 적용시켜 우리의 현실이 보다 발전적이고 하나님께 영광을 돌리는 현실로 만드는 데 공헌해야 한다. 정교수님의 저서는 이런 면에 있어서 한국보수신학계가 내어놓는 하나의 큰 공헌이라고 생각한다. 특히 한국교회의 통일노력에 있어서 독일교회가 보여준 교회의 연합과 일치의 정신과 독일통일이 이루어지기까지 교회가 기여한 점들을 깊이 있게 연구하며 제시하고 거기서 교훈을 얻게해 주고 있다는 면에서 귀한 연구서라고 생각한다.

또한 통일에 대한 교회의 역할에 대하여 문제의식을 가지고 있는 신자들과 목회자 및 신학자 그리고 일반 시민들에게 이 저서는 기독교적인 관점에서 앞으로 통일을 위해 신자와 교회의 역할이 어떻게 되어야 할 것을 명료하게 보여준다. 여기에 이 저서의 귀한 값어치가 있다고 생각한다.

한국교회 목회자, 평신도, 신학자 그리고 지성인들의 필독서라고 생각한다. 그리고 귀한 저서를 내어놓으신 정교수님의 앞으로의 학문여정 위에 하나님의 축복과 인도하심이 같이 하시기를 기원드린다.

김영한
(숭실대 기독교학대학원장 / 한국개혁신학과 복음주의신학회장)

차 례

3 저자서문
7 추천사

15 서론

17   1. 연구의 동기와 목적

21   2. 연구 방법과 범위

25 I. 교회의 연합과 일치에 대한 기독교적 의의와 과제

29   1. 교회의 연합과 일치에 대한 성경적 교훈

35   2. 연합과 일치를 위한 교회의 역사적 노력
36   1) 교회의 본질과 성격
37   2) 예루살렘 교회와 사도회의
39   3) 니케아와 칼세톤 종교회를 통한 교회의 연합과 일치
41   4) 동방교회와 서방교회의 분리
42   5) 종교개혁을 통한 교회의 분리와 연합
47   6) 코메니우스의 교회연합과 일치의 정신
49   7) 세계교회 연합운동과 에큐메닉의 활동
49   (1) 에큐메닉 운동의 역사적 배경
51   (2) 에큐메닉스의 발전과정

54   8) 세계복음주의 교회의 연합운동

56   3. 교회의 연합과 일치의 실천적 의의와 과제
56   1) 기독교 복음 선교의 과제
57   2) 사회봉사를 위한 과제
58   3) 진리의 보존과 수호를 위한 과제
58   4) 신앙교육의 표준과 통일성의 견지를 위한 과제

61 II. 독일교회의 연합과 일치의 역사

63   1. 독일교회의 역사와 전통
65   1) 독일교회의 역사적 배경
69   2) 나치정권과 고백교회의 투쟁
74   3) 전후 독일의 정치적 상황과 독일교회

77   2. 독일교회의 연합과 일치의 새로운 역사
77   1) 독일교회와 새로운 탄생
77   (1) 독일교회의 재건작업
79   (2) 독일개신교협의회(EKD)의 탄생
82   2) 독일개신교회협의회(EKD) 기구와 조직과 활동
82   (1) '독일개신교회협의회'의 명칭과 성격
83   (2) '독일개신교회협의회'의 과제와 임무
89   (3) '독일개신교회협의회'의 회원교회와 조직

95 III. 독일 통일을 향한 독일교회의 노력

97.	1. 교회의 복음선교적 차원에서의 노력
97	1) 분단 체제간의 화해와 교회와 민족의 일치를 위한 노력
98	(1) 분단 초기의 노력 (1945-1960)
103	(2) '교회의 날'(Kirchentag)행사를 통한 노력
106	2) '독일개신교회협의회'의 계속적인 화해(1961-1979)
107	(1) '독일개신교회협의회'와 동독정부(SED)와의 관계
111	(2) 사회주의 안에 있는 교회(BEK)
113	2. 정치적이며 사회 윤리적 차원에서의 노력
115	1) 서독, 독일개신교회협의회(EKD)의 평화운동
117	2) 동독 개신교회의 평화운동
124	3. '특별한 유대관계'를 통한 통일의 노력
125	4. 종교교육을 통한 통일에의 노력
126	1) 서독교회의 신앙교육
127	2) 독일학교에서의 종교교육
129	3) 동독의 교회와 학교의 종교교육
130	(1) 교회와 학교에서의 신앙교육의 실태
131	(2) 1952년 이후 동독교회의 신앙교육
134	(3) 동독교회(BEK)의 신앙교육세 대한 새로운 전략
137	5. 동독의 전환기와 동독교회의 역할
138	1) 동독의 전환기
140	2) 평화기도회와 민주화시위
143	3) 원탁회의의 중재자

147   4) 역사적인 독일 통일

151 IV. 통일 후 독일교회의 하나 됨을 향한 노력과 전망

153   1. 독일교회의 역사적 통일
154   1) 로쿰(Loccum)에서의 총회
156   2) 독일개신교회협의회(EKD)의 통일

156   2. 통일 후 독일사회와 독일교회의 통합 문제
157   1) 독일사회의 문제점
159   2) 교회통합에 따른 문제
160   (1) 교회세 제도의 적용
162   (2) 학교에서의 종교수업의 재개문제
162   (3) 군목제도의 부활문제

163   3. 통일독일과 독일교회의 전망
163   1) 독일국민의 재 선교를 위한 노력
164   2) 구라파의 교회와 세계교회협의회(WCC)와의 관계
166   3) 독일교회의 전망

169 V. 독일교회가 주는 한국교회의 통일노력을 위한 교훈

172   1. 한국교회의 연합과 일치에 대하여 주는 교훈
172   1) 한국교회의 전체를 통합하는 연합된 협의기구의 구성
176   2) 대 정부와 대 북한과의 접촉을 위한 대화창구의 일원화

180   2. 남북한 교회의 교류와 연합의 활동 방안
180   1) 북한교회의 실체 인정
183   2) 북한의 지하교회(가정교회) 양성화를 위한 지원정책
184   3) 한국교회의 북한 돕기 운동에 적극 참여

185   3. 평화교육과 통일교육의 실천 방안
185   1) 한국교회의 통일을 준비하기 위한 통일교육의 확대
187   2) 기독교 학교의 평화와 통일교육의 실천
188   3) 일반학교의 평화와 통일교육 실천

188   4. 세계교회의 각종 연합기구들과의 협력모색

191 **결론**

197 **각주**

239 **참고문헌**

서 론

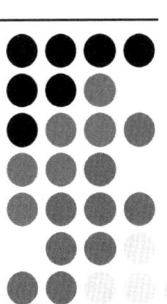

1. 연구의 동기와 목적
2. 연구 방법과 범위

서 론

1. 연구의 동기와 목적

　지난 1990년 10월 3일은 동·서로 분단된 독일이 45년 만에 극적으로 통일을 이룬 역사적인 날이었다. 이러한 역사적인 통일의 날을 전 세계는 경이적인 눈으로 지켜보았고, 독일통일에 대하여 진정한 축하를 보냈던 것이다. 이러한 독일의 통일은 아직도 분단의 고통과 통일의 숙원을 안고 있는 우리 한국 민족에게는 부러움과 새로운 희망이 아닐 수 없었다. 그 당시 독일교회와 국민은 통일의 소감을 말할 때, '오직 기적'이라고 표현했던 것을 기억한다. 그것은 통일에 대한 기대와 열망이 있었음에도 불구하고, 너무도 갑자기 나타난 역사적 통일에 대한 감격적 표현으로 이해된다. 그리고 이러한 기적에 대한 표현은 실제로 1989년 베를린 장벽이 무너지고, 동독사회가 민주화를 요구하며, 동독의 국가가 거의 무정부적 상황에 돌입했을 때, 그리고 동·서독 간에 독일통일이 논의되었으며, 정치적으로 서독이 동독을 흡수하는 방식(역자주: 침략을 통한 흡수가 아니라, 동독이 무정부상태에 돌입하여 국민스스로가 독일과 통일하기를 스스로 염원하여 이루어진 통일)으로의 통일이 결정되기까지 동독 내에서는 아무런 폭동이나 피흘림의 소요 없이 이 모든 일이 평화적으로 이루어졌음에 대한 응답으로 이해된다. 후에 이러한 통일과정에는 오직 교회로 모여 촛불 하나를 움켜지고 하나님의 도움을 기도하며 침묵으로 시위했던 동독 그리스도인들과 교회들의 노력이 있었다는 것을 알게 되면서, 독일의

통일은 하나님의 선물이요, 기적적인 사건이었음을 믿음의 눈으로 이해하게 된다.[1]

이러한 동·서독의 통일이 온 세계에 선포된 지 8개월이 지난 후, 1991년 6월 27일에 역시 동·서독으로 나누어졌던 독일교회도 마침내 역사적인 하나의 독일교회로 통합하게 되었다.[2] 이러한 독일교회의 연합과 일치는 아직도 민족적인 분단의 고통을 안고 있으며, 수많은 크고 작은 교파의 교회들로 나누어 있는 한국교회에는 크나큰 부러움이 아닐 수 없었다. 그리고 동시에 이러한 독일교회의 연합과 일치는 한국민족의 통일과 한국교회의 일치와 연합에 하나의 가능성을 제시하는 새로운 희망이라고 하지 않을 수 없었다. 또한 독일의 통일에 있어서, 특별히 서독의 교회(EKD)와 동독 내의 교회가 취한 통일을 향한 부단한 노력들은 오늘 우리가 짊어져야 할 남북통일을 위한 한국교회의 노력과 책임으로 인지되었다.

본 연구자는 이러한 독일교회의 연합되고 통일된 모습이 한국민족과 국가의 통일을 위한 한국교회의 노력에 분명한 하나의 교훈을 주고 있다고 생각한다. 그리고 독일교회는 실로 독일민족과 국가의 분열과 교회의 수난의 역사 속에서도 끝까지 교회의 연합과 일치를 이루어간 성숙된 교회라고 하지 않을 수 없으며, 이러한 독일교회의 연합과 일치는 세계 2차 대전 이후에도 분단된 독일의 민족과 국가 통일을 위한 봉사에 하나의 원동력이 되었기 때문이다. 그리고 실제로 오늘의 독일 통일은 이러한 독일교회의 연합과 일치의 저력이 만들어낸 작품이라 해도 과언이 아닐 것이다. 그리고 독일교회의 연합과 일치는 현재 독일민족의 통일에 기여했을 뿐 아니라 통일 후에도 동·서독 교회가 서로 연합하여, 통일을 통한 사회적이며, 정치적인 일치를 이루기까지 그 원동력과 모범이 되었음을 우리는 주목하지 않을 수 없다.

독일교회의 이러한 관점들에 착안하여 본 연구자는 한국교회가 남북통일에 기여할 수 있는 가장 근원적인 방안으로서 무엇보다 먼저 추구해야 할 일이 한국교회, 즉 한국의 프로테스탄트(개신교)교회들이 하나의 일치된 교회로 연합하는 일이라고 본다. 이러한 한국교회의 연합과 일치의 바탕 위에서 북한을 향한 복음선교의 과제가 추진되어야 하며, 분단된 민족의 통일을 향한 한국교회의 노력이 또한 추구되어야 할 것으로 판단한다. 이러한 한국교회의 연합과 일치는 민족의 통일과 국가의 통일 후에도 요구될 한국교회의 중요한 과제라고 생각한다. 아마도 교회의 연합과 일치의 운동은 21세기 초엽에 한국교회가 이루어내야 할 과제일 뿐 아니라, 한국교회가 나아가야 할 필연적인 방향과 목표라고 생각한다.

그런데 여기서 한 가지 분명히 해야 할 것은, 교회의 연합과 일치를 하나의 조직과 통치체제에로 통합하는 교파의 통일을 생각하기보다는 현재 실재하는 여러 교파의 역사와 현재의 교단적인 실체를 서로 인정하고 존중하면서도 더 큰 하나님의 영광과 그의 나라의 건설을 위하여 서로 힘을 합하여 연대하며, 연합할 수 있는 방법으로서의 연합과 일치를 전제하는 것이다. 그리고 이러한 연합과 일치는 바로 독일교회가 보여주고 있는 모습이며, 그러한 연합의 일치된 힘으로 그들이 동독의 민족을 향하여 지속적인 선교정책을 실천할 때에 하나님은 그 민족에게 통일이라는 은혜의 선물을 허락한 것으로 이해하면서, 우리의 남북한의 민족적이며 국가적인 통일도 이러한 맥락에서 연합과 일치로 하나 된 성숙된 한국교회의 신앙이 감당해야 할 21세기의 필연적인 과제로 인식하는 것이다.

이러한 한국교회의 상황을 전제하면서 본 연구의 목적은 독일교회가 교회의 연합과 일치의 과제를 그들의 역사 속에서 어떻게 이루게 되었으며, 그 연합과 일치의 힘으로 독일 통일에 무엇을 어떻게 행하였으며, 독일교회가 이루어낸 것이 무엇인지, 그 역사적이며 실천적인 가치들을 규명해 보기를 원한다. 그리고 통일 후에도 동·서독의 교회가 이러한 연합과 일치를 이루어 지속적으로 국내선교뿐 아니라, 구라파와 전 세계의 선교에 봉사하고 있는 그 역사적이며 실제적인 정황을 살펴보려고 한다. 그리고 이러한 역사적 정황의 분석과 관찰에서 우리는 하나의 해답을 얻게 될 것으로 기대한다. 그 때문에 연구주제를 '독일교회의 연합과 일치가 독일 통일에 미친 영향과 그 성과에 관한 연구'로 설정하였으며, 연합된 독일교회가 그 민족의 통일을 위하여 실천한 노력과 그에 따른 성과들을 자세히 살펴서 한국교회의 통일노력이 어떠해야 할 것인지에 대한 그 방법적인 지혜를 끌어내 보려고 한다. 더욱이 현재 한국교회가 직면하고 있는 다원적 교단(파)주의를 극복하지 못한 채 남북통일에의 과제와 북한선교를 위하여 시행되고 있는 수많은 시도들은 지극히 단편적인 일들로 보여지며, 지극히 협의적인 모습으로 여겨진다는 점이다. 그리고 현재 한국교회를 대표한다는 두 기구, 즉 한국기독교총연합회(한기총)와 한국기독교교회협의회(KNCC) 사이의 대북을 향한 선교적 노력의 이원적 창구의 갈등문제는 매우 심각한 것으로 인지된다. 또한 개인적인 주도권(Initiation)에 의하여 추구되고 있는 북한 선교를 위한 여러 단체들의 활동 또한 서로 아무런 정보교환과 선교 전략적인 협의 없이 경쟁적인 모습만 보여 지고 있는 현실은 참으로 안타까울 뿐이다.3) 어쨌든 현재 이루어지고 있는 한국교회의 통일을 위한 모든 노력들은 교회의 연합과 일치라는 전제에서 새롭게 고려, 추진되어야 할 것으로 생각한다. 물론 독일의 상황과 우리 한국의 상황이 역사적으로 다른 배경을 가지고 있기 때문에 반드시 독일의 통일방식이 우리에게 그대로 적용될 수 있을 것이라는 지나친 기대는 삼가 해야 할 것이다. 그러나 지금 그 어떤 방법으로라도 한국교회가 남북통일에 기여하기 위한 방안을 모색해야 한다면 독일의 통일과 독일교회의 통일이 우리에게 분명히 하나의 본이 되고 있다는 사실을 간과할 수 없으며, 그것은 곧바로 본 연구의 동기와 목적과 의의와 가치를 부여하는 점이기도 하다.

2. 연구의 방법과 범위

본 연구는 독일교회의 연합과 일치의 역사적 과정을 연구하기 때문에 역사 신학적인 연구의 성격에서 출발한다고 하겠다. 그러나 이 연구는 독일교회의 연합과 일치의 역사적 연구에 한정하지 않고, 이러한 교회의 연합과 일치의 힘이 독일 통일에 미친 구체적인 영향과 결과를 밝혀 봄으로서 한국 교회가 민족통일에 기여하기 위한 방법이 구체적으로 무엇이어야 할 것이며, 나아가서 북한 선교를 위한 그 실천적인 방법과 전략이 무엇이어야 할 것인지를 모색하려는 것이다. 그리고 통일 이후에 동서독 교회의 일치가 현재 견고히 이루어져 독일민족의 국내선교적 전략과 방법을 또한 지속적으로 추구하고 있는 점은 우리 한국교회가 본받아야 할 점이라고 생각한다. 그러므로 이런 전제에서 본 연구는 실천 신학적이며, 선교 방법적인 연구의 의의를 가진다고 하겠다.

본 연구의 방법으로는 역사적인 문헌 연구에 의존하기 때문에 문헌 분석에 의한 해석적인 방법이 적용될 것이다. 특별히 대부분의 논문의 연구 주제들이 독일과 독일교회의 역사적인 내용들에 의존되어 있기 때문에 독일 현장에서의 연구가 필연적으로 요구된다. 그러므로 독일 현장을 방문하여 역사적인 독일교회의 통일을 향한 노력에 대한 문헌들을 수집하고 분석하여, 객관적으로 서술하는 방식을 이용할 것이다. 그리고 본 연구의 범위는 다음과 같이 크게 다섯 부분으로 구분하여 형성될 것이다.

첫 부분은 교회의 연합과 일치에 대한 기독교적 의의와 과제에 대한 이해이다. 그것은 세 가지 관점에서 다루어졌는데, 첫째는 교회의 연합과 일치에 대한 성경적인 교훈에 대하여 생각해 본 것이다. 둘째는 교회의 연합과 일치가 어떻게 각 시대마다 실천되어왔는지를 살펴보았다. 초대교회에서 현대교회에 이르기까지 특히 세계교회협의회(WCC)와 로잔의 복음주의자들의 모임 등을 자세히 살펴보았다. 이 부분은 교회의 역사적 맥락을 따라 서술되었다. 끝으로 교회의 연합과 일치의 실천적인 의의와 과제가 무엇인지를 또한 밝혀보았다. 이 부분에서 우리는 교회의 연합의 과제가 얼마나 중요하고 필수 불가결한 것인지에 대한 대의와 당위성을 확인하게 될 것이다.

둘째 부분은 독일교회의 분단과 통일, 그리고 연합과 일치에 대한 역사적 정황이 자세히 다루어졌다. 이 부분에서는 독일교회의 역사, 특히 루터의 종교개혁을 통하여 루터교회를 탄생시켰고, 그 이후의 역사적 과정에서 루터파 교회와 칼빈파 교회 그리고 연합파 교회의 세 주류를 형성하게 된 역사적 과정을 상세히 다루었다. 그리고 각 지역을 중심으로 나누어진 25개의 교단이 어떻게 독일교회협의회(EKD)라는 오늘의 독일교회의 연합과 일치의 모습을 이루게 되었는지 그 역사적 배경을 또한 자세히 다루었다. 물론 동서독 국가의 분단 이후에도 교회의 연합은 지속되었지만, 냉전 이데올로기의 대립과 동독정부의 정치적인 억압에 의하여 독일교회협의회는 양 체제 속의 교회로 나누어지게 된다.

셋째 부분은 독일의 분단과 독일교회의 통일을 향한 노력에 대하여 다루었다. 이 부분은 독일교회가 1990년 역사적인 독일 통일을 이루기까지 펼치게 된 통일을 위한 노력에 대한 것을 다섯 가지 유형으로 구분하여 자세히 다루었다. 첫째는 교회의 복음 선교적 차원에서 행한 노력, 둘째는 정치적이며, 사회윤리적 차원에서의 노력, 셋째는 특별한 유대관계를 통한 노력, 넷째는 종교교육을 통한 노력, 다섯째는 동독의 전환기와 동독교회의 역할 등에 관한 것이다. 이러한 정황들에서 한국교회는 실제로 남북 통일을 위하여 무엇을 어떻게 해야 할 것인지, 많은 선교 방법론적인 교훈과 지혜를 얻게 될 것으로 생각한다.

넷째 부분은 통일 후 독일교회의 사회와 교회통합을 향한 노력과 전망에 대한 것이다. 독일은 통일 후에 곧 이어 독일교회의 통일을 이루었다. 그러나 아직도 이루어지지 않은 사회의 통합과 교회의 완전한 통합은 여전히 숙제로 남아 있다. 이것은 통일 후에 나타난 독일사회와 교회의 후유증과 관련하여 많은 과제를 안고 있는 문제이기도 하다. 특히 오랜 기간의 분단이 갑작스런 통일로 다가왔을 때 필연적으로 겪어야 하는 독일민족의 통합, 사회의 통합, 경제의 통합에 관한 문제들이다. 이러한 일들은 많은 갈등과 함께 현재 진행 중이기 때문에 상세한 결과들을 여기에서 다 취급하지 못한 아쉬움이 남아 있다. 다만 독일교회가 이러한 과제들에 대하여 어떤 비전과 함께 문제해결을 위하여 노력하고 있는지를 부분적으로 소개할 것이다.

다섯째 부분은 본 연구의 결론 부분으로서 독일교회가 주는 한국교회의 통일노력을 위한 교훈과 지혜에 대한 것을 다루었다. 이 부분에서는 특히 다섯 가지 방안이 제시되었다. 첫 번째 한국교회가 이루어야 할 교회의 연합과 일치의 방법, 두 번째 대 정부와 대 북한 선교를 위한 접촉에 있어서 창구의 일원화 방안, 세 번째 남북한 교회의 교류와 연합의 활동방안에 대한 것으로, 역시 세 가지가 제시되었다. 첫째 북한교회의 실체인정, 둘째 북한 지하교회들의 양성화 방안, 셋째, 북한 돕기 운동에 적극 참여 등이다. 그리고 네 번째 평화교육과 통일교육의 실천방안이다. 그리고 다섯 번째로 세계교회들의 연합기구들과의 협력과 연대모색 등이다. 역시 결론부분에 제시된 이러한 제안들은 이미 부분적으로 실천되고 있는 것도 있지만 전적으로 새롭게 추진되어야 할 것이며, 무엇보다도 한국교회의 연합과 일치의 힘으로 추진되어야 하며, 지속적인 그리스도의 사랑의 봉사를 통하여 깊은 신뢰를 쌓을 때 서로 한민족으로서의 동질성이 거기서 회복될 것으로 생각하며 통일이라는 은혜의 선물이 우리의 역사 속에 미래적으로 실재할 것을 확신하는 것이다.

I. 교회의 연합과 일치에 대한 기독교적 의의와 과제

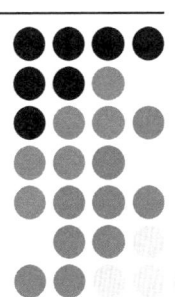

1. 교회의 연합과 일치에 대한 성경적 교훈
2. 연합과 일치를 위한 교회의 역사적 노력
3. 교회의 연합과 일치의 실천적 의의와 과제

I. 교회의 연합과 일치에 대한 기독교적 의의와 과제

우리는 예배에서 사도신경으로 하나님에 대한 신앙을 고백할 때 그 신경의 세 번째 항목에서 '성령을 믿사오며, 거룩한 공회와 성도가 서로 교통하는 것'을 믿는다고 고백한다. 사도신경의 영어나 독일어 표현에 따르면 '하나의 거룩한 그리스도의 교회'(the holy catholich Church ; eine heilige christliche Kirche)를 믿는다는 것을 고백한다. 이것은 그리스도의 교회가 한 분 주님을 믿는, 그리고 믿는 자들이 그리스도 안에서 하나로 연합된 거룩한 일치의 교회임을 고백한 것이다. 이러한 일치와 연합에 대한 고백은 역시 역사적으로 그리스도 교회의 가장 최초의 신앙고백이라 할 수 있는 니케아 신조에서도 동일하게 표현된 것이다.[4]

이러한 교회의 일치와 연합은 성경의 가르침과 신조에 나타난 역사적 고백임에도 불구하고 우리는 실제로 서로 나누어진 교회들에서 신앙생활을 한다. 그리고 우리는 그리스도에 의하여 제시된 하나의 동일한 세례를 받으며 하나의 성찬에서 교제한다. 또한 한 분 주님과 한 분 구세주를 믿음으로 고백하며 그를 전파한다. 그렇지만 우리는 이러한 일들을 서로 나누어진 교회에서 행하고 있으며, 나누어진 교회는 기회가 있는 대로 서로 대립적 입장을 취하기도 한다. 이러한 우리의 모순적인 행위는 때때로 그리스도의 교회가 성취해야 할 과제를 더 위험스럽게 만들기도 한다. 즉 그것은 하나님과 인간 사이에 이루어진 화목의 소식을 인간들에게 알리는 섬김의 사역을 위험스럽게 한다. 그리고 나누어져 있는 교회의 분리된 모습은 이러한 하나 됨을 전제하는 교회의 본질에 근본적으로 모순되는 것이라 할 것이다.

최근 독일 루터교회가 만들어 낸 '성인을 위한 새로운 신앙의 가르침(요리문답서)'은 교회의 분리가 가져다주는 문제가 무엇인지를 잘 지적해 주고 있다.

"한 분 주님과 속죄 자에 대하여 서로 분리된 모습으로 대립하는 다른 증거는 선교적인 힘과 그 효력의 범위를 상실하게 하는 위험을 안고 있다. 그 것은 기독교 신앙고백과 복음적 설교의 신실성을 위험스럽게 만든다. 그리고 이러한 상태가 지속된다면 의심과 모순이 가중되어 결과적으로 교회는 세상으로부터 외면당하게 될 것이다. 다른 교회의 증거를 듣지 않고, 서로 분리된 상태에서 일방적으로 행하는 복음증거는 그리스도의 교회를 참으로 위험에 처하도록 만드는 일이다. 다른 그리스도인들과의 만남과 서로 교제를 이루는 것은 복음을 새롭게 추구하고 그 복음을 더 풍성하게 해 주는 일들에 도움이 될 수 있다. 분리되어 나누인 채 서로 교제하지 않는 교회는 역시 사회와의 관계에서 화목 하는 일보다도 더 먼저 분리와 대립의 모습을 보여주는 요소로 작용하게 될 위험을 가진다. 종파적으로 분리하는 모습은 하나 된 가족을 붕괴시킨다. 그들은 자주 사회적인 계층이나 국가 간의 문화에 상응하는 것이며, 사회적이며 정치적인 긴장 관계를 심화시키는데 기여 한다".5)

이것은 교회가 서로 그리스도 안에서 일치된 모습을 가지고 교제하지 못하고 종파적으로 분리되어 나누어질 때, 그것이 미치는 사회적인 문제와 교회 자체의 문제가 무엇인지를 진솔하게 표현하고 있다. 동시에 교회의 일치의 연합이 얼마나 중요한 과제인가를 새롭게 일깨워 준다. 이러한 분리와 대립 가운데 존재하게 된 교회의 모습이 보여주는 부정적인 것들 때문에 모든 시대에 그리스도인들은 교회의 통일을 위하여 기도해 왔으며, 연합과 일치를 위해 필요한 노력을 기울여 왔던 것이다. 그리고 이러한 교회의 연합과 일치는 지금 예수 그리스도의 교회가 수많은 교파와 교단으로 나누어져 그리스도 안에서 하나 됨과 일치를 망각해 가고 있는 한국교회로서는 절대적으로 요구되는 과제가 아닐 수 없다. 더욱이 현재 분단된 조국의 통일을 생각하고, 북한선교의 문제에 한국교회가 무엇인가 기여하기를 원한다면 무엇보다 먼저 선행되어야 할 일이 한국교회의 연합과 일치의 운동이라고 생각한다. 왜냐하면 서로 협력하고 연합하며 하나 된 교회의 모습으로 일치의 정신으로 일할 때, 그리스도의 교회는 거기서 더 큰 힘을 발휘하는 역동성을 얻을 수 있기 때문이다. 그러면 우리는 여기서 먼저 교회의 일치에 대하여 성경은 무엇을 교훈하고 있는 지를 살펴보기로 한다.

1. 교회의 연합과 일치에 대한 성경적 교훈

성경에는 교회란 개념이 개인보다는 더 공동적이며, 연합적인 의미로 사용된 것을 볼 수 있다. 교회란 원래 부름 받은 자란 뜻이다. 그리고 이 말은 구약성경에서 부름 받은 하나님의 백성과 그 백성들의 모임을 가리켜 카할(להק)이라 불렀고, 그 말이 70인경(Septuaginta)을 통하여 신약에 와서 에클레시아(ἐκκλησία)로 번역된다. 그리고 바울의 서신들에서는 거의 편지 수신자가 에클레시아로 칭해지고 있는데, 그것은 개인 한 사람을 칭한 것이기보다는 그리스도 안에 있는 그 지역의 다수(공동체)를 통칭한 의미로 사용 되었다(고전 1:1-2; 고후 1:1; 갈 1:2; 살전 1:1; 살후 1:1). 원래 희랍 말 에클레시아(ἐκκλησία)도 부름 받은 자, 역시 불려진 백성들의 모임을 뜻하며, 신약성경에서는 그리스도를 통하여 부름 받은 백성들의 모임으로서 역시 교회를 뜻하는 말로 사용되었다. 이 말은 또한 그리스도 안에서 성령으로 부름 받은 하나님의 백성을 가리키며, 그것은 곧, 그리스도인의 모임을 가리키는 말로서, 한편으로는 지역적으로나 시간적으로 모이는 모임을 뜻하며, 다른 한편, 에클레시아는 '그리스도의 몸', '하나님의 백성', '하나님의 성전' 등의 의미로 사용되어 교회의 공동체적인 의미를 표현하였다. 그리고 근본적으로 교회는 예수 그리스도와 연결된 것이다. 베드로의 예수에 대한 신앙고백에서 확인할 수 있는 것처럼, 예수는 주님이요, 그리스도요, 하나님의 아들 되심을 고백하는 신앙에 근거하여 그리스도의 교회는 지상에 세워진다(마 16:16-19). 그러므로 예수 그리스도는 교회의 바탕이요, 근거요, 초석이며, 교회의 머리가 되신다(엡 1:22). 그리고 성도들은 머리되신 그리스도의 몸의 각 지체로 표현되어 공동체를 이루게 된다(고전 11:27; 롬 12:5). 이것은 예수 그리스도 안에서 한 몸을 이루는 하나 됨인 교회공동체의 연합과 일치를 말해 주는 것이라 할 것이다(갈 3:28).

그런데 그리스도의 몸된 교회의 지체들인 그리스도인들은 그리스도 안에서 하나 됨과 연합을 어떻게 실제로 경험하게 되는가? 그것은 교회를 통한 성도들의 모임 가운데 행하여지는 예배와 예전 가운데서이다. 예배를 위하여 성도가 한자리에 모이게 되는 것은 본질적으로 그리스도와의 만남과 교제와 대화를 위한 것이며, 동시에 그리스도에게 속한 자들로서 하나 됨을 경험하는 자리가 되는 것이다. 특히 그리스도의 말씀의 들음을 통하여 믿음을 회복하고 강화하며, 또한 예배 자들의 주님을 향한 마음을 기도와 찬송을 통하여 표현하는 것이다. 그러나 예배가 말씀의 전파, 즉 가르침만이 전적으로 지배하게 될 때, 그곳에는 그리스도가 나누어지는 불상사가 발생하게 된다(고전 1:13). 왜냐하면 설교자에게서 말씀의 표준이 사라지거나 주관적으로 해석된 지나친 가르침이 지배할 수 있기 때문이다. 성경에 소개된 고린도 교회는 그 대표적인 교회로 이해될 수 있을 것이다.[6] 역시 현재 교회분열의 모범을 보이는 한국교회도 동일한 모습의 문제를 안고 있는 교회라 할 것이다. 즉 가르침의 일방적인 지배로 인하여 많은 교회와 교파가 생겨나게 되는 문제를 경험하고 있는 것이다.

이러한 관점에서 볼 때 교회의 연합과 통일성을 상징하며, 그리스도 안에서의 일치와 연합을 경험하게 하는 실제적인 사건으로는 역시 성례(Sacrament)를 들 수 있다. 성례는 그리스도를 통하여 이루신 구속의 은혜를 나타내신 신비로운 일이다. 성령으로 함께 하시는 하나님은 성례를 통하여 그의 독생자를 통하여 행하신 구원의 은혜를 경험하게 하신다. 그리고 성례 가운데서도 성찬은 성도들이 그리스도에게 속한 자들이며, 그리스도 안에서 하나인 연합과 일치를 느끼고 경험하게 하는 중요한 의미를 가진 은혜의 수단이다. 구체적으로는 설교를 통한 하나님의 말씀을 들음은 성령의 도우심 가운데서 그리스도인의 마음에 믿음을 불러일으키는 수단이라면, 성찬은 주님이 행하신 사랑의 행위를 가시적으로 경험하게 하는 은혜의 수단이다.[7] 특히 그리스도 안에서 하나임을 경험하게 하는 수단인 것이다. 그런데 한국교회는 그동안 목회사역의 실제에서 성례(세례와 성찬)의 가치를 자주 활용하지 않음으로 성도들로 하여금 그리스도 안에서 하나 됨과 연합과 일치의 은혜를 나누지 못하는 결과를 초래한 것이다.

신약성경에 따르면 교회의 통일은 하나님의 은혜의 선물이면서 동시에 교회가 이루어야 할 과제로 설명된다. 우리는 그 예들을 바울의 가르침에서 쉽게 확인할 수 있다. 바울은 고린도 교회가 분리의 위기를 맞이하게 되었을 때에 편지의 서두에서 이렇게 썼다. "형제들아 내가 우리 주 예수 그리스도의 이름으로 너희를 권하노니 다 같은 말을 하고 너희 가운데 분쟁이 없이 같은 마음과 같은 뜻으로 온전히 합하라"(고전 1:10)고 명한다. 그리고 바울은 그리스도가 결코 나누어질 수 없다는 것을 전제하면서, 고린도 교회 성도들이 바울파, 아볼로파, 게바파, 예수파로 나누어지는 문제의 원인을 지적하고, 그들 모두는 하나님으로부터 각각 부름 받은 사명을 따라 그리스도의 복음을 위하여 일하는 하나님의 일꾼들이며, 교회의 주인은 오직 하나님이신 것을 강조한다(고전 3:6). 그리고 그들은 하나님의 동역자들이요, 고린도 교회에 속한 너희는 하나님의 복음이 뿌려져 열매를 맺어야 할 밭이며, 하나님의 집이라는 공동적이며 연합적이며 그리스도 안에서 일치되어야 할 하나님의 교회임을 또한 강조하였다(고전 3:9).

바울의 이러한 교회의 하나 됨의 노력은 역시 유대인으로서 그리스도인 된 자들이 구약의 유대종교의 관습을 지킴에 있어서 베드로의 외식하는 태도를 책망한 일에서 더욱 그것을 생각하게 된다(갈 2:11-14). 여기서 바울은 복음을 행함으로 의롭게 되는 것이 아니라 그리스도의 복음을 믿음으로 의롭게 되는 진리를 증거 하였으며, 동시에 그것으로 초대교회의 유대인으로서 그리스도인 된 자들과 이방인으로서 그리스도인 된 자들 사이를 연합하고 통일시키는 일에 크게 기여한 것으로 이해된다. 이러한 바울의 교회의 연합과 일치에 대한 노력은 후에 바울 자신이 활동했던 선교지역의 교회를 통하여 헌금을 수집하게 하고 예루살렘에 있는 성도들의 기근과 흉년을 극복하도록 도운 사실에서 나타나고 있다(고후 8:1~9:15).[8]

바울은 역시 그리스도 안에서 우리가 모두 하나라는 사실을 강하게 증거하고, 그 하나 됨을 힘써 지키도록 교훈한 가장 본보기적인 말씀을 에베소서 4장 1-6절에서 발견한다.

"그러므로 주 안에서 갇힌 내가 너희를 권하노니 너희가 부르심을 입은 부름에 합당하게 행하여 모든 겸손과 온유로 하고 오래 참음으로 사랑 가운데서 서로 용납하고 평안의 매는 줄로 성령의 하나 되게 하신 것을 힘써 지키라 몸이 하나요 성령이 하나니 이와 같이 너희가 부르심의 한 소망 안에서 부르심을 입었느니라. 주도 하나요 믿음도 하나요 세례도 하나요 하나님도 하나이시니 곧 만유의 아버지시라 만유 위에 계시고 만유를 통일하시고 만유 가운데 계시도다."

우리말 번역에서는 자세히 표현되지 않았지만 헬라어 원본에서는 본문의 마지막에 '모두'(πᾶς)라는 말이 네 번 나온다. 그것은 우리가 그 하나의 진술로서 총체적인 교회와 관계되어 있음을 보여 주는 것이다. 통일을 지탱하도록 '너희가 … 힘써 지키라'는 요청은 '너희들은 벌써 그리스도 안에서 하나이다'라는 교회연합에 대한 근본통찰에 기인된 것이라 할 것이다. 또한 '평화의 띠'(συνδέσμῳ τῆς εἰρήνης), – 우리말에는 '평안의 매는 줄'이라고 번역되었는데 –는 먼저 억지로 엮거나 잡아매지 않아야 한다는 뜻이다. '평화의 띠'는 벌써 그 곳에 존재하고 있으며, 그것이 실행되고 보호되어야만 한다(엡 2:14)는 의미이다. 왜냐하면 여기서 말하고 있는 '몸이 하나'란 말은 몸이 몸 되게 하는 것은 그 자체 안에 스스로는 아무것도 없으며, 그것은 오직 그리스도의 영 이시기 때문이다. 교회는 한 분 주인을 소유하고 있기 때문에 하나의 교회로 있을 수 있는 것이다.

그러므로 바울은 고린도전서 1장 13절에서 고린도인들을 향하여 약간은 비판적이며, 역설적으로 "도대체 그리스도가 나뉘었느냐?"라고 반문한다. 이것은 앞에서 말한 고린도 교회 내에 아볼로, 바울, 게바, 그리스도 등의 그룹으로 나누어진 소식을 접하고 이러한 행동은 그리스도의 몸을 쪼개어 나누는 일과 같다는 것을 교훈한 말이다.

우리는 실제로 예수님이 얼마나 하나님의 백성들의 연합과 일치를 간절히 소원했던가를 그가 행한 대제사장으로서의 기도문에서 발견한다(요 17).

"… 거룩하신 아버지여 내게 주신 아버지의 이름으로 저희를 보전하사 우리와 같이 저희도 하나 되게 하옵소서 … 내가 비옵는 것은 이 사람들만 위함이 아니요 또 저희 말을 인하여 나를 믿는 사람들도 위함이니 아버지께서 내 안에, 내가 아버지 안에 있는 것같이 저희도 다 하나가 되어 우리 안에 있게 하사 세상으로 아버지께서 나를 보내신 것을 믿게 하옵소서 내게 주신 영광을 내가 저희에게 주었사오니 이는 우리가 하나된 것 같이 저희도 하나가 되게 하려 함이니이다 곧 내가 저희 안에, 아버지께서 내 안에 계셔 저희로 온전함을 이루어 하나가 되게 하려 함은 아버지께서 나를 보내신 것과 또 나를 사랑하심 같이 저희도 사랑하신 것을 세상으로 알게 하려 함이로소이다 … 내가 아버지의 이름을 저희에게 알게 하였고 또 알게 하리니 이는 나를 사랑하신 사랑이 저희 안에 있고 나도 저희 안에 있게 하려 함이니이다"(요 17:11, 20-23, 26).

이 기도문은 예수님이 십자가의 사역을 이루시고 아버지께로 돌아가게 될 것을 전제하여 이제 그리스도를 통하여 구원받게 될 모든 자들이 하나될 것을 위하여 기도하였으며, 하나되도록 하나님의 도우심이 있기를 기도하였다. 그리고 그 목적은 하나님 아버지께서 예수를 사랑하신 것처럼 저희를 사랑한다는 사실을 알게 하기 위함이라고 하였다. 이것이 진정한 교회의 연합과 일치의 대의라고 생각한다. 그리고 이 본문에 나타난 예수님의 기도 가운데는 그리스도 안에서의 통일이 그리스도인들의 기도의 결과로서가 아니라 통일에 대한 간청이 그리스도의 가장 근원적인 기도의 고유한 관심이었다는 것을 인식하게 된다.

그러므로 위대한 기도자는 언제나 교회 안에서 그리스도의 제자들의 하나 됨을 위하여 간절히 기도해야 한다. 이와 같이 모든 그리스도인들이 하나가 되도록 힘쓰는 교회 연합의 기도(21절)는 제자와 교회의 통일을 위하여 예수님이 행하신 기도를 따라 행하는 것과 같은 것이다. 동시에 한국교회는 이러한 예수님의 기도를 본받아 교회의 연합과 일치를 위한 기도를 실천해야 하며, 교회의 연합과 일치가 바로 그리스도의 명령임을 깨닫고 한국교회가 하나 되도록 힘써야 할 것이다.

2. 연합과 일치를 위한 교회의 역사적 노력

교회의 역사는 기독교 복음선교의 역사와 함께 교회의 분리와 통일, 그리고 연합의 역사를 보여주는 산 증거들이다. 그리스도의 교회는 역사적 과정에서 교회의 통일을 위한 연합과 일치의 과제를 어떻게 실천했던가를 살펴보기를 원한다.

초대교회는 2-3세기로 진행하는 동안에 교회의 유지를 위하여 세 가지 중요한 수단을 사용하였다. 첫째는 복음전파의 근본바탕으로서 성서의 정경화이며, 둘째는 성서의 올바르고 잘못된 이해 사이에서 구별의 특이점으로서 신앙고백을 만들었던 것이다. 그리고 교회의 통일에 대한 봉사로서 감독의 직무의 중요성이 대두된다.9) 이러한 표준에 따라서 교회가 이해 가운데서 일치하든지, 아니면 불일치가 판단되었다. 또한 이러한 기준에 따라 그들에게 거룩한 성찬에서의 교제가 허용되거나 거절하게 되었다. 이러한 신앙의 교리에 대한 문제는 언제나 교회의 모임인 총회를 통하여 권고되었거나 결정되었으며 이를 통하여 어려운 논쟁과 분리와 통일의 노력들이 나타나게 되었다.

1) 교회의 본질과 성격

교회의 본질에 있어서 무엇보다 중요한 것은 하나님으로부터 부름 받은 하나님 나라의 백성의 모임이며, 또한 예수 그리스도로 오신 하나님을 주로 믿고 고백하며, 성령으로 임하시는 하나님과 하나의 공동체를 이루어 성령의 은혜 안에서 교통하는 실체가 교회이다. 부름 받은 백성들의 하나님과의 교제는 교회에 선포되는 하나님의 말씀과 성례 가운데서 이루어진다. 이것은 그리스도의 교회의 본질을 밝히는 증표와 같은 것이다.

그리고 그리스도의 교회는 성령의 도움에 의하여 지상에 세워지며, 종족과 언어와 문화의 다양함 속에 그리스도의 교회가 존재하도록 그의 백성을 계속적으로 부르시고 교회가 존재되게 하신다. 지상에는 이러한 다양한 여러 개의 교회들이 있지만, 그 교회들은 모두 한 분 그리스도를 주로 고백하며, 그리스도의 말씀의 가르침을 따르고, 성례를 행한다면, 이 모든 교회들은 그리스도 교회의 한 지체로서의 관계를 가진 교회인 것이다. 그러므로 교회는 개개인의 부름에서 시작하여 지상에 많은 교회들로 종족과 지역과 문화에 따라 각각 다양성을 보이지만 한 분 그리스도를 주로 고백하는 하나의 그리스도 공동체인 것이다.

우리는 초대교회 교부 키프리안(Cyprian)의 말에서 이러한 교회의 하나 됨과 본질을 또한 쉽게 확인할 수 있다. "오직 하나의 교회가 존재한다. 그것의 열매에 의하여 다수의 교회가 존재케 된다. 마치 그것은 하나의 빛 밖에는 없지만 태양의 많은 광선이 있듯이 , 그리고 하나의 나무둥치가 있지만 많은 가지가 있듯이, 또 하나의 샘의 원천에서 많은 물줄기가 형성되는 것과도 같다 … 이와 같이 많은 가지와 지류들이 형성되어 있지만 원천적인 일치는 보존된다. 태양의 본체에서 광선이 분리되어 발산하지만 빛의 일치성은 나누어지지 아니한다. 나무로부터 가지가 꺾여 지면 부러진 가지는 소생치 못하는 원리와 같다. 물줄기가 샘물로부터 끊어지면 말라버리는 것과 같다. 마찬가지로 교회도 한 하나님의 빛에 의하여 조명되어지고 그것의 햇살을 온 지상에 보낸다. 그러나 그것이 어느 곳을 비추더라도 하나의 빛임에는 틀림없다".10)

2) 예루살렘 교회와 사도회의

역사적으로 볼 때 최초로 지상에 세워진 그리스도의 교회는 예루살렘에서 시작된다. 이 교회는 오순절의 성령강림과 더불어 시작된 것이다. 예루살렘 교회의 사도들은 이스라엘과 사마리아와 시리아 지역으로 그리스도의 복음을 전파하였다. 그리고 예루살렘 교회는 예수님의 사랑 받던 제자인 베드로와 요한과 야고보가 중심이 되어 움직였다. 그 중에 사도의 대표자인 베드로는 교회의 책임자였다. 그리고 예루살렘 교회는 역사적으로 예루살렘이 멸망할 때까지 모든 지역 교회의 연합을 위한 중심으로서 영향력을 행사하는 교회로 있었다. 특히 사도들의 역할로는 여러 지역에 생겨나는 교회와 특히 세례를 베푸는 일과 관련하여 초대교회의 무질서한 세례의 질서를 확립해 간다. 즉 세례요한이나 예수의 이름으로 베풀어진 세례를 하나님 아버지와 성령의 이름으로 통일시키는 작업을 진행한다(행 8 : 14-17). 그리고 이러한 사도들의 역할로는 최초로 이루어진 예루살렘의 사도회의를 생각할 수 있다.11) 그것은 안디옥 교회에서 발생한 유대인 그리스도인들의 할례문제에 관한 것으로 사도들의 복음적인 답변을 얻어오도록 바울과 바나바를 예루살렘 교회로 파송했던 것이다. 사도와 장로를 중심한 예루살렘의 사도회의는 유대인 그리스도인들은 할례를 받지 않도록 지시하였으며, 다만 우상의 더러운 것과 음행과 목매어 죽인 것과 피를 멀리하라는 대답을 주어 돌아가게 하였다. 이것은 사도적 권위를 통하여 교회의 통일을 유지하게 한 중요한 도구였다고 하겠다. 그 당시 사도회의는 베드로를 중심하여 여러 다른 사도들과 함께 이루어진 것이다.12) 이러한 사도회의에 대하여 바울은 갈 2장 1-10절에서 그의 경험을 소개한다. 그는 14년 후에 예루살렘의 사도회의에 참여했다는 것이다. 그 당시 율법에 자유로운 이방선교의 대표자들과 유대종교의 부분들 사이에 미해결 된 충돌이 있었다. 그 충돌점들은 교회의 통일이 파산되는 위협이 되었다. 바울은 언제나 그의 가르침이 예루살렘 사도의 것과 일치되도록 하는 일에 힘썼으며, 후에 그의 여러 선교 지역을 통하여 설립한 교회들에게서 헌금하는 일을 부탁하여 예루살렘 교회의 흉년과 기근의 극복을 도움으로 또한 교회의 연합과 일치를 위한 본보기적인 활동의 좋은 예를 보여주었다고 할 것이다.13)

무엇보다도 예루살렘 교회와 여러 다른 지역 교회들과의 일치를 위한 그 중심적인 근거는 바로 예수 그리스도였다. 그리고 성경말씀과 신앙고백과 성찬 또한 교회의 통일을 위한 근거로 작용하게 된다. 그리고 사도회의 역시 교회의 통일을 위한 중요한 권위적인 수단으로 작용하였다. 이러한 사도회의는 오늘날 교회의 총회를 통하여 하나님의 뜻과 지혜를 좇아 공동체의 의견을 집약하고 교회의 문제를 해결함으로써 교회의 연합과 통일을 추구해 간 중요한 방식이었다. 특히 그 당시 베드로를 중심한 예루살렘의 사도적 권위는 바울을 중심하여 새롭게 전개된 기독교의 복음선교를 통합하고 일치시키는 중요한 역할을 하게 된다.14)

3) 니케아와 칼세톤 종교회를 통한 교회의 연합과 일치

로마의 통치자 콘스탄틴 황제 때에 이르러 기독교는 크게 번창하는 역사를 경험하게 된다. 그것은 황제의 정치적인 배려에 기인한 것이다. 그후 황제의 도움으로 로마교회는 처음으로 니케아에서 종교회의를 소집하게 된다(325년). 이 종교회의를 소집하게 된 이유는 역시 교리적인 논쟁으로 인하여 교회가 분리될 위기에서 처하게 되었기 때문이다. 이러한 분리의 위기를 극복하기 위하여 소집되었고, 로마교회는 처음으로 총회를 통하여 니케아 신조를 공적인 신앙고백으로 채택하게 된다.

특히 교리적 논쟁은 그리스도의 신성에 관한 것으로 그리스도가 이전에 하나님과 동등하게 있었는지 아니면 신의 절반에 해당한 것이었는지에 대한 물음이었다. 이러한 입장을 서로 대변하며 대립했던 신학자로는 아리우스(Arius)와 아타나시우스(Atanasius)라는 인물들이었다. 그러나 매우 보수적인 입장에 있었던 아타나시우스의 견해가 수용되고 아리우스는 정죄 당하게 되었다.15) 물론 니케아 종교회의를

통하여 확증된 그리스도의 신성에 관한 신앙의 교리는 381년 콘스탄티노플에서 개최된 제2차 서방교회와 동방교회의 연합된 총회에서 다시금 확인되었다. 그리고 그 회의는 니케아 신조를 확인하는 회의로서 아리안주의자들을 비롯하여 중도파, 친근파 모두가 저주를 받게 되었던 것이다.16)

이러한 종교회의에서는 특히 예수 그리스도에 대한 신앙고백이 깊이 생각되었고, 형성되었다. 그리고 기독교 신앙은 역사 속에서 일하시는 하나님의 행위에 근거하고 있었다. 즉 그것은 그리스도의 삶과 죽음과 부활에 근거한 것이었다. 그러므로 그리스도인들은 이러한 사건에 관한 근원적인 증거에 결합되었다. 왜냐하면 새로운 시대의 도래와 기독교 신앙에 대한 물음들과 인간들의 사고의 형태들은 변화하기 때문에, 오래된 복음의 소식은 항상 다시 새로운 방식으로 표현되고 해석되어야 하기 때문이다. 그리고 여기서 전통이 생겨나게 되는데, 사람들은 이러한 기독교 복음의 소식의 보존과 현재화의 과정을 전통(전승의 과정)이라고 불렀던 것이다. 450년경에 죽었다는 레리눔의 빈젠즈(Vinzenz von Lerinum)는 곳곳에서 항상 모든 이에게서 믿어진 그것이 참된 전통이라는 원칙을 제기했다고 한다.17)

그 후 451년에 이르러 여자 황제 풀케리아(Pulcheria)에 의하여 칼세톤에서 제4차 종교회의가 개최된다. 이 총회 역시 교리적 논쟁을 종식시키고 교회의 통일과 평화를 추구하기 위해서였다. 이때에 논쟁된 교리의 쟁점은 그리스도의 양성에 관한 것으로 네스토리우스(Nestorius)의 입장은 이단으로 정죄되었다. 물론 이러한 논쟁은 431년부터 시작되었던 것인데, 알렉산드리아의 교부 키릴(Cyrill)과 콘스탄티노플의 교부 네스토리우스(Nestorius) 사이에서 발생하였던 것이다. 역시 네스토리우스 뒤에는 안디옥학파가 서 있었던 것이다. 이 총회의 논쟁 은 역시 서방교회와 동방교회 사이의 논쟁이었으며, 교회의 연합과 일치를 추구하는 초기교회의 노력이었다고 할 것이다.18)

4) 동방교회와 서방교회의 분리

동방교회와 서방교회의 중심은 도시를 근거로 이루어졌는데 콘스탄틴(Constaninus)황제가 콘스탄티노플에 아름다운 새로운 도시를 건설하여 그곳으로 이주하면서 콘스탄티노플은 동방교회의 중심지가 되었다. 동방교회는 희랍문화권에 존재한 교회들을 통칭하였다. 그리고 벌써 로마교회는 여러 곳에 대주교의 통치를 허락하였는데, 이 당시 벌써 예루살렘과 안디옥과 콘스탄티노플에도 대주교가 교회의 통일을 견지하는 조직의 책임자로 있었다. 서방교회는 역시 로마를 중심한 구라파 교회를 뜻하였던 것이다. 로마교회는 이 모든 교회의 연합과 일치를 위하여 교회 외적인 조직력을 강화하였다. 시간이 흘러가면서 동방과 서방지역에 있는 그리스도인들은 특히 구별된 삶의 습관들과 사고하는 관습이 점점 차이를 드러내고 또한 이러한 차이들로 논쟁하면서 살았다. 그러다가 1054년 마침내 라틴어를 사용하는 서방교회와 희랍어를 사용하던 동방교회는 서로 분리하게 된다. 이러한 분리는 오래 전부터 시작된 동방교회와 서방교회 사이의 여러 가지 대립적인 차이점을 극복하지 못한 채 나누어지게 된 것이다. 벌써 교리적으로 니케아 신조에 후에 삽입된 필리오케 문제가 대립적이었으며, 로마교회가 설정한 교황제도 역시 동방교회가 거절하였고, 또한 성상숭배의 문제 등으로 동방교회와 서방교회는 서로 정치적으로 대립하고 있었던 것이다.19) 그리고 동서방교회의 결정적인 분열은 역시 십자군 운동에 의하여 야기된 것으로 이해한다. 제1차 십자군들이 1096년에 콘스탄티노플에 도착했을 때 알렉시우스(Alexius)황제는 그들을 환대하였다. 그러나 십자군들은 황제를 불신하고 증오하여, 마침내 황제 때문에 그들이 화를 당하고 있다고 생각했다. 이것이 동 서방교회 분열의 또 하나의 원인이 되었던 것이다. 이후에 예루살렘의 성지순례와 관련하여 발생한 터키군의 방해는 아랍세계를 수차례에 걸쳐 원정하는 십자군 전쟁으로 연결되었고, 많은 문제를 야기하게 되었다. 그 이후 13세기에 이르러 동서방교회가 연합과 일치를 위한 시도를 행하였으나 성공하지 못했다. 한때 1274년 5월에 리용에서 개최된 제2차 교회회의는 동서방교회의 연합의 문제가 중요한 주제로 다루어졌고, 같은 해 7월에 비잔틴의 교회대표들이 동서방교회의 연합을 선언하기에 이르렀다. 그러나 정치적인 음모와 술수에 의하여 연합은 결렬되고 말았다. 그리고 이러한 동방교회와 서방교회의 나누어짐은 그리스도의 교회가 연합과 일치를 극복하지 못한 최초의 실패 사례가 된 것이다.

5) 종교개혁을 통한 교회의 분리와 연합

로마가톨릭교회는 중세기로 오면서 두 번째 분열의 위기를 겪게 된다. 직접적인 동기는 1517년 10월 31일에 루터가 제기한 95개 조항의 반박문에 있었다. 그러나 더 구체적으로는 면제부 사건과 관련하여 로마교회의 구원론에 문제가 있었던 것이다. 그리고 기독교 신앙의 가르침의 근거로서 하나님의 말씀인 성경이 그 원칙이 되기보다는 그 권위를 인간인 교황에게 둠으로써 제도와 전통적 권위를 우선하는 가톨릭교회는 많은 문제를 가지게 되었다. 루터는 시간이 지나면서 종교개혁의 기치에 더 많은 동조자를 얻게 되었고, 종교개혁은 그 시대의 사회적 상황과 연관되어 구라파 사회의 변화에 영향을 끼치는 하나의 계기가 되었던 것이다. 수차례에 걸쳐 로마가톨릭교회는 교회 일치를 위한 프로테스탄트들과의 대화를 시도했지만 끝내 연합과 일치를 이루지 못하게 되었다(1540, 1541년 Worms와 Regensburg). 그 이유는 교황의 절대적인 통치제도와 성경의 권위, 그리고 성만찬의 화체설이 서로 간에 좁혀지지 않는 논쟁점으로 작용했기 때문이다. 프로테스탄트로서 독일의 루터교회가 로마가톨릭교회와 결별하게 된 것은 1555년 9월 칼 5세에 의하여 소집된 아욱스부르그 국회에서 이끌어진 아욱스부르그 종교 평화조약이 체결 된 이후이다.20) 물론 로마가톨릭교회는 이 조약을 인정하지 않았다.

그 때문에 역사적으로는 1618-1648년에 있었던 30년 종교전쟁을 치룬 후에 베스트팔리아 조약을 체결하면서 로마가톨릭교회는 처음으로 프로테스탄트교회로서 루터파교회와 개혁파(칼빈)교회를 인정하게 된다.

프로테스탄트교회 역시 하나의 교회로 통일되었거나 교리에 일치를 이루지는 못했다. 그리고 유감스럽게도 루터파와 칼빈파 교회로 나누어지는 불행을 겪게 된다. 교회의 통일을 방해한 가장 큰 문제는 역시 성찬에 대한 이견들 때문이었다. 1529년 말브르그 (Malburg)에서 루터와 쯔빙글리가 프로테스탄트의 연합을 위하여 서로 만났으나 성찬에 대한 신학적 이해를 일치시키지 못하고 서로 나누어지게 된 것이다.21)

칼빈(Calvin)은 역사적으로 쯔빙글리(Zwinglii)의 후계자인 불링거 (Bollinger)와의 사이에서 성찬에 대한 입장을 통일시키고 서로 신앙고백서(1549, Consensus Tigurinus)에 합의 서명하였다. 그러나 이것이 다시 독일 루터파 교회의 대표들 사이에 논쟁으로 발전하게 된다. 루터파의 대변자였던 베스터팔(Westphal)은 칼빈을 비난하게 되었고, 서로는 나누어지게 된 것이다. 특히 그 당시 루터파교회에서는 루터의 후계자 멜랑히톤(Melachthon)과 '루터의 순수 직계파'(Genesiolutheraner)로 자칭하는 대표자 베스트(Westphal) 사이에 불화로 발전한다. 그 원인은 멜랑히톤이 이미 스트라스부르그의 개혁자 부쳐와 칼빈과 함께 아욱스부르그 신조를 약간 변화시킨 콘페시오 아구스타나 바리아타(Confessio Augustana Variata, 1540)에 서명한 데 있었다. 즉 그것은 멜랑히톤이 루터의 성만찬의 가르침인 공재설을 부쳐와 칼빈이 공감하고 일치하는 방향으로 변화시켰던 것이다. 그리고 더 깊은 뜻은 종교개혁의 무리의 연합과 일치를 이루기 위한 것이었다. 그러나 루터파의 직계들에게는 하나의 교리적인 변절로 보였고, 멜랑히톤을 루터파에서 축출하는 문제로 발전하게 되었던 것이다. 물론 프로테스탄트 사이에 성찬에 대한 논쟁은 역시 베스트팔과 칼빈 사이에도 심각하게 이루어졌다.22) 그러나 칼빈이 죽고 난 후에 루터파에 대항하여 불링거(Bullinger)는 스위스의 개혁교회의 연합을 위하여 성만찬 이해의 통일을 추진하여, 마침내 1566년 헬베틱신조 (Confessio Heveticia posterior)를 만들어내게 된다. 이것은 스위스 개혁교회의 일치를 보여준 중요한 신앙고백이라 할 것이다.23)

이러한 프로테스탄트 교회의 심각한 분열에도 불구하고 부쳐와 멜랑히톤처럼 제네바의 개혁자 칼빈은 교회의 연합과 일치에 대한 정신을 가장 많이 보여주었다고 할 것이다. 그리고 이러한 칼빈의 교회의 일치에 대한 관심과 입장은 곳곳에 나타나고 있다. 특별히 칼빈이 교회의 하나 됨에 깊은 관심을 가지게 된 것은 트리엔트(Trient)종교회의를 통해서였다. 약 18년간 계속되었던 트리엔트 종교회의 기간 동안에 칼빈은 제네바의 개혁자로 활동하고 있었던 것이다. 그리고 칼빈은 역시 이러한 종교회의에 깊은 관심을 가지고 지켜보았다.[24] 그리고 칼빈은 그의 기독교강요 4권 제1장의 제목에서 벌써 교회의 하나 됨이 무엇인지를 설명해 주고 있다.[25] 즉 그것은 참된 교회에 관한 설명으로, 참된 교회는 모든 신자들의 어머니가 되기 때문에 우리가 그 교회와 더불어 하나 됨을 유지해야 한다고 강조한 것이다. 칼빈은 근본적으로 교회가 신자들의 공동체라고 말한 대표적인 사람이다.[26] 그러나 칼빈의 이러한 교회관은 교회를 제도나 기구로 보는 개념적 이해에서 출발되고 있는 것이 루터와 다른 점이라 할 것이다. 그리고 화란의 칼빈신학자 보아텍은 칼빈의 교회론의 특징을 유기체의 개념과 신자의 양면을 연결시킨 점에 있다고 강조 하였다.[27] 그 때문에 교회의 하나 됨의 노력은 칼빈에게는 성취해야 할 목표가 아니라 지켜야 할 법으로 이해되는 것이다. "왜냐하면 그리스도를 갈라 놓을 수 없듯이 교회가 둘 혹은 셋으로 분열될 수 없기 때문이다".[28] 그리고 "하늘나라가 나누어질 수 없듯이 하나님의 자녀들이 서로 분열할 수 없다는 것은 우리가 지켜야 할 법이다".[29] "만일 우리가 서로 분열하면 그것은 우리가 하나님에게서 멀리 떠나 있다는 결과이다".[30]

이와 같이 칼빈은 교회의 하나 됨에 있어서 분명한 교회관을 가지고 있었으며, 또한 하나 됨의 실현을 위하여 모범을 보인 인물이기도 하다. 칼빈은 마지막까지 가톨릭교회와의 일치를 위하여 노력하였다. 그는 1540년에 하게나우(Hagenau)와 1540/41년에 개최된 보름스(Worms)의 종교회의와 레겐스부르그(Regensburg) 종교회의에 대표로 참석하였다.[31] 이 모든 노력들은 성공되지는 않았지만 프로테스탄트와 로마가톨릭교회와의 하나 됨을 위하여 힘썼던 칼빈의 노력의 역사적 사건들이다. 이 외에도 칼빈은 프로테스탄트를 향한 교회의 분리에 대한 책임이 있다는 비난에 대하여 처음부터 신경을 썼으며 자기 나름대로의 해명을 제시하기도 하였다. 첫째는 불란서의 황제 프란스 I세에게 보내는 편지에서이다.32) 둘째는 1539년에 사돌렛추기경 앞으로 보낸 그의 유명한 답변서에서 칼빈의 교회의 하나 됨의 입장은 분명히 드러나고 있다.

"로마가톨릭 사람들은 내가 교회를 버리고 떠났다고 비난하지만, 나의 양심은 전혀 나를 고발하지 않는다. 그도 그럴 것이 나는 패잔병들이 패주하고 흩어지며 대열에서 떨어져나가는 것을 보면서 부대장의 표준을 높이 들고, 이들에게 원대복귀 하라고 다시 부르는 탈영병과도 같기 때문이다. 오 주님! 이처럼 당신의 모든 종들은 이리저리 흩어져서 당신의 명령을 전혀 들을 수 없고 거의 자신들의 부대장, 자신들의 의무 및 군 입대시의 서약을 잊어버렸나이다. 나는 흩어진 이들을 한데 모으기 위하여 낯선 표준이 아니라 우리가 당신의 백성 가운데 머물러 있기 원하는 한, 따라야 할 당신의 고상한 기치를 높이 들었나이다. 그 때 나는 다른 사람들을 대열 안에 계속 있게 해야 할 자들로서 이들을 흐트러뜨린 자들로부터 공격을 받았고, 내가 전혀 단념하지 않고 있을 때 이들은 폭력으로 나를 공격하였습니다. 이로 인하여 서글픈 소요가 일어났고 싸움이 불붙어 폭발하였습니다. 오 주여! 과연 누가 비난을 받아야 할지 당신이 판단하소서! 나는 일치추구의 열정 때문에 항상 말과 행동으로 항변하였습니다. 내가 추구하는 교회의 일치란 당신으로부터 시작하여 당신 안에 끝나는 것입니다. 그도 그럴 것이 당신이 우리들에게 평화와 일치를 천거하실 때마다, 당신은 자신이 이 일치와 평화를 유지케 하는 유일한 결속의 끈 이심을 보이셨습니다".33)

이 글에서 나타나고 있는 것처럼 칼빈은 그리스도가 주인이 되어 다스리시는 교회만이 참된 교회이며, 그 참된 교회 안에서만 하나 됨은 가능한 것으로 이해하였다. 그리고 칼빈에 따르면 유일한 참된 교회 안에 보편적인 교회와 개별적인 교회가 구분된다. 이 둘은 물론 가시적인 교회이다. 보편적인 교회는 공간적으로 나누어져 있고, 떨어져 있지만 그리스도 안에서 하나이며, 하나님의 참된 교리에 동의하고 같은 신앙의 매는 줄로 뭉쳐 있는 교회를 말한다.34) 이에 비하여 개별적인 교회는 마을과 도시에 사람들의 수에 따라 필요한 대로 나누어 있는 교회를 뜻한다. 그리고 칼빈의 교회에 대한 중요한 이해 가운데 또 한 가지는 구체적인 지역교회 내에서 교리가 일치해야 하지만 교회들의 상호관계에서는 교리적인 다양성을 인정한다는 점이다.35) 여기 교리의 공통성이라 할 때 개개인의 신앙표현이 모두 동일해야 한다는 것을 말하는 것은 아니다. 그것은 매사에 확실하고 의심할 것이 없어야 한다고 생각하는 사람들이 공동으로 긍정하는 것을 의미한 것이다.36) 칼빈은 역시 교회들 간에 신학적인 견해의 차이는 있으나 신앙의 하나 됨을 분열시켜서는 안 된다는 입장을 분명히 하였던 것이다.37)

6) 코메니우스의 교회연합과 일치의 정신

요한 아모스 코메니우스는 17세기의 보헤미아(체코)의 사람이다. 그는 보헤미아-모라비아 형제연합교회의 3번째 감독이자 마지막 감독이었다. 그는 30년 종교전쟁 기간에 프로테스탄트 교회로서 형제연합교회의 인정과 조국에서의 자유로운 신앙생활을 보장받으려고 종교의 자유를 위하여 많은 외교적 활동을 전개했음에도 불구하고, 베스트팔리아평화조약(1648)에서 로마가톨릭교회가 프로테스탄트의 루터파와 칼빈파 교회만을 인정했기 때문에 보헤미아와 모라비아의 형제연합교회(Brüdeunität)는 더 이상 구라파에서 존재할 수 없는 교회가 되었던 것이다. 그리고 그는 더 이상 보헤미아-모라비아 형제연합교회의 존립을 정치적으로 보장받지 못한 상황에서 감독의 직분을 내어놓았을 뿐 아니라. 마침내 형제연합교회를 해산하기에 이른다.

이러한 코메니우스와 형제연합교회의 역사적 비극은 오늘날에 와서 교회의 연합과 일치를 위하여 하나의 모범을 보여준 사건으로 평가되며, 코메니우스 자신 역시 근본적으로 교회의 연합과 일치에 대한 사상을 견지하고 있었던 사람으로 새롭게 평가되고 있다.38) 왜냐하면 형제연합교회(Die Kirche der Bruederunitaet)는 처음부터 형제연합교회란 이름 자체가 그리스도의 몸 된 교회 중의 하나의 교회로서 지체와 연합의 개념을 전제하고 있었기 때문이며, 또한 코메니우스는 실제로 30년 종교전쟁의 경험을 통하여 후에 그가 쓴 범개혁론(Panorthosia)에서 국제간의 분쟁을 방지하고, 종교들 간에도 서로 분쟁과 다툼 없이 평화를 유지하며 연합된 힘으로 활동하기를 제언하였고, 그에 합당한 여러 대안들과 방법(오늘날 유엔과 같은 국제연합의 기구, 국제재판소, 세계교회협의회 등)들을 제시해 주고 있었기 때문이다. 특별히 그의 범교육학(Pampaedia)에서 제시되고 있는 판(παν)이란 개념이 말해주고 있는 것처럼, '전체'를 뜻하는 것으로 세상에 태어난 모든 사람들을 세상의 모든 지혜로 가르쳐 그리스도 안에서 완전한 자로 세워 주는 교육(골 1:28)론을 제시해 주었던 것이다. 여기서 그의 모든 지혜사상(Pansophia)의 교육철학이 제시되었으며, 교육을 통한 선교론이 제시되었던 것이다.39) 그리고 마침내 평화조약에서 형제연합교회가 프로테스탄트 교회중의 하나로 인정받지 못하자 자신이 이끌던 형제연합교회를 해체해야 하는 운명을 맞이하게 되었던 것이다. 그 과정에서도 역시 그는 형제연합교회의 회원들이 성경을 하나님의 말씀으로 믿고, 삼위일체 하나님을 섬기며, 예수 그리스도를 주님으로 고백하며, 그리스도의 복음을 선포하며, 세례와 성찬의 떡과 잔을 나누는 교회라면 어느 곳이든 속하여 신앙생활을 계속하기를 권고했던 것이다.40) 이러한 일은 코메니우스의 근본사상이 처음부터 교파주의에 머물러 있었던 것이 아니라 그리스도 안에서 교회의 연합과 일치의 정신을 여실히 보여주었던 가장 모범적인 신앙의 태도로 이해되며, 오늘날 코메니우스가 교회연합과 일치의 본을 보여준 훌륭한 지도적 인물로 해석되는 것은 결코 우연한 것이 아니다.41) 그리고 코메니우스의 시각에서는 루터파나, 칼빈파나, 심지어 가톨릭교회까지도 하나님의 큰 집에 나누어져 있는 각각의 작은 방으로 이해했던 것이다.

7) 세계교회 연합운동과 에큐메닉의 활동

세계교회의 연합운동으로 대변되는 에큐메닉 운동은 19세기에 이르러 기독교의 복음선교와 관련하여 연합의 필요성을 인지하고 있었고, 여러 가지 방식으로 국제적인 회의가 시도되기도 하였다. 그리고 20세기로 오면서 에큐메닉의 운동은 활발하게 전개되었고, 세계변화와 함께 교회의 연합과 일치는 세계교회협의회(World Council of Churches)라는 세계적인 교회의 연합기구로 등장하게 되었다. 여기서 우리는 소위 WCC의 기구 형성을 위한 역사적 배경과 그 실제를 살피고 오늘날까지 추구해 온 WCC 활동사를 살핌으로써 교회의 일치와 연합의 중요성과 그 가치가 무엇인지를 밝혀 보려고 한다.

(1) 에큐메닉 운동의 역사적 배경

19세기에 이르러 서구의 프로테스탄트 교회는 그들의 역사에서 수

많은 교회로 나누어지는 시련을 겪게 된다. 로마가톨릭교회는 1870년 제1차 바티칸 공의회를 통하여 교황의 무오설을 교리로 확정하였다. 이것은 로마가톨릭교회가 이러한 교리를 통하여 교회의 내면적인 결속력을 다지려는 것이었다. 그리고 동시에 다른 교회에 대하여 한계를 보여주는 것이었다.

프로테스탄트 편에서도 교리의 정화와 자유주의적인 신학의 경향에 대항하여 독일교회에서는 자유적 입장을 취하는 루터주의파 교회와 개혁파 교회가 생겨나게 되었다. 그리고 그 외에도 새로운 기독교 단체들과 이단적 성격을 가진 종파적인 그룹들이 생겨나게 되었다. 안식교와 말일성도교회, 새 사도 교회, 여호와 증인 등의 교회들이다. 그야말로 19세기에 기독교는 교회의 교파적인 신앙고백의 주장과 함께 종파적으로 크게 분열하는 모습을 보는 시기였다.

19세기의 이러한 교회의 분열의 상태에서 20세기는 교회의 연합운동이 본격적으로 전개되는 세기로 전환하게 된다. 오늘날 세계교회협의회(WCC)라는 기구는 벌써 20세기 초엽부터 여러 동기에 의하여 시작된 것을 볼 수 있다. 그리고 이러한 세계적인 협의기구가 생겨지기까지는 그 역사적 배경을 가지고 있다. 첫째는 1919년 1월 10일에 콘스탄티노플에 교회성회가 모였을 때, 그 성회는 전 세계의 모든 기독교회들에게 초청장을 보내어 '교회연맹을 구성하자는 조치를 취하기로 공식결정'을 하였다.42) 이것은 후에 대주교인 게르마노스 스티리노프로스 대주교와 북쪽 스웨덴의 루터교회의 대주교 쉐더블롬(Archbishop Nathan Söderblom)의 협력으로 1920년 제네바에서 협의하였고, 1925년 스톡홀름회의에서는 조지 벨이 합세하였다.43) 그러나 아직은 이러한 모임이 교회에 뿌리를 내리지는 못했던 것이다. 그

후에 뉴욕의 윌리엄 아담스 브라운에 의하여 다양한 에큐메니칼 기구들을 보다 통일된 하나의 기구 안에 결집하려는 운동을 시작하게 된다.44) 그 뒤에 올드헴이란 사람이 이미 1920년대에 전 세계적인 연합체가 형성되리라는 예언을 했었고, 또한 1937년에 옥스포드에서 개최된 생활과 봉사회의를 구성하게 된다. 그리고 그는 1937년 웨스트필드대학의 모임과 1938년 우트레히트 모임을 통하여 세계적 협의회에 대한 계획이 구체적인 형태를 취하게 하는데 기여하며, 에큐메닉스 운동의 핵심적인 역할을 하게 된다.45) 그리고 윌리엄 템플은 대주교로서 에큐메닉스 운동에 큰 역할을 하였다. 그는 미국에서의 활동을 통한 영향력과 함께 그동안 세계교회협의회의 계획을 대변해 주었으며, 웨스트필드와 우트레히트 회의를 주재하였고, 신앙과 직제 위원회에 커다란 도움을 준 것으로 알려져 있다.46) 그리고 미국연방협의회의 사무엘 맥커리 캐버트는 '세계교회협의회'라는 명칭을 제안한 사람이기도 하다. 그리고 세계교회협의회가 구성되기까지 많은 나라의 교회의 대표들의 활동과 협력이 있었다. 그 때문에 세계교회협의회는 그 어느 한 교파의 한 사람에 의하여 형성된 것이기보다는 여러 교파의 여러 선구적인 활동가들의 봉사에 의하여 이루어진 것이라 할 것이다.

(2) 에큐메닉스의 발전과정

에큐메닉스 운동의 전주자와 자극을 준 기구로서 예를 들면 '복음의 동맹체'(Evangelical Alliance)란 단체이다. 그 단체는 1846년 런던에서 여러 교회들로부터 프로테스탄트적인 힘을 기독교적으로 연합하고 영적으로 활동을 전개할 수 있었다. 1885년 파리에서 개최된 세계박람회를 기회로 기독청년연합의 세계청년동맹체가 설립되었다. 이러한 파리의 모임에 근거하여 세계청년동맹체(YMCA)는 처음으로 모든 신앙고백들과 전 대륙을 연결하는 연합적인 프로그램을 대표하였다. 한편으로는 모임과 파송의 선교적이며 영적인 돌봄의 내면적 결합이 특징적이며, 다른 한편 연합운동의 첫 개척자들로는 특별히 젊은 사람들과 비신학자들, 즉 평신도들이 거기에 속하고 있었던 사실이다. 19세기가 지나는 동안에 청년여성을 중심한 세계연합기구(YWCA)의 설립이 1894년에 이루어졌다. 그리고 세계기독대학생을 위한 연합기구(WOT)도 1895년에 결성되었다.

이러한 모임들에는 그 시대의 정치적인 요소들과 다른 요소들이 작용하였다. 이러한 모임을 결성하는 데는 여러 가지 동기들이 나타났고, 연합운동을 지탱하게 하였다. 이러한 연합운동이 결성될 때까지 작용된 몇 가지 동기를 말한다면 다음과 같다:

첫째, 복음의 선교적 동기에서이다. 선교 가운데서 사람들은 가장 고통스럽게도 교회의 나누어짐을 느꼈다. 그러한 나누임을 극복하기 위하여 공동으로 노력하였다. 세계선교를 위한 회합(Weltmissionskonferrenz)이 이러한 교회연합운동의 출발점이 되었던 것으로 이해되는데, 그 첫 회합으로는 1910년 에딘버러에서 개최된 선교대회를 말하게 된다. 1921년에는 국제선교자문위원회(Internationale Missionsrat)가 설립되었다.[47]

둘째 사회적인 동기에서라고 할 수 있다. 정치적이며, 사회적인 문제들에 따라 모든 민족의 그리스도인들과 기독교 신앙의 단체들은 실천적인 공동작업에 집중하였다. 스웨덴의 웁살라에 있는 루터교회의 대주교 나탄 쉐더블롬(Nathan Söderblom)의 열성적인 개입을 통하여

1925년에 스톡홀름에서 첫 세계회합이 개최되었던 실천적인 기독교에 대한 운동이 나타났던 것이다.48)

셋째, 신학적인 동기를 말할 수 있다. 앞에서 칭한 양 움직임들에서 신앙의 질문과 교회의 법적인 물음들이 그 실천적인 공동작업의 배후로 후퇴하게 되었다. 교회의 통일을 위한 하나의 협조가 바로 이 물음들 가운데 필수적으로 제기되었기 때문에 신앙과 교회법을 위한 에큐메닉의 운동이 생겨나게 되었고, 그것을 위한 첫 회합이 1927년에 로잔에서 개최되었던 것이다. 이러한 '실천적인 기독교'와 '신앙과 교회법'을 위한 이 양자의 운동은 1948년 암스텔담에서 에큐메닉협의회를 구성하도록 함께 결정하였다. 이 에큐메닉협의회는 1961년 뉴델리에서 국제선교자문회와 연합하게 되었다.49)

이러한 연합운동의 모든 세 가지 흐름들이 오늘의 세계교회협의회(World Council of Churches)를 결성하게 되었던 것이다. 그리고 WCC의 최초의 대회는 1948년 암스텔담에서 열리게 되었다. 현재 WCC는 정교회(동방교회), 고대가톨릭교회(altkatholischer), 영국교회(anglikanischer), 루터교회(lutherischer), 개혁교회(reformierter), 그리고 그밖에 약 4억 정도의 그리스도인들을 가진 프로테스탄트 전통의 약 300개 이상의 회원 교회로 구성되어 있다. 물론 WCC에 속한 교회들은 아직 그들 교회의 분리된 모습을 극복한 것은 아니다.50) 그 때문에 WCC는 결코 하나가 된 세계교회가 아니다. WCC는 증거와 봉사 안에서 이루어야 하는 교회의 공동적 과제를 더 잘 성취하고, 교회의 통일을 가시적으로 이루도록 교회들을 돕는 하나의 활동적인 도구인 것이다.

그럼에도 불구하고 WCC의 신학적인 방향과 선교신학에 있어서는 항상 논쟁과 비판이 없는 것이 아니었다. WCC의 신학적 방향이 다원적인 교회들의 연합으로 인하여 매우 혼합주의적이며 진보적인 경향을 띠고 있는데서 문제가 제기되기도 하였다. 특히 복음 증거를 위한 직접적인 사역에 중점을 두기보다는 지나치게 사회적이며 정치적인 봉사와 인간적인 사역에 더 관심을 가지고 활동한다는 점 등은 복음주의적인 시각을 가진 신학자들에 의하여 강하게 비판받는 문제점이라고 할 것이다. 이 점은 오늘날 WCC가 세계교회의 연합과 일치를 이루어가는 협의기구로서 그 신학적인 정체성을 더욱 분명하게 해야 할 과제라고 생각한다. 이러한 여러 신학적인 정체성과 관련하여 많은 문제점의 부정적인 지적에도 불구하고 WCC는 세계교회를 하나로 연결시키는 교량의 역할과 기독교 복음선교의 사역에 대하여 긍정적인 면을 또한 지니고 있음을 외면할 수는 없을 것이다.

8) 세계복음주의 교회의 연합운동

WCC의 신학적 방향의 정체성에 대한 물음이 복음적 시각을 가진 교회들에서 제기되면서, 서구의 복음주의적 입장을 취하는 교회의 지도자들에 의하여 세계교회의 연합과 일치의 새로운 운동이 태동하게 된다. 이것은 1974년 7월 16-25일 사이에 스위스 로잔에서 모인 세계의 복음화를 위한 로잔의 위원회(ICOWE: The International Congress on World Evangelization)가 개최한 총회를 통해서이다. 이 회의는 150개국에서 약 2700여명의 복음주의 교회들의 대표들이 참여했던 거대한 회합이었다. 특히 서구권 교회의 대표만이 아니라 멀리 동양권에 있는 복음주의 교회의 대표들이 참여한 것이 더 큰 의의였다고 할 것이다. 그 총회는 현대의 기독교 복음화와 선교에 관한 방법론적인 주제를 다루었으며, 이 회합에서 '로잔언약'(The Losanne Covernant)이란 고백적 차원의 선언문이 채택되었고, 로잔의 신학과 복음선교를 위한 복음주의적인 신학과 선교의 입장을 표현하였던 것이다.51)

로잔 대회 이래로 세계의 복음화를 위한 로잔의 위원회(Lausanne Committee for World Evangelization)는 계속해서 회합을 지속하였다(1977년 5월 31일 ~ 6월 2일까지 미국의 파사데나에서). 이 모임은 로잔 위원회 산하에 있는 '신학과 교육분과'의 모임으로, 특히 연합의 동질성에 대한 담화가 중심이었다. 역시 1978년 1월 6-13일까지 미국의 윌로뱅크에서 '문화와 복음의 관계'에 대한 대화가 계속되었으며, 1980년 3월 17-21일까지 미국의 하이 라이(High Leigh)에서 단순한 신앙적 삶의 스타일에 관하여 대담을 가졌다. 1982년에는 로잔의 복음주의 위원회에서 위임한 신학분과 위원회의 연구를 통하여 '복음의 사회적 책임에 관한 연구보고서'가 그랜드 래피드(grand rapid)에서 발표되었다.52) 이 보고서는 사회적 봉사와 사회적 책임이란 두 가지 관점에서 그리스도인의 복음에 대한 사회적 책임의 행동 윤리적 지침을 제시하였던 것이다. 로잔에서 시작한 세계복음주의총회는 1989년 필리핀의 마닐라에서 두 번째로 개최되었다, 약 170개국에서 300여명의 복음주의 교회의 지도자들이 모였다. 마닐라 대회의 선언문은 '그리스도가 다시 올 때까지 그리스도를 선포하는 것'과 '지상에 있는 전 교회는 전 복음을 가지고 전 세계에 나아가도록 부름 받았음을 선포하는 것'이 중심이었다.53) 물론 복음주의 대회는 엄격한 의미에서 교회가 파송한 공적인 대표들의 모임이라기보다, 개별적인 복음주의자들의 연대적인 모임이라 할 것이다. 그러나 이러한 연대는 역시 하나님 나라의 복음사역에 필요한 기구로서 그 역할을 감당하고 있다고 여겨지며, 현재 WCC의 지나친 진보적이며 혼합주의적인 신학입장을 견제하며 기독교 복음의 본질과 정체성을 분명히 하는 일에 하나의 견제세력으로서, 그리고 보완하는 역할로서의 중요한 의의를 가진다고 할 것이다.

3. 교회의 연합과 일치의 실천적 의의와 과제

1) 기독교 복음 선교의 과제54)

그리스도의 교회에 주어진 주된 과제는 그리스도의 복음을 증거하는 일이다. 이것은 그리스도인 된 모든 하나님의 백성들에게 주어진 사명이기도 하다(벧전 2:9-10). 이것은 그리스도인 개개인이 증거 해야 할 책임일 뿐 아니라, 역시 그리스도의 교회 전체가 짊어져야 할 책임이기도 하다. 그리고 실제로 이러한 복음증거의 사명을 수행함에는 그리스도의 교회가 연합한 힘에 의하여 행할수록 더 큰 힘을 발휘할 수 있다는 것은 상식적인 일이다. 특별히 지금 우리가 논의하려는 북한선교와 세계선교의 과제는 한국교회 전체가 짊어져야 할 필연적인 과제이며, 연합과 일치의 단결된 힘에 의하여 복음 선교의 과제를 이루어내야 할 일이다.

그런데 현재 한국교회가 수행하고 있는 세계선교는 연합과 일치를 이루지 못함으로 겪는 많은 문제를 가지고 있다. 예를 들면 한 지역에 한두 명의 선교사만 파송해도 충분히 선교사역을 감당할 수 있음에도 불구하고 모든 교파들이 경쟁적으로 자기 교파의 선교사들을 파송함으로 엄청난 선교비를 소모하는 모습이라든가, 또한 선교지역에서 서로 아무런 협력 없이 선교사역을 경쟁적으로만 행하고 있는 선교사들의 모습은 교회의 연합과 일치를 통하여 조정하고 해결해야 할 시급한 문제로 여겨진다. 이것은 해외선교뿐만 아니다. 역시 국내전도의 실제에도 수없이 경험되는 일들이다. 즉 같은 지역에 교파마다 경쟁하여 교회를 세우는 일에도 동일한 문제가 대두되고 있다. 이러한 복음 선교의 실제에서 잡다한 문제를 해결하고, 참으로 올바른 기독교의 복음 선교의 과제를 성취하려면 교회는 필연적으로 연합과 일치의 힘으로 이루어 가야 할 것이다.

2) 사회봉사를 위한 과제[55]

'기독교의 복음은 사회에 대하여 책임을 가진다'라는 명제는 1974년 세계복음주의 지도자들의 총회(1974년 7월 16-23일, 스위스 로잔)가 발표한 로잔언약 제5항에 명시된 말이다. 그리스도의 복음은 개인의 영혼을 구원하는 일을 목표하지만 언제나 영혼구원의 은혜를 경험한 자들을 통하여 우리의 이웃에게 또한 그리스도의 사랑이 전하여 지기를 원한다. 이것은 '네 이웃을 네 몸과 같이 사랑하라' 하신 그리스도의 계명과 일치하는 것이다. 이웃을 사랑하는 것은 결국 세상을 섬기러 오신 그리스도 사역의 계속적인 수행을 의미한다. 그런 면에서 교회는 세상을 위한 교회이어야 하며, 섬기러 오신 주님의 뜻을 세상과 이웃을 향하여 펼치는 일에 적극적으로 대처해야 할 중요한 과제라고 생각한다.

지금 한국교회가 감당해야 할 중요한 사명으로 인지하는 북한선교와 국가적이며 민족적 숙원인 남북통일의 문제도 교회의 사회봉사적 과제실현의 책임성 수행의 맥락에서 인지해야 할 것이며, 교회의 연합과 일치는 그 일의 성공을 위한 최선의 방법이라는 사실을 깨달아야 할 것이다. 그렇지 않으면 이러한 사회봉사적 과제는 결코 성취할 수 없다는 것을 명심해야 할 것이다.

3) 진리의 보존과 수호를 위한 과제[56]

기독교의 역사는 역시 복음진리의 순수성을 유지하기 위한 역사였다고 할 것이다. 그 때문에 이단사상에 대한 시비와 논쟁은 끝없이 발생하였다. 이러한 현상은 오늘날의 한국교회에도 동일한 문제로 대두되는 일이다. 그러나 교회가 분리되고 수 없는 교파로 나누어진 한국 상황에서 그리스도의 복음에 반하는 이단 사상을 구별한다는 것은 참으로 어렵게 되어 있다. 그리고 개 교회나 소수의 교회가, 또는 한 권위 있는 목회자가 다른 신앙사상을 전하는 자를 향하여 이단이라고 소리 지른다고 그가 이단이 되는 것도 아니며, 그렇게 혼자의 힘으로 이단을 방어할 수 있는 것도 아니다. 이단을 방어하기 위한 최선의 방법은 교회가 연합하고 일치를 이룰 때이며, 그러한 공동체의 연합된 힘은 이단을 막아낼 수 있는 최선의 방법이 되는 것이다. 현재 한국교회는 이러한 과제를 위하여 연합은 필연적으로 요구되는 일이며, 반드시 이루어야 할 한국교회의 과제 중의 하나임이 분명하다.

4) 신앙교육의 표준과 통일성의 견지를 위한 과제[57]

교회의 역사는 기독교 신앙의 가르침의 통일성을 견지하기 위하여

要理問答書(Catechism)를 만들어 교회의 신앙교육을 위한 표준서로 사용했던 것이다. 물론 종교개혁 이후에 17-18세기로 오면서 교리의 논쟁이 일어났고, 이에 따라 수없는 교파의 분열과 함께 각 교파의 신앙고백서와 요리문답서가 생겨나 더 혼란스런 결과를 보이기도 했다. 그러나 교회의 연합과 일치를 견지하기 위하여 신앙의 가르침에는 하나의 표준이 있어야 하며, 기독교 신앙의 진리에 대한 통일된 가르침이 있어야 한다는 것은 분명한 사실이었다.

현재 한국교회는 수없이 나누어져 있는 교회의 분열과 교파의 난립으로 인하여 기독교 신앙의 가르침에 대한 기본적인 표준과 통일성을 견지하지 못하는 문제를 안고 있다. 물론 오늘날 포스트모던을 정의하면서 다양성의 시대를 말하게 된다. 그 어느 민족의 문화가 우월하다고 말할 수 없는 상대성을 경험하는 시대이며, 다문화를 경험하는 시대를 맞이하게 되었다. 그러나 우리가 다양성을 인정한다할지라도, 그리고 다문화로 인하여 더불어 살아야 하는 삶의 과제가 중요하지만, 역시 그 가운데서 통일성과 표준에 대한 질문은 불가피하게 대두된다. 그리고 또한 정체성에 관한 질문과 요구도 동일한 맥락에 처하여 있는 문제이다. 다원시대에 더불어 존재해야 하는 삶의 과제는 정체성 없이, 또는 통일성과 표준 없이 존재하는 것을 말하는 것은 아니다.

그러면 이 다원적이며, 다양성이 존중되어야 하는 이 혼란의 시대에 기독교의 정체성은 무엇이며, 다양한 모습 가운데서도 통일성과 표준이 되어야 하는 것은 무엇이어야 할 것인가? 기독교 신앙과 관련하여, 그리고 수많은 한국교회와 교회의 다양한 교파들과 관련하여 질문하지 않을 수 없는 것이다.

특별히 그리스도를 통한 구원의 교리적 이해에 있어서는 별다른 상이한 것이 존재한다고 볼 수 없으나, 구원받은 그리스도인들이 세상 삶에서 어떻게 행동하며 살아야 할 것인가에 대한 기독교 신앙의 윤리적 이해에 있어서는 그 통일성과 표준을 잃고 있는 것이 현재 한국교회의 문제 중의 하나이다. 그 때문에 한국교회의 평신도들은 급변하는 사회적 환경에서 윤리적 문제에 올바른 이해와 신앙적 태도를 취하는 일에 많은 혼란을 거듭하고 있다. 더욱이 교회마다의 가르침이 통일성과 표준을 제시하지 못함으로 많은 혼란을 겪고 있다. 바로 이러한 문제를 해결하기 위하여 교회의 연합과 일치는 필연적인 과제라 할 것이다. 적어도 한국 장로교회는 특히 '대한예수교장로회'라는 이름으로 새로운 연합을 모색해야 할 것이며, 신앙의 교리에 있어서는 웨스트민스터 신조와 요리문답서를 신앙사상의 근거로 삼고 있기 때문에 연합의 가능성은 거기서 새롭게 시작될 수 있을 것이다. 뿐만 아니라 기독교 신앙의 표준과 통일을 위하여 연합적 차원의 성경공부 교재를 만드는 일은 필연적으로 요구되는 일들이며, 오직 교회의 연합과 일치를 통해서만 가능한 일이라고 할 것이다. 뿐만 아니라, 그 표준은 역사적인 것들에로 돌아가는 것이 아니라, 그 역사적인 것들에 근거하여 이 시대에 새롭게 공감되고 더 넓은 지평을 가진 통일성과 표준이어야 한다는 과제를 지니게 된다.

II. 독일교회의 연합과 일치의 역사

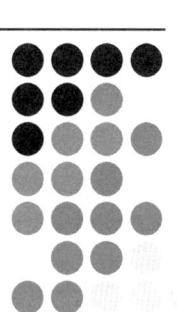

1. 독일교회의 역사와 전통
2. 독일교회의 연합과 일치의 새로운 역사

II. 독일교회의 연합과 일치의 역사

1. 독일교회의 역사와 전통

독일 개신교의 역사는 마틴 루터 (M. Luther)에 의한 종교개혁에서 시작된다(1517년). 종교개혁의 무리는 프로테스탄트(Protestant)로 명명되었고, 루터가 종교개혁의 횃불을 높이 든 이래로 구라파의 전역에서 개혁의 추종자와 종교개혁을 주도한 여러 인물들이 나타나게 되었다.[58] 이러한 추종자들에 의하여 급진적으로 발전된 종교개혁은 로마가톨릭교회와 오랜 갈등의 역사를 거쳐 오늘의 독일 개신교회가 만들어지게 되었다. 그러나 그 역사적 과정은 구라파와 독일사회를 이끌어 온 기존 정치적인 세력의 관계에서 형성된 것으로, 로마가톨릭교회와 루터의 종교개혁의 무리를 지지하는 그 당시 지방 제후(군주)들의 정치적이며, 경제적인 이해관계를 통한 분쟁과 함께 프로테스탄트 교회에 대한 지지 속에서 독일 개신교의 존립이 형성되게 된 것이다. 그러나 루터와 칼빈은 교회와 국가의 관계는 로마가톨릭교회의 전통처럼 교회가 국가 위에 군림하는 형태도 아니며, 그렇다고 국가가 교회 위에 군림하는 형태도 아니었다. 오히려 국가는 교회를 보호하고 이단적 가르침을 배척하며 진리의 보존을 위하여 협력하는 관계였으며, 어디까지나 교회와 국가는 하나님이 세우신 다스림의 기관으로써 서로 분리된 독립된 기구로 이해하였다. 그리고 국가의 정치적 배려에 따라 루터파 교회가 독일 땅에서 처음으로 종교개혁의 교회로서 인정을 받게 된 것은 1555년에 맺어진 아욱스부르그(Augsburg) 평화협약에 따른 것이었다.[59] 그러나 이 때도 칼빈파 교회는 독일 땅에서 인정을 받지 못했다. 그러다가 300년 종교전쟁(1618-1648년)을 치룬 후, 제후들 사이에 베스트팔리아 평화조약(Westfälischer Friede)이 체결되면서 비로소 처음으로 독일 땅에 칼빈파 교회의 존립이 루터파 교회와 함께 인정을 받게 된다.60)

이러한 역사적 배경과 함께 실제로 독일 개신교회는 루터파 교회만이 아니라 칼빈파 교회, 그리고 이 두 교회를 연합한 연합파 교회의 역사로 전개된다. 연합파 교회는 역사적으로 1817년 프로이센에서 종교개혁 300주년 기념행사를 기하여 시작되었다. 즉 개인적으로 경건하고 교회연합에 깊은 관심을 가지고 있었던 프로이센의 왕 빌헬름 프리드리히 3세(W. Friedrich III)가 루터파와 칼빈파 교회 사이에 서로 상이하게 이해된 성만찬을 통일시키기 위하여 직접 교회의 예전서를 만들어 양 교회가 연합된 교회로서 이것을 사용하기를 원했던 것이다.61) 결국 이러한 일이 왕명에 의하여 강압적으로 이루어져 외형적으로는 교회가 연합된 것으로 보였으나 교회 내적으로는 무리를 주게 되자, 그 대안으로 왕은 1834년에 '연방제 연합'의 형태로 조치를 취하려 했으나 이미 루터파교회로부터 분리가 시작되어 교회의 연합은 실패로 돌아가고 말았다. 1850년에는 베를린에서 연합된 독일교회의 행정당국이 설립되기도 했으나, 마침내 연합은 무산되었다.62) 그리고 이러한 연합파의 전통에 따라 생겨난 것이 독일 개신교 내에 지금도 실재하는 연합파 교회(Unierte Kirche)이다. 현재 독일의 개신교회는 이러한 루터파 교회(Lutherische Kirche)와 개혁파(칼빈파) 교회(Reformierte Kirche), 그리고 연합파 교회의 역사와 전통과 교파의 독립성을 전제하여 동맹관계로 교회의 연합과 일치를 이루고 있으며, 오늘의 독일 개신교회(EKD)라는 커다란 협의기구로 탄생하게 된 것이다. 여기서 우리는 이러한 독일교회의 역사적 배경과 함께 어떻게 독일교회가 하나의 통일체로서 연합과 일치를 이룬 독일 개신교회(EKD)로 발전하게 되었는지 그 형성사를 살펴보려고 한다. 그리고 이러한 연합을 추구하는 의도와 목표가 무엇인지를 밝히게 될 것이다.

1) 독일교회의 역사적 배경

종교개혁 이래로 독일의 개신교회는 지역과 신앙고백의 차이에 따라 수 없는 교파의 분열을 계속하게 되었다. 그리고 이러한 분쟁과 분파는 1803년 나폴레옹의 침공으로 독일제국이 무너지고 제국의 대리통치체제가 결정되기까지 계속되었다.[63] 그리고 1815년 빈에서 개최되었던 회합(Wiener Kongreß)의 결정에 따라 프로이센 제국은 크게 동서의 두 지역으로 나누어졌다.[64] 또한 동서의 정치체제는 역시 지역의 독립성과 특성을 전제한 독일동맹체(Deutscher Bund)가 형성되기 시작하였다. 이러한 정치적인 결정들은 교회의 영역에도 완전히 새로운 조직의 집중화와 교회통치의 통일된 모습을 이루는데 영향을 미치게 되었다. 특히 주목되는 것은 주(州)지역교회(Landeskirchen)들의 형성이었다. 이전의 지역 성주들은 여전히 개인적인 신앙고백의 신분에 대한 관심 없이도 그 지역 개신교회의 최상의 감독의 역할을 유지하였다.[65] 그들은 교회의 지역을 나누는 일과, 교회의 감독과 통치를 위한 규정을 만들었던 것이다. 그러나 대체로 1815년 이래로 독일에서는 독일 프로테스탄트 교회의 통일을 향한 전진으로 모든 지역동맹체(Bund des Landes)를 형성하고 있는 지방에서 각 지역의 주(州)로서 지역교회(Landeskirche)가 형성되기 시작하였다.[66]

그리고 이때부터 교회는 외형적인 조직체로서의 독립적인 행정기구들이 생겨나게 된다. 지(支)교회들과 목사들에 대한 감독기관으로 교회의 지방감독(Superintendant oder Dekan)에 의하여 교구들이 이루어지게 하였으며, 교구에 대한 영적인 감독으로는 지역 감독의 장(Superintendant oder Plälat)을 세웠다. 그 감독의 장은 지역교회(Landeskirche) 최고의 영적 책임자였다. 그리고 교회행정은 종교국, 또는 장로회(Konsistorien)에 의하여 이루어지게 한 것이다. 각 주(州) 지방교회(Landeskirche)를 관리하는 중앙행정관청이 부분적으로 설립되었는데, 이것은 오늘 까지도 상급종교국(Oberkonsistorium)으로 불려졌다. 이러한 기관의 이름들이 뮌헨(München)지역에서는 1818년에, 베를린에서는 1850년에 개신교의 상급교회교직자회(Oberkircherat)로 그리고 하노버(Hannover)에서는 주(州)지역종교국(Landeskonsistorium)으로 명명되었다.67) 후에는 총회의 조직까지 이루어졌다. 그리고 그 조직과 교회의 지도부에는 평신도의 참여가 이루어졌던 것이다. 이러한 주(州)지역교회(Landeskirche)로의 역사적 발전과 함께 독일교회는 국가와 교회의 관계가 완전히 분리된(자유형) 형태도 아니며, 그렇다고 서로 결합된 형태도 아닌 새로운 형태를 만들게 된다. 흔히 독일 개신교회를 가리켜 흔히 국가교회(Staatskirche)라고 말하는 경우가 있으나, 그것은 19세기 초 프로이센 제국에서 얼마간 형성했던 모습이었으며, 오히려 자유주의 신학자들의 정경분리에 대한 강력한 요구에 의하여 독일에서 국가교회의 형태는 점점 사라지게 되었다. 그 대신 독일 개신교회는 각 주(州) 정부와의 관계 속에 존재하는 지역교회(Landeskirche)가 된 것이다.

이러한 지방분권의 정치적인 배경 속에서 독일 개신교의 각 주의 지역교회(Landeskirche)는 19세기 중엽에 이르러 다양한 교회의 통일 노력이 나타나기 시작하였다. 그것은 두 가지 근본적인 구상에서 이루어졌다. 첫째는 국가와 교회의 관계에 있어서 실제로 정치적으로 상호 협력해야 하는 일들로 인한 것이며, 둘째는 총체적인 하나의 독일 민족적인 교회를 통하여 교회의 분파주의를 극복하려는 생각에서였다.68) 그러나 이러한 구상에 있어서 두 번째 것은 아직은 실제화할 수 없는 것으로 나타났으며, 다만 국가와 교회의 관계에 있어서 전자의 것이 1846년에 베를린에서 개최된 교회의 연합적인 모임에서 관철되었다.69) 그리고 이 때에 독일 개신교회의 새로운 총체적인 조직을 위한 기초를 만들게 되었던 것이다. 그러나 그 이후 에 이렇다할 발전을 보이지 못하다가 1850년 슈투트가르트(Stuttgart) '교회의 날'(Kirchentag)행사에 즈음하여 몇 지역의 교회 대표자들이 새로이 접촉을 가졌고, 1852년 6월 3일에 아이제나하(Eisennach)에서 독일 개신교회의 컨퍼런스를 개최하기로 합의했던 것이다.70) 이 회합을 통하여 각 지역교회들(Landeskirchen)은 하나의 교회동맹체로 결합된 것이 아니라, 교회의 지도부가 교회의 일반적인 문제에 관하여 대화하는 하나의 작은 모임에 대표자들을 보내도록 결정했던 것이다. 아이제나하에서 개최된 교회 컨퍼런스는 이러한 형태로 1922년까지 지속되었다. 이러한 서로 서로의 만남을 통하여 신뢰를 쌓아갔으며, 개신교회의 통일의식을 성장시켜갔던 것 이다. 이러한 모임을 통하여 1915년에 이르러 342곡을 수록한 독일 개신교회의 통일찬송가를 만들어내게 되었다.71) 그리고 1861년에 벌써 1545년의 루터의 성경을 그 당시의 현대어로 수정하도록 결정하였고, 1892년에 그 수정본이 제작되기에 이른다. 또한 1912년 독일 개신교 교회 위원회가 결성되었을 때에 그 위원회를 통하여 승인을 받게 하였고, 개교회 전체가 사용하는 통일성경이 되었던 것이다.72)

1903년 6월 13일에 아이제나하의 컨퍼런스는 독일교회의 업무를 책임적으로 관장하는 조직체로서 독일 개신교 교회 위원회(Deutscher Evangelische Kirchenausschuß)를 만들어 낸다. 이 위원회는 15명의 위원으로 구성되었다. 의장은 5년간의 임기로 위원회의 책임을 맡게 하였다. 그러나 아이제나하의 교회회합과 독일 개신교 교회 위원회의 기구는 1차 세계대전 동안에는 아무런 활동을 하지 못한 채 중단되고 말았다.

그러나 독일교회의 연합운동은 1차 세계대전이 끝난 후 1922년에 독일개신교동맹체 (DEK=Der Deutsche Evangelische Kirchenbund)로 다시 탄생하게 되었다. 먼저 각 지역의 교회(Landeskirchen)들은 1919년에서 1922년 사이에 각 교회의 새로운 법을 만들기 시작하였다. 그리고 그 사이에 '교회의 날'(Kirchentag)행사가 매년 개최되었다. 이 모임을 통하여 교회 사이에 대화가 긴밀하였고, 독일교회의 연합을 위한 동맹체를 만들기로 합의하게 된다.73) 교회동맹체의 과제와 기구는 독일 개신교의 연합체를 이끌며, 외국에 흩어져 있는 독일 그리스도인들의 교회를 돌보는 일을 수행하였다. 남미(브라질)와 남아프리카 지역의 독일교회와 여러 독일 식민지 국가에 있는 독일인 교회들을 하나로 통일하는 과제를 수행하였다. 1933년에는 독일교회의 한 기구로서 선교업무와 외국에 있는 독일인 교회의 지원업무를 관장하는 외무 부서를 두게 되었다.74) 그리고 독일개신교동맹체는 벌써 세계교회연합운동(WCC)에도 적극적으로 참여하는 일을 행하였다(1925년 Stockholm과 1927년 Lausanne회의에 참여).

그런데 1933년 독일교회는 새로운 발전과 함께 하나의 새로운 큰 위기를 맞이하게 된다. 그것은 국가사회주의(Nationalsozialismus)의 영향 때문이었다. 나치당을 주도한 히틀러의 통치는 교회의 통일을 요구하였고, 국가이데올로기에 종속된 교회를 원했던 것이다. '하나의 지도자, 하나의 백성, 한 분 하나님, 하나의 교회'라는 국가와 종교의 통일사상을 교회 내에 퍼트린 무리들이 바로 '독일 그리스도인'(Deutsche Christen)이란 국가사회주의 정당에 종속된 단체였다. 이들에 의하여 독일 개신교 동맹체는 해체되고, 마침내 '독일개신교회'(DEK=Deutsche Evangelische Kirche)라는 교회의 연합기구가 탄생하게 되었다.

2) 나치정권과 고백교회의 투쟁

독일 개신교회의 연합기구의 탄생은 독일교회의 가장 큰 불행을 가져다준 사건이라고 하겠다. 히틀러가 주도한 나치정권의 통치는 국가가 교회를 완전히 지배하는 결과를 초래하게 되었기 때문이다. 그리고 교회를 나치정권의 이데올로기적 도구로 만들었을 뿐 아니라 오히려 교회를 분열하게 하는 원인으로 작용하였기 때문이다. 나치정권은 로마교황청과의 협정체결을 통하여 카톨릭교회의 자유를 인정하는 한편, 오히려 독일 개신교에는 새로운 교회헌법을 통하여 통합된 교회조직인 독일개신교연합회 (Deutsche Evangelische Kirche)를 만들도록 조정하였다. 이것은 나치정권이 교회가 국가의 통치로부터 벗어나 독자적인 영역과 정치적인 영향력을 행사하지 못 하도록 하려는 정책에 따른 것이었다. 그리고 이전에 프로이센에서 시도하려 했던 국가교회 (Staatskirche)의 제도를 도입하여, 독일 제국법에 의한 제국교회 (Reichskirche)의 건설을 계획하고 있었던 것이다. 이러한 계획의 실현을 위하여 먼저 '독일 그리스도인들'(Deutsche Christen)이란 운동체를 만들어 독일 개신교를 조정하는 도구로 이용하려고 하였다.75)

그리고 역시 실제로 '독일 그리스도인들'이란 단체를 창설하고 주도했던 지적인 인물은 레플러(S. Leffler)와 로이트호이져(J. Leutheuser) 목사들이다. 이들은 1927년 루터교회에서 탈퇴하여 튀빙겐의 자유주의 신학사상을 따르는 교회에서 목사로 활동하였다. 이 교회를 중심하여 노동운동이 시작되었고, 그것은 계급의식을 띤 사회주의적이며 무신론적인 특징을 가지고 있었던 것이다. 벌써 비라탈(Wieratal)에서 국가 사회주의 노동당(NSDAP: Nationasozialistische Deutsche Arbeiter Partei)이 시작되고 첫 지구당이 창당된 지 3년 후에 레플러와 로이터호이져 목사는 이 당에 합류하였고, 마침내 나치당과의 교류를 시작하였던 것이다.76) 이들은 '독일 그리스도인들'이란 단체를 통하여 성경적인 기독교의 신학을 거절하고, 인간의 이성과 정신을 우선으로 하는 자유주의 신학에 근거하여 국민의식을 지도이념으로 삼아 지극히 인본주의적이며 광신적인 신앙형태의 모습을 보이기 시작하였다.77)

이러한 운동은 튀빙겐에서 시작되어 전국으로 확대되었고, 마침내 1932년 베를린에서 독일의 나치당과 결합하였다. 그리고 나치당은 지방정부의 관리들과 나치돌격대를 이용하여 전국적으로 양심적인 교회의 지도자들을 밀어내고 나치당원이나 '독일 그리스도인들'이란 운동에 참가한 목사들로 독일 개신교회의 기구를 개편하기 시작하였던 것이다. 전국적으로 28개 지역의 지방교회를 하나의 제국교회로 통합시키고, 동프로이센의 군목으로 있던 루드비히 뮐러(L. Miiller) 목사로 하여금 제국교회를 이끄는 책임자로 세우려 하였다.

그러나 1933년 5월에 마침내 히틀러의 '제국교회 형성'과 '독일 그리스도인들' 운동에 대항하여 독일 개신교회 내에는 '젊은 개혁자들의 운동'(Jungreformatorische Bewegung)이 일어나기 시작하였다. 이 단체는 제국교회의 감독선출에서 히틀러가 지목한 뮐러 목사를 낙선시키고, 그 대신 보델슈빙(F. von Bodelschwingh) 목사를 절대적인 지지로 선출하였던 것이다. 이러한 선거 결과는 나치당으로서는 독일교회의 국가에 대한 도전으로 받아들여졌다. 그리고 나치당은 계속적으로 공격적인 선전활동과 압력을 통하여 보델슈빙 목사를 사퇴시키고, 각 지방교회의 선거를 통하여 '독일 그리스도인들'이 중심이 된 교회의 조직개편을 단행하였다. 그리고 9월 27일에 개최된 총회에서 뮐러 목사를 제국교회의 국가감독으로 선출하였다. 그러나 비록 독일 개신교회는 나치의 통제하에 놓이게 되었지만 독일교회의 저항은 지속되었다. 특별히 새로운 교회법이 공포되고, 교회에 대한 나치당의 간섭이 노골적으로 이루어졌으며, 지도자로서의 히틀러의 개인적인 숭배와 성직수임에 대한 아리안 조항의 적용이 본격화되었다.[78]

이러한 나치당의 요구들에 대하여 신앙적 양심으로 따를 수 없다는 비판의 소리가 독일교회 내에서 높아지기 시작하였다. 이러한 분위기 가운데서 독일교회는 '고백교회'로서 나치의 교회탄압정책에 대항하는 새로운 운동이 태동하기 시작하였다. 여기서 일어나게 된 것이 바로 고백교회의 운동이다. 이 운동은 1933년 7월로 예정되었던 '젊은 개혁자들의 운동'의 '선거 소집서'[79]에서 처음으로 거론되기 시작하였다. 그리고 1933년 9월에 니뮐러(M. Niemöller) 목사는 그의 동료들과 함께 나치당의 아리안 조항에 대항하여 신앙고백을 만들고 서명하며, 목사긴급동맹(Pfarrenotbund)이란 단체를 결성하기에 이른다.[80] 1934년에 이미 7,036명 이상의 목사들이 이러한 고백에 동의하며 가담하였다. 그리고 이러한 일은 독일 전역에 확산되었고 고백교회가 늘어가기 시작하였다. 마침내 1934년 1월 4일에 나치정권을 통한 고

백교회의 본격적인 탄압이 시작되었다.[81]

이러한 나치정권의 교회에 대한 계속적인 탄압은 고백교회의 총회(Reichsbekenntnissynode)를 결성하도록 한 계기가 되었다. 니뮐러 목사의 주도하에서 코흐(P. Koch) 목사는 1934년 5월 29-31일까지 바르멘(Barmen)에서 고백교회의 총회를 소집하였다. 이 총회에는 25개 주(州)의 지역교회의 139명의 대표들이 참석하여 바르멘 선언문을 채택하여 발표하기에 이른다. 이 총회는 '성서의 고백'이라는 종교개혁의 원리와 정신의 토대 위에서 신앙을 고백한 독일 개신교회의 역사적인 사건이었다. 그리고 이 선언문은 2차대전이 끝난 후에 독일 개신교회협의회(EKD)가 탄생하는 정신적 모태가 되었다.

이 선언문은 모두 6개 항목으로 이루어져 있으며, 각 항목은 성경 구절의 인용과 증언의 명제 및 배격하는 반 명제의 형식으로 구성되어 있으며, 그 주요 내용은 다음과 같다.

"우리는 교회가 하나님의 말씀 이외에 혹은 그것과 더불어 그것 이외의 사상과 권력, 인물과 진리를 하나님의 계시로 인정할 수 있으며 또한 인정해야만 한다는 것과 같은 허위의 교리를 배척한다. … 우리는 우리가 예수 그리스도가 아닌 다른 주(主)에게 맡겨야 하는 영역이 우리들의 생활 속에 존재한다고 하는 것 같은 허위의 교리를 배척한다. … 우리는 국가가 그 특수한 임무를 초월하여 인간 생활의 유일하며 전체적인 질서가 될 수 있으며, 따라서 교회에 정해진 일마저도 다 할 수가 있다고 하는 것 같은 허위의 교리를 배척한다."[82]

이러한 고백교회의 도전에 대해 나치정권은 관련된 목사들을 체포하여 감금하고 고문하며 테러를 자행, 고백교회로부터 탈퇴를 종용하면서 교회의 폐쇄로 맞섰다.83) 그러나 탄압의 강도가 크면 클수록 이에 대한 반발도 강력하고 그 규모도 확대되어갔다. 그리고 고백교회에 대한 나치정권의 탄압은 1939년 이후에 다소 소강상태에 접어들게 되었다. 그 이유는 나치정권이 곧 시작한 제2차 세계대전과 그 전쟁의 수행으로 더 이상 국내문제에 매달려 있을 수가 없었기 때문이었다. 그리고 전쟁이 계속되자 독일교회의 상황은 변화를 겪게 되었다. 즉, 1939년 전쟁이 시작된 이래로 독일교회는 카톨릭교회를 포함하여 그 전쟁에서 독일이 승리해야 한다는 국가적 대업을 위하여 나치정권에 협조하는 방향으로 변질되어 갔던 것이다. 교회의 목사들은 전쟁의 승리를 위해서 기도하였고, 공개장과 설교들을 통하여 그리스도인들에게 전쟁수행을 위해 국민의 임무를 다할 것을 역설하였던 것이다. 나치정권의 군대는 폴란드와 체코를 점령하고 점령지에서 온갖 만행을 저질렀지만 교회는 그 일에 대하여 애써 침묵으로 일관하였다. 그리고 독일교회의 나치정권에 대한 저항은 그들의 종교정책에 한정되어 있었지, 히틀러의 대외정책이나 전쟁에 대해서는 아무런 반응을 보이지 않았던 것이다. 특별히 폴란드 등지에서 자행된 유대인 학살에 대해서는 사태의 정황을 충분히 듣고 알고 있었음에도 불구하고, 독일교회와 성직자들은 이를 묵과해 버렸던 것이다. 이에 대하여 독일교회의 역사는 매우 부정적인 평가를 내리고 있다. 다만 히틀러와 나치정권의 만행에 대하여 독일 개신교 목사였던 본 훼퍼 (D. Bonhoeffer)와 가톨릭의 예수회 신부였던 델프(A. Delf)와 같은 인물들이 개인적으로 히틀러 정권에 대항하여 정치적인 행동을 할 뿐이었다.84)

제2차 세계대전 중에 나치정권이 행한 반사회적이며 비인간적인, 그리고 불법적인 처사에 대하여 원칙적인 복종만을 지켜온 독일교회의 침묵에 대하여 많은 윤리적인 책임의 문제가 질책되기도 하였다. 과연 교회가 자신의 고유한 영역에만 머물러 있는 것이 교회의 책무를 다하는 것인가에 대한 교회의 정치적 저항권에 대한 논쟁이 일기도 하였다. 그리고 이러한 논쟁은 국가와 교회의 관계에 있어서 정치적 영역에 대한 교회의 책임을 새롭게 인식하는 계기를 마련해 주었으며, 시대의 파수꾼으로서 교회의 적극적인 저항의 의무가 얼마나 중요하다는 것을 일깨우게 해 주었다.

3) 전후 독일의 정치적 상황과 독일교회

유럽에서의 2차 세계대전은 연합국의 승리로 막을 내리게 되었다. 연합국이 주도하는 군대에 의하여 히틀러의 나치정권도 무너지고, 제3제국도 붕괴되었다. 독일의 통치권은 전승국의 사령관들에게 이양되었다.85) 그리고 독일은 이제 옛 영토를 회복하지 못한 채 정치적으로 두 개의 나라로 분단되는 민족적인 수난을 겪게 된다. 독일을 둘로 나눈 정치적 분단의 원인은 독일 내부에 있기 보다는 독일 외부의 작용에 의한 것이었다. 그것은 소련의 영향이 미치는 동유럽과 미국의 영향이 미치는 서유럽의 힘의 대결에 의하여 갈라지게 된 것이다.86)

연합국(미·영·소)은 독일에 대한 전후의 처리를 위하여 1945년 7월에 포츠담에서 수뇌들이 회동하게 된다. 그리고 이 회담은 종전 직전 1945년 2월에 열렸던 얄타회담의 후속회담으로 협상과정에서 미국과 소련간의 상호불신과 함께 동서간의 최초의 대결을 보여준 회담이었다. 그 당시 미국과 영국은 정치 지도자의 교체로 일관된 정치노선을 견지하지 못함으로 이 회담에서 스탈린의 주장이 강하게 작용하게 되었던 것이다.87) 포츠담회담에서의 결정사항은 독일의 군비철폐와 군수산업의 폐기, 전범자의 재판, 탈 나치화를 전제한 독일의 민주화 등에 관한 것들이었다. 그리고 이 회담의 협약에서 1937년 당시의 독일의 영토였던 동유럽의 일대, 오데르 나이제 강 이동의 모든 지역이 독일의 경제통일체에서 제외되었으며, 독일 국토는 약 75%로 축소되었던 것이다. 또한 나머지 독일 땅은 연합국에 의하여 4개 지역으로 분할 점령되었으며, 그 당시 수도였던 베를린도 역시 4개의 지구로 분할하여 통치하도록 조치되었던 것이다.88)

이와 같이 독일이 무장해제와 함께 전승 4개국에 의하여 분할 점령된 것은 두 차례에 걸친 세계대전의 도발국으로서 그 책임을 묻게된 것이며, 향후 다시는 전쟁을 일으키지 못하도록 하려는 조치였다. 그 당시 회담에서는 독일의 전쟁 도발을 원천적으로 봉쇄하기 위하여 독일을 18세기의 괴테 시대의 농업국으로 되돌려 놓아야 한다는 소위 '모겐소 계획'(Morgenthau Plan)까지 논의가 되었던 것으로 알려져 있다. 그러나 이 계획은 매우 비현실적인 것으로 평가되어 포기 되었다.89)

1945년에서 1947년 사이에 독일의 전후 수습은 지극히 유동적인 상태에 있었다. 전후 독일을 통치하는 '연합국관리이사회'는 독일의 산업시설 철거와 배상문제를 놓고 분열되기 시작하였던 것이다. 특별히 전쟁에서 가장 많은 피해를 입었던 소련은 독일로부터 막대한 금액의 배상금을 받아내려 하였다. 그러나 미국과 영국은 소련의 그와 같은 계획에 동의하지 않았던 것이다. 왜냐하면 배상금 부과는 전후의 독일경제의 회복을 불가능한 상태로 몰아갈 수 있으며, 그것은 결국 미국과 영국이 떠맡아야 하는 부담을 당사자들이 잘 알고 있었기 때문이다. 동시에 독일의 경제악화는 유럽의 경제 전체에 영향을 미친다는 것을 역시 미국과 영국은 간파하고 있었던 것이다. 이러한 결과는 유럽 전역에 사회불안을 초래하여 급기야는 공산혁명으로 야기될 위험으로 느껴졌기 때문이다. 이러한 이유로 미국과 영국은 자신들이 점령하고 있는 지역에서 통합된 경제체제를 확립하려고 1947년 트루만의 독트린과 마살 플랜이 발표되는 때를 맞추어 미·영·불의 3개국 점령지역에 통화개혁을 단행하였던 것이다. 이것은 역시 독일이 동과 서로 나누어 두 개의 통화지역으로 분리되는 결과를 가져오게 되었다. 이 때문에 소련은 재빨리 베를린을 봉쇄하게 되었고, 독일의 수도 베를린이 갑자기 두 개의 시 당국으로 분리됨으로 마침내 독일의 동서로의 분단이 기정사실화되니 결과를 가져오게 되었다.90) 그리고 곧 이어서 나토의 서방연합군이 탄생한 것은 바로 이러한 분단상황을 반영한 것이었다. 미군의 병력을 평상시에도 유럽에 주둔하기로 한다는 협약이 체결됨으로(1949. 4) 서방측에서의 집단안보체제가 창설된 셈이었다. 그리고 나토의 연합기구는 또한 브뤼셀 조약(1948년 3월)에 근거한 것으로 이 조약은 원래 독일의 재건을 견제하기 위하여 영국, 불란서, 벨기에, 네덜란드, 그리고 룩셈부르그 간에 체결된 일종의 '對獨방위조약'이었던 것이다. 그러나 그 후에 미소 양대 세력 사이에 냉전이 진전되고 소련이 서유럽에 최대의 위협세력으로 부상하자 브뤼셀 조약은 '對蘇방위공동체'91)로 그 성격과 방향을 바꾸었던 것이다. 이러한 일련의 과정과 함께 1949년 독일 땅에는 이념과 체제를 달리하는 두 개의 정부가 수립됨으로써 독일의 분단은 엄연한 정치적 현실로 나타나게 되었던 것이다.

이러한 독일의 정치적 상황과 함께 독일 개신교회는 나치의 지배에서와는 다르게 새로운 시련과 도전에 직면하게 된다. 이제 독일의 분단이 고착화되어 가는 과정에서 과거의 잘못을 극복하고 새로운 교회로 다시 태어나야 하는 과업에 직면하게 된 것이다.92) 그리고 이제 서방의 점령국들과 전 독일 국민들이 지켜보는 가운데 진행된 교회의 재건작업은 패전국 국민인 독일인들의 새로운 자기 확신과 결단이라는 면에서 그 중요한 의의를 가진 것이기도 하였다. 그것은 역시 독일의 미래는 어떻게 될 것이며, 그 안에서 독일의 개신교회는 어떤 책임을 가져야 하는지 등에 대하여 진지한 자기성찰을 필요로 하는 것이었다. 그 동안 독일 개신교회는 나치정권 하에서 히틀러를 무조건 추종하고 이를 기독교 신앙의 입장에서 정당화 해주던 '제국교회'의 죄과를 철저히 참회하고, 비록 소수이기는 했지만 신앙고백적인 행동으로 나치정권의 압제와 반인륜적 행위에 대항하여 투쟁했던 '고백교회'의 전통과 1934년 '바르멘 신학선언'에 근거하여 독일 개신교회의 재건작업인 새로운 출발을 서둘렀던 것이다.93)

2. 독일교회의 연합과 일치의 새로운 역사

1) 독일교회의 새로운 탄생

(1) 독일교회의 재건작업

독일 개신교회의 재건은 앞서 언급한 대로 나치정권에 대항하여 투쟁했던 독일 '고백교회'의 전통과 1934년에 천명한 '바르멘 신학선언'(Barmer Theologische Erklärung)의 정신에 근거하여 출발하였다. 그리고 그 첫 작업은 고백교회의 전국형제평의회(Reichsbruderrat)가 1945년 8월 21-24일에 프랑크푸르트에서 개최됨으로 시작되었다.94)

이 모임에는 많은 목사들과 신학자들이 참여하게 되었는데 그 대표적인 인물들로는 코비(G. Jacobi), 니젤(W. Niesell), 이반트(H. Ivand), 아스무센(H. Assmussen), 바르트(K. Barth)와 닥하우의 강제수용소에서 옥고를 치르다 석방되어 온 고백교회 창설의 주된 역할자 니뮐러(M. Niemöller) 목사 등이다.95) 바로 이들이 주축이 되어 독일 전 지역의 개신교 교단들의 연합체인 소위 '독일교회협의회'(EKD)가 창설된 것이다. 고백교회의 일 후 트라이자(Treysa)에서 개신교 총회가 개최되었다.96) 이 총회에서 니뮐러 목사는 그의 강연을 통하여 교회의 죄책문제를 거론하게 되었다. 전쟁을 비롯하여 나치당의 범죄에 대한 책임은 나치당이나 독일 국가에 있는 것이 아니라 근본적으로 교회가 복음의 사명과 책임을 다하지 못한 교회 자체에 있음을 역설하게 되었다.97) 즉 죄책은 교회가 불의에 대항하여 투쟁하지 않았던 것이며 고백교회는 살아계신 하나님의 교회로서 목전에서 일어나고 있는 일들을 보고 있었으나 아무런 행동도 하지 않는 무력한 교회로 있었다는 것이었다. 이러한 니뮐러 목사의 죄책고백이 새로 시작되는 '독일교회협의회'(EKD: Evnagelische Kirche in Deutschland)의 지도이념이 되어, 1945년 10월에 소위 슈투트가르트 죄책고백(Stuttgarter Schuldbekenntnis)이 발표되기에 이른다.98) 이 죄책고백에서 독일교회는 나치정권이 행한 이웃나라들과 유대인들에 대한 끔찍한 참화를 막지 못하고 그대로 방관 내지 동조하였던 사실들을 세계교회 대표들 앞에 진심으로 고백하게 된 것이다.99) 죄책을 고백한 선언서의 내용은 '우리의 잘못으로 인해서 무수한 민족들과 나라들에게 말로 형언할 수 없는 고난이 가해진 사실을 크나큰 아픔으로 고백한다'는 말로 시작하여 '이제 우리는 보다 더 용감하게 고백적 행동을 못했고, 보다 더 신실하게 기도하지도 못했고, 보다 더 기쁜 마음으로 믿지도 못했고, 보다 더 열정적으로 사랑을 베풀지 못했음을 고백한다'는 말로 끝을 맺었다. 이러한 죄책에 대한 고백을 통해서 교회는 독일이야말로 죄과에 대한 책임을 짊어져야 할 공동체임을 인식하였으며, 동시에 고백교회의 전통을 공식적으로 자신들의 삶의 방향으로 설정하였던 것이다.

이러한 슈투트가르트선언이 있은 후, 독일개신교회협의회(EKD)는 독일 민족이 나아가야 할 정치적 노선에 대하여 다음과 같은 교회의 입장을 밝혀주었다.

"우리 모두는 과거가 더 좋았다든지 혹은 다가올 전쟁에 준비해야 한다든지 하는 망상에서 벗어나 정의와 복지 그리고 독일의 내부적 평화와 민족들 간의 화해를 위해 봉사하는, 보다 나은 독일 국가를 건설해야 할 책임이 있다".100)

이것은 슈투트가르트 죄책고백과 함께 독일교회가 독일 민족과 더불어 새로운 독일 건설에 어떤 각오와 자세로 임하고 있는지를 엿보게 하는 중요한 근거라 할 것이다.

(2) 독일개신교회협의회(EKD)의 탄생

'독일개신교회협의회'가 정식으로 출범하게 된 것은 1948년 7월 9-13일에 개최된 아이제나하(Eisenach)의 총회에서였다. 이 총회는 전승 점령국의 공식 대표들이 모두 상주한 자리에서 이루어졌다. 이 총회는 소련의 군사행정처로부터 허가를 받아 개최한 집회였지만 그들의 감시와 주목을 받는 가운데 개최된 행사였다. 그 당시 독일교회는 아직 실존하지도 않은 독일 전체를 교회의 범위에서 선취하려고 노력하였고, 그들이 소망하고 있던 독일 전체의 미래에 대한 국민의 국가 구조를 '독일개신교회협의회'라는 조직을 통하여 만들고자 했던 것이다. 바로 여기에 독일교회, 특히 '독일개신교회협의회'의 민족과 국가를 위한 비전과 계획이 함유되어 있었다는 것을 느끼게 된다. 즉 그것은 이러한 노력을 통하여 '독일개신교회협의회'는 독일이 두 개의 나라로 분단이 고정되어 가는 상황에서 적대적인 두 국가를 연결하는 고리로서의 역할을 할 수 있었으며, 나아가 독일 통일의 비전을 제시하는 역할을 할 수가 있었던 것이다.

실제로 '독일개신교회협의회'는 아이제나하의 총회를 통하여 출범하게 될 때에 1949년 동·서독의 양 정부로부터 동시에 환영을 받았으며, 독일 개신교회의 대표로서 공식적인 인정을 받게 된 것이다. 비록 국가는 양분되었지만 '독일개신교회협의회'는 전 독일 차원의 조직으로서 역할을 감당할 능력이 있으며, 정치적인 인정과 함께 국경 양쪽의 국민들로부터 대표성을 부여받은 유일하고 합법적인 독일 전체조직임을 증명하게 된 것이다.101)

이와 같이 독일 개신교회는 지난날 나치 정권에 의해 '제국교회'로 통합되었던 국가교회적 상태에서 이전의 독일 전 지역에 지방 자치적으로 깊이 관련된 주(州)교회(Landeskirche)의 체제로 재조직 되었던 것이다. 이들 주(州)교회들이 구 서독의 지역에는 17개의 교단교회로 있었으며, 구 동독의 지역에는 8개 교단교회로 있었는데, 그들이 모두 다시 연합하여 '독일개신교회협의회'라는 연합과 일치의 모습을 갖춘 하나의 교회로 탄생하게 된 것이다. 이러한 '독일개신교회협의회'는 1933년 나치 정권에 의하여 강제적으로 만들어졌던 '독일개신교연합교회'(DEK)와는 독일 개신교의 통합조직이라는 면에서 비슷하지만,

그 교회가 국가의 감독 하에서 중앙집권적 조직으로 운영되었던 반면에 '독일개신교회협의회'는 각 지역의 주 교회가 독립적인 지위를 가지고 연합체를 형성하고 연방적인 체제로 전환되었다는 면에서 본질적으로 구별된다. 그리고 '독일개신교연합교회'에서 '독일개신교회협의회'로의 명칭 전환은 그 동안 '독일개신교연합교회'가 지향했던 독일국민(Nation), 독일국가(Staat), 그리고 독일교회(Deutsche Kirche)라는 순서의 제한된 정치적인 배열을 극복하고, '독일개신교회협의회'를 국민 속에 있는 교회(Die Kirche in dieser Nation), 국민을 위한 교회(Kirche für diese Nation), 그러나 국민교회(Nationale Kirche), 또는 국가교회(Staatliche Kirche)는 결코 아닌, 오직 '하나님의 백성의 교회'(Volkskirche Gottes)를 만들기 원하는 의지의 표현이었다고 할 것이다.102)

그리고 '독일개신교회협의회'는 독일에 있는 모든 개신교회가 통합된 하나의 교회이면서 역시 협의기구의 성격을 전체하고 있는 것이 특징이다. 이것은 기존의 지역교회로서의 전통과 역사와 교회의 독립성을 전제하여 중요한 일에 있어서 전체 독일교회의 대표성을 띠면서도 모든 일을 협의해 가는 민주적인 기구를 뜻한다고 할 것이다. 그리고 '독일개신교회협의회'는 국법상에 있어서 공법적인 법인이며 역사적으로 교회법적으로 공인되어 독일교회를 형성해온 기본적인 그룹으로서 루터파 교회(Lutherbche Kirche), 개혁파 교회(Reformierte Kirche), 그리고 연합파 교회(Unoerte Kirche)의 세 주류들의 연합체를 형성하고 있는 것이 또한 특징이다.103) 독일 개신교회는 이러한 역사와 전통에 따라 3그룹의 주류교파가 존재하고 있으며, 이러한 전통의 존중과 함께 독일 개신교회는 서독지역의 경우 11개의 주 정부에 따라 17개의 지역교회(Landeskirchen)를 형성하고 있다.104) 그리고 1969년에 동독 정부의 압력과 명령에 의하여 나누어진 동독의 개신교회는 8개의 지방교회(Landekirchen)를 형성하게 되었다.105) 그러나 1990년 독일 통일 후 1991년에 동·서독교회로 나누어진 독일교회는 다시 연합과 일치의 통일된 교회를 이루게 된다.

그런데 '독일개신교회협의회'(EKD)는 이러한 역사적 전통과 함께 공식적으로는 '하나님의백성교회'(Volkskirche)라는 성격의 교회로 새로운 특징을 갖는다. 이것은 이전의 역사에서 한때 독일 개신교회가 국가교회로 특징지워지던 것에 반하여 새롭게 규정된 독일 개신교회의 모습이라고 할 것이다. 이것은 또한 히틀러의 통치시대에 독일 개신교회가 고백교회(Bekennde Kirche)로서 특징지워졌던 것처럼, 2차 세계대전 이후에 새롭게 규정한 독일교회의 특징적인 모습이라고도 할 것이다. 그리고 이러한 하나님의백성교회의 개념은 독일의 전 국민이 그리스도인으로 개종되어 그리스도의 교회에 속하였다는것을 전제하고 있으며, 동시에 모든 민족에게 그리스도의 복음을 전해야 하는 선교적인 개념이 전제되어 있기도 하다. 그리고 이것은 독일 민족 전체와 교회구성원이 서로 구별되지 않고 일치되어야 한다는 것을 전제하고, 인류 공동체의 질서와 사회구조를 기독교 정신 위에 세우려고 하는 선교적 사명의 성취에 그 근거를 두기도 한다.106) 이러한 하나님의백성교회(Volkskirche)의 개념은 역시 독일 개신교회를 하나의 연합과 일치를 이룬 교회로 형성되게 한 중요한 중심개념으로 오늘날까지도 작용하게 되었다.

2) 독일개신교회협의회(EKD) 기구와 조직과 활동

(1) '독일개신교회협의회'의 명칭과 성격

'독일개신교회협의회'는 1948년 28개의 회원교회들(Gliedkirchen)에 의하여 기본법을 만들게 된다.107) 먼저 이러한 독일 국가 내에 있는 개신교회(EKD=Evangelische Kirche in Deutschland)라는 이름은 기존 '독일 개신교회'(DEK=Deuteche Evangelische Kirche)라는 이름108)에서 새롭게 표현한 것이다.

이러한 독일 개신교회(EKD)는 기본법 제1조에서 밝히고 있는 것처럼109), 어디까지나 하나로 통일된 독립된 교회이거나 연합한 교회이기보다는 루터파 교회와 개혁파 교회, 그리고 연합파 교회가 서로 결속한 하나의 동맹체, 또는 연방협의체(ein Bund)교회로 이해되어야 한다. 그 때문에 우리말로 옮길 때 그 성격을 표현하여 '독일개신교회'(EKD)로 표현하게 되었다. 이것은 EKD가 하나의 도식적인 통일체가 아니라 하나의 지체로서 통일성을 가진다는 것을 분명히 보여준 것이다. 그리고 이것은 각각의 독립된 교회로서 서로 동맹관계를 가지는 모습을 전제한 것이다. 그리고 이것은 기본법 제 2조와 5조에서 밝히고 있는 것처럼, 크게 독일교회가 세 개의 주류를 이루는 교회의 동맹체(협의체)로서 각각의 역사적인 전통과 신앙고백을 존중한다. EKD와 각 지체로서의 교회는 서로에게 방해가 되도록 해서는 안 된다는 것을 전제한다. 기본법 제 3조는 '제3제국시대의 경험'(나치의 통치)을 살려 국가와 교회의 관계는 서로 분리된 독립성을 전제하고 있으며, 그러나 양자는 파트너의 관계 안에서 협의의 방법을 따르도록 규정하고 있다. 기본법 제 2조 2항에서 역시 EKD는 교회연합(Ökumene)의 질서 가운데 있음을 분명히 한다. 이러한 교회연합은 어디까지나 순전히 연방적 특성을 전제한 것이다.

(2) '독일개신교회협의회'의 과제와 임무

'독일개신교회협의회'는 독일 개신교회의 협의기구로서 많은 과제와 임무를 가진다. 이러한 과제와 임무에 대하여는 '독일개신교회협의회'의 기본법 (Grundordnung) 제6조에서 20조 사이에 상세히 취급하고 있다. 그 가운데서 제6조는 '독일개신교회협의회'의 총제적인 작업에 대한 일반적인 하나의 목표설정을 다음과 같이 말해주고 있다.110)

"'독일개신교회협의회'는 회원교회들 아래서 공동체의 결속과 심화를 위하여 노력해야 하며, 지체의 교회들은 교회생활의 모든 본질적인 물음들 안에서 일치하는 원칙에 따라 실천하도록 작용해야 한다."

여기서 '독일개신교회협의회'의 과제와 '독일개신교회협의회'에 속한 회원교회들의 과제가 무엇인지가 분명히 드러난다. 그것은 교회의 통일된 기본적인 선을 유지하는 것이다. 그리고 이것은 '독일개신교회협의회'와 회원교회들 양편으로부터 공동체적인 행동의 방향에서 더 많이 노력해야 한다는 것을 전제한 것이다.111) 이것은 궁극적으로 '독일개신교회협의회'와 회원교회들의 '독일 개신교회의 연합과 일치'를 위한 기본적인 과제를 말해주는 것이며, 교회의 연합과 일치를 얼마나 중히 여기고 있는지를 보여준다.

기본법 제7조에는 '독일개신교회협의회'가 협력해야 하는 몇 가지 교회의 작업영역들이 특별히 언급되었다. 그것들은 학문적인 신학과 교회법, 교회음악, 교회의 예술, 교회의 문서 등에 관한 것들이다. 그리고 기본법 제8조에서 10조까지는 '독일개신교회협의회'가 회원교회들에 영향을 줄 수 있는 여러 가지 가능성들을 제시하고 있다. 이것은 '독일개신교회협의회'의 연방관계의 성격에 상응하면서, 매우 자유스럽게 규정한 것으로 회원교회들이 자율적으로 자체의 각 주의 지역교회들(Landeskirchen)의 법과 규정을 설정하고 지 교회들의 복음사역이 지속되도록 한 것이다. 특별히 제9조에서는 교회의 직분에 관한 것과 교회 세금제도에 관한 것, 교회의 건축과 재정능력의 물음에 관한 것, 그리고 각종통계에 대한 법적인 관계들이 명시되었다.112) 제10조는 '독일개신교회협의회'가 회원교회들을 결속하는 힘을 가진 교회법과 규정들을 제정하도록 하고 있다. '독일개신교회협의회'의 총회는 교회의 법을 제정 협의하며(26조), '독일개신교회협의회'의 자문위원회(Rat der EKD)는 일반규정들을 제정한다(29조). 그러나 '독일개신교회협의회'의 법제정권은 엄격히 한정되어 있다. 즉, 법은 실제적으로 회원교회를 위하여 만일 참여한 회원교회가 동의할 때만 유효하도록 한정하고 있다. 모든 회원교회들이 '독일개신교회협의회'의 총회(Synod)에서 결정한 법을 찬성할 때만 유효하며 찬성하지 않을 때는 그 회원교회에는 적용되지 않는다. 예를 들어 1957년에 군목제도에 대하여 결정한 '독일개신교회협의회'의 교회법은 동독(DDR)지역에 있는 모든 회원교회들은 반대하였기 때문에 그곳에서는 적용되지 않았다.113)

독일 개신교회의 기본법 제11-12조는 '독일개신교회협의회'의 통일성 유지를 위하여 뒷받침하는 조항이다. 그것은 회원교회들이 각 교회의 감독이나 대표회장을 세울 때 '독일개신교회협의회'와의 교감을 가져야 한다. 그리고 모든 교회들의 법과 규정들은 공포하기 전에 '독일개신교회협의회'의 자문위원회(Rat)에 제출해야 한다. 그것은 교회 전체적인 관계에서 모순과 문제가 무엇인지를 검토하고 미리 교정하도록 자문하기 위한 것이다. 결코 '독일개신교회협의회'가 이러한 경우에 회원교회의 법이나 규정들을 거부하기 위한 것은 아니다.

그리고 기본법 제14-15조는 회원교회의 지 교회들이 자유로이 실천할 수 있는 교회의 사역에 대한 것을 다루고 있다. 교회의 남성들의 사역과 여성의 도움, 청소년 지도 등이 제시되었다. 제15조는 교회의 봉사적 과제를 다루고 있다. 이러한 봉사적 사역은 교회의 본질적인 표현과 삶의 표현으로 특징짓고 있다. 이것은 역사적으로 1957년에 국내선교와 협력사역이 '독일개신교회협의회' 산하의 거대한 하나의 디아코니아 사역(Diakonisches Werk)으로 통합되었다.114) 그리고 16-18조 사이에는 '독일개신교회협의회'의 외국선교를 위한 과제가 설정되어 있다. '독일개신교회협의회'는 역시 주님의 복음사역을 위한 선교사 파송에 적극 협력하는 것으로 되어 있다. 이러한 외국의 선교사역은 19세기에 생겨난 수많은 선교단체들의 주도권 속에 놓여 있었다. 그리고 그것들은 독일 개신교 선교 자문위원회(Deutsche Evangelische Missions Rat)로 독일교회와는 관계없이 독립적인 기구로 연합되어 있었다.115) 그러나 1961년 뉴델리(New Delhi)에서 개최된 세계교회컨퍼런스가 취한 적극적인 자극에 근거하여 1963년 독일에서 '교회와 선교'의 통합을 이루는 계기를 마련하게 되었다. 하나의 새롭게 설립된 '세계선교를 위한 개신교의 작업단체'가 교회와 선교단체들의 대표자들이 새로이 인식한 공동적인 책임 속에서 연합하였던 것이다.116) 그리고 '독일개신교회협의회'는 전 세계에 흩어진 독일인의 개신교회들을 돌보는 과제를 새로이 설립하였는데, 이것은 이미 구스타프-아돌프-사역(Gustav-Adolf-Werk)과 마틴 루터-연맹(Martin Luther-Bund)이 행하던 것이며, 필요의 경우에 재정적인 지원을 책임지기도 하였다(17조). '독일개신교회협의회'의 기본법 18조에는 세계교회연합(WCC)에 관한 사역이 '독일개신교회협의회'의 공동과제임을 분명히 해 주고 있다. '독일개신교회협의회'는 에쿠메네(Ökumene)에 연결된 회원교회이며 제네바에 있는 '세계교회협의회'의 조직체에 의하여 공적으로 대표하는 교회로 되어 있다.

이 외에도 국가와 사회의 공적인 권력기관에 대하여 '독일개신교회협의회'는 총체적인 교회의 관심을 대변하는 과제를 가진다(19조). 여기서 '독일개신교회협의회'는 국가와 교회의 관계에 있어서 나타나는 총체적인 교회의 물음들을 취급하게 된다. 여기서 독일정부는 국가의 편에서 교회에 파트너(동반자) 관계를 가지게 된다. 그 파트너의 역할에는 역시 문화의 통치권(Kulturhoheit)를 가진 주(州) 정부의 행정부가 된다. 6-19조에 명시된 이러한 모든 과제의 성취를 위하여 '독일개신교회협의회'는 소식을 알리며, 회원교회들과 회합을 가지며, 그들과 행정적으로 문서를 교환하며, 총체적인 교회의 목적을 위하여 헌금을 수집할 수도 있다(20조).

(3) '독일개신교회협의회'의 회원교회와 조직

'독일개신교회협의회'에 속한 회원교회는 독일지역 내 각 주(州)지역에 기존하고 있는 모든 교회로 한다는 원칙이 '독일개신교회협의회'의 기본법 21조에 명시하고 있다. 그리고 '독일개신교회협의회'의 모든 회원교회는 27개의 각 주(州) 지역교회(Landeskirchen)로 구성하고 있다. 그리고 대부분의 지역 교회들은 역시 종교개혁의 역사적 전통과 신앙고백의 차이에 따라서 세 그룹의 교회연합체를 형성하고 있는데, 그 연합체는 역시 '독일개신교회협의회'의 협의기구 안에 소속되어 있다. 그런데 연합파 교회(EKU)는 이전의 프로이센 왕국 때 연합한 교회의 기구를 지역교회 와는 달리 '독일개신교회협의회'에 속한 회원교회로 간주하여 28개의 지역 회원교회로 구성하고 있다.[117]

첫째는 연합파 교회(Evangelische Unirte Kirche)로서 이전의 프로이센에서 왕명에 의하여 루터파 교회와 칼빈파 교회가 연합했던 그 교회를 말하며, 지역적으로는 베를린 부란데부르그(Berlin Brandenburg), 작센(Sachsen), 폼메른(Pommern), 슐레진(Schlesin), 베스트팔렌(Westfalen), 라인란드(Rheinland) 등이다. 그리고 이 교회들은 1960년 이래로 개신교회의 연합(EKU=Evangelische Kirche der Union)로 명명하며, '독일개신교회협의회'에 회원교회로 속하여 있다. 그리고 이외에도 연합된 각 주의 독립된 지역교회들이 있다. 여기에는 헤센과 나사우(Hessen u. Nassau), 쿠르 발덱(Kuhr-Waldeck), 바덴(Baden), 팔즈(Pfalz), 부레멘(Bremen) 등이다. 연합파 교회는 '독일개신교회협의회'에 속한 13개의 회원교회로 간주된다.

둘째는 열개의 루터파 교회의 연합체이다. 지역적으로는 바이에른(Byern), 하노버(Hannover), 부라운슈바이그(Braunschweig), 샤움부르그 리페(SchaumburgLippe), 함부르그(Hamburg), 슐레스비히홀스타인(Schleswig-Holstein), 뤼벡(Lübeck), 멕클렌부르그(Mecklenburg), 작센(Sachsen), 튀링겐(Türingen) 등의 루터파 연합(VELKD=Veremigte Evangelische Lutherische Kirche Deutschlands)로 명명하였고 역시 '독일개신교회협의회'에 속한다. 그리고 루터파 교회의 전통을 따르면서도 각 지역에 따라 독립된 교회로 있는 루터교회들이 있다. 지역적으로는 뷔템베르그(Württemberg), 올덴브르그(Oldenburg), 오이틴(Eutin) 등이다. 루터파교회 역시 13개의 EKD에서 회원교회를 가진다.

셋째는 개혁파 교회의 동맹체이다. 여기에 속한 주(州) 지역교회로는 리페(Lippe)와 노르드베스트도이취란(Nordwestdeutschland)의 두 교회이다. 개혁파 교회는 역사적으로는 칼빈의 전통을 따르는 교회로 개혁교회의 동맹체를 형성하고 있으며 '독일개신교회협의회'에 속할 뿐 아니라 세계개혁교회 연맹에도 속하고 있는 회원교회이다. 이 외에도 '독일개신교회협의회'에는 헤른후(Hernhut)와 바드 볼(Bad Boll) 지역에 산재해 있는 작은 형제단교회가 속하고 있다(21조 4항).

EKD의 조직과 직분에 관해서는 기본법 제22조에서 32조에 걸쳐 자세히 명시하고 있다. 22조에는 세 가지 기구가 '독일개신교회협의회'에 지도체제로 형성하게 하였다. 첫째는 '독일교신교회협의회'의 총회(Synode), 둘째는 교회의 위원회(Konferenz), 셋째는 '독일개신교회협의회'의 평의회 (Rat)이다. 이 세 가지 기구의 위원의 임기는 총회의 새로운 형성에 따라 6년으로 하며, 주된 업무는 교회 내적인 일들에 자문의 역할을 하는 것으로 되어 있다. 그리고 '독일개신교회협의회'의 총회는 교회생활에서 발생하는 모든 물음들을 거론할 수 있으며, 문제해결을 위한 결정에 이르도록 한다. 총회는 '독일개신교회협의회'의 평의회(Rat)가 업무를 수행하도록 일반적인 방향의 기본선을 제시해 준다. 역시 총회는 결정들을 공포할 수 있다. 또한 회원교회와 그 교회의 목사들, 그리고 지 교회들과 심지어 국가적으로나 사회 공공의 자리에 이르기까지 그 해당사항을 공적으로 알려줄 수 있다. 그리고 '독일개신교회협의회'의 법들을 공포하며, 6년간 직분의 책임을 지고 일할 '교회의 회합'(Konferenz)과 평의회의 위원(Rat)을 선출한다. '독일개신교회협의회'의 총회가 개회되는 동안에 평의회와 교회위원회는 그 회의에 참여한다. 그러나 투표권은 부여되지 않는다.

총회는 120명의 회원으로 구성한다(24조). 그 가운데 100명의 회원은 '독일개신교회협의회' 회원교회의 규모에 따라 각 주의 지역교회들

(Landeskirchen)의 종교회의에서 선출된 자들이다. 규모가 가장 적은 '독일개신교회협의회'의 회원교회라도 한 사람의 대표자는 보내야 한다. 나머지 20명은 평의회(Rat)에서 불려진 자들로 구성한다. 그 평의회의 위원은 교회와 대학의 학부와 교회사역의 분야에서 탁월한 회원들을 고려할 수 있는 자이어야 한다. 6년 후에는 '독일개신교회협의회'의 총회는 새로이 구성되어야 한다(25조). 그리고 총회는 한 사람 의장에 의하여 이끌어진다(26조). 총회외 의장은 항상 평의회의 위원이 한다. 그러나 그 평의회의 의장이어야 하는 것은 아니다. '독일개신교회협의회'의 기본법 제26조는 어떤 방식으로 교회의 법이 결정되는 지를 한정해 주고 있다. 즉 '독일개신교회협의회'의 평의회는 상태에 따라 총회의 결정에 대항하여 이의를 제기 할 수 있다. 그럴 때는 제기된 사안을 다시 한 번 다루어야 한다. 그러나 2/3 이상의 다수가 지지하는 상태가 되면 성립된 결정은 효력을 가진다. 제27조에는 신앙고백(루터파, 개혁파, 또는 연합파)과 관련해서는 간단히 다수의 결정으로 해결하지 않는다는 원칙을 전제 하고 있다. 이때는 다시금 협의하기 위한 회의가 소집되고 거기서 다시 협의를 거치도록 하고 있다.

'독일개신교회협의회'의 총회가 '독일개신교회협의회' 전체를 직시하는 하나의 조직체라면(23조), 교회 위원회(28조)는 하나의 고유한 연방적인 조직체이다. 지역의 '독일개신교회협의회' 회원교회의 규모와 상관없이 한 명의 회원이 파송되어 28개의 회원교회의 '독일개신교회협의회' 교회 위원회를 구성한다. 교회 위원회는 일년에 2-3 회까지 '독일개신교회협의회' 평의회 의장의 주도하에 회합을 가지며 '독일개신교회협의회' 이면의 회원교회들의 관점을 유효하게 할 수가 있다. 즉 교회 위원회는 총회와 평의회에 자극을 줄 수 있다. 그러나 독자적으로 법적인 효력의 결정을 내릴 수 있는 권한이 주어진 것은 아니다. 다만 헌법수정의 교회법과 평의회 위원의 선출에 적절히 참여할 수는 있다. 평의회 위원들은 교회 위원회에 동시에 속하지는 못한다.

'독일개신교회협의회'의 총회는 매년 개최하는 것을 원칙으로 하고 있으나 종종 해를 넘겨 건너 뛸 수도 있다. 총회가 개최되지 않을 때는 '독일개신교회협의회'의 지도부는 '독일개신교회협의회'의 평의회에 의하여 이끌어진다(29~30조). 평의회는 다른 기관에 상세히 첨부하지 않은 모든 과제에 대하여 책임을 진다. 평의회는 역시 '독일개신교회협의회'의 행정에 책임을 진다. 평의회는 외부적으로 '독일개신교회협의회'의 행정을 대표한다. '독일개신교회협의회'의 지도부에는 하나의 행정관청(Kollegium)을 두고 있다. '독일개신교회협의회'는 한 사람의 감독에 의하여 이끌어지거나 하나의 개별적인 인격체에 의하여 이끌어지는 것이 아니라 형제적인 관계에 의하여 이끌어진다. 그 때문에 평의회의 구성에서도 지역적인 회원권과 신앙고백적인 관련들이 적절히 고려되어야 하다. 평의회에는 루터교단 출신으로 5명, 연합교단 출신으로 5명, 개혁교회 출신으로 2명의 위원이 구성되며, 지역적으로 4명은 동독지역에서, 8명은 서독지역의 교회에서 선출하여 구성된다. 또한 9명은 신학자들 가운데서 선출하며, 3명은 평신도 가운데서 선출하는 경향을 가진다. 평의회의 위원은 12명으로 구성한다. 총회의 의장은 선거를 통하여 이루어지며, 그는 동시에 평의회의 위원이 된다. 나머지 11명의 평의회 위원은 총회와 교회 위원회를 통하여 선출된다. 그들은 모두 2/3 이상의 지지를 얻어야 한다. 평의회가 구성되자마자 곧 총회와 교회 위원회는 공동으로 2/3 이상의 다수결로 평의회의 의장을 선출한다. 그런 후에 대리자도 선출한다.

'독일개신교회협의회'는 교회 사무국과 교회 외무국을 두고 있다(31조). 교회 사무국은 '독일개신교회협의회' 내부의 업무를 관장하며, 독일내의 국가와 공적인 일들에 대하여 대리적 역할을 한다. 교회의 외무국은 외국에 실재하고 있는 독일인 교회들을 지도하고 국외의 선교적이며 교회연합적인 일의 관계들을 취급한다. 양 직무의 책임자들은 교회 위원회와 접촉 후에 평의회로부터 지명된다. 특별히 '독일개신교회협의회'는 교회의 국가와 긴밀하게 취하는 대화의 통로를 위하여 교회의 전권대사(Bevollmächtigter)를 파견한다.118)

['독일개신교회협의회'의 회원교회의 지역분포도]119)

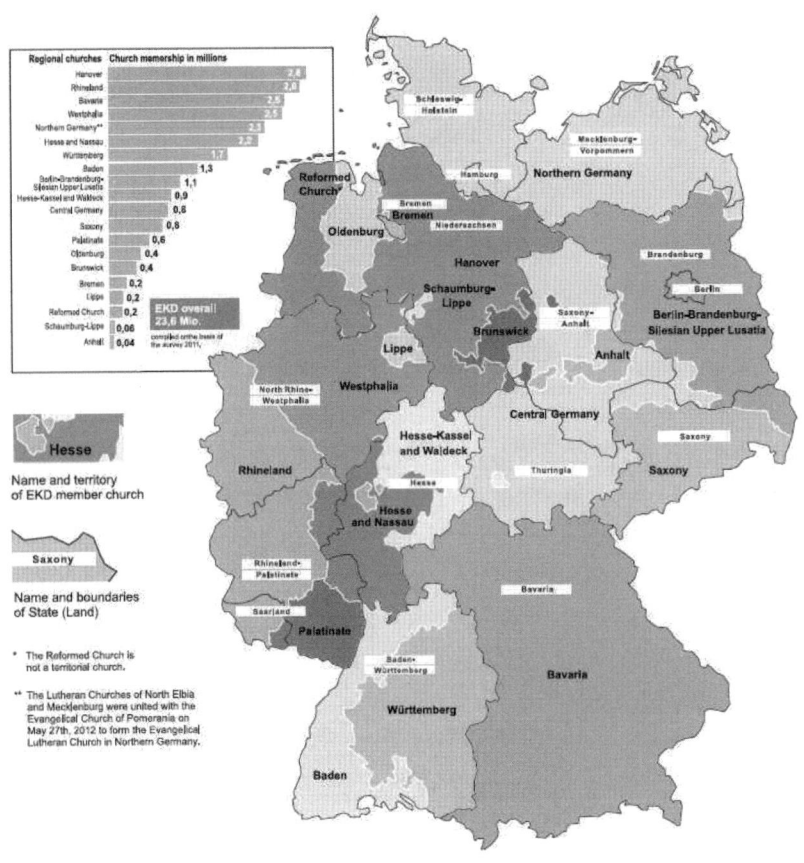

['독일개신교회회협의회'의 조직과 기구의 도표][120)

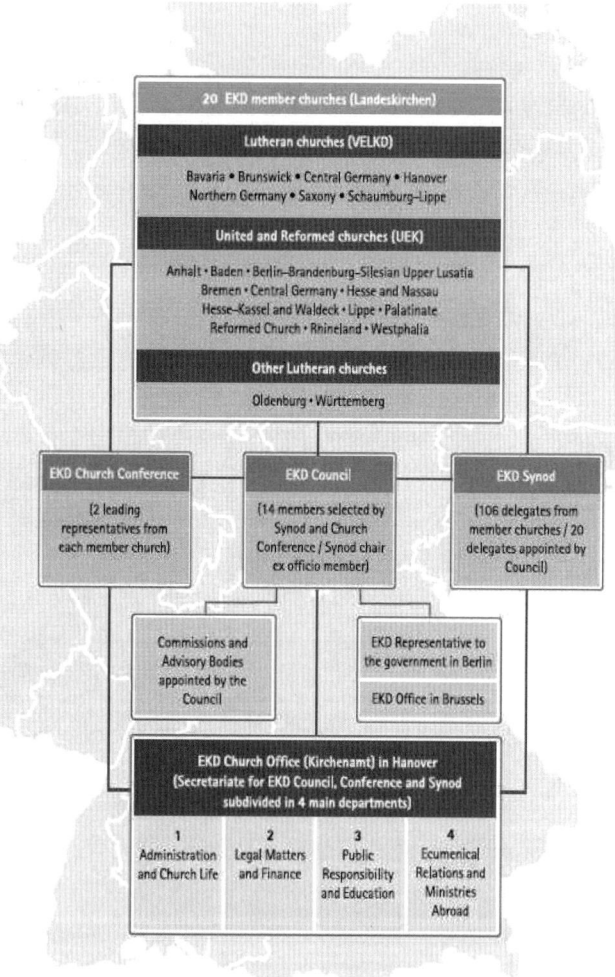

III. 독일 통일을 향한 독일교회의 노력

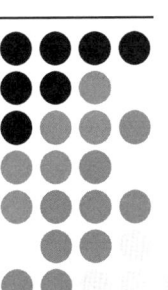

1. 교회의 복음선교적 차원에서의 노력
2. 정치적이며 사회 윤리적 차원에서의 노력
3. '특별한 유대관계를 통한 통일의 노력
4. 종교교육을 통한 통일에의 노력
5. 동독의 전환기와 동독교회의 역할

Ⅲ. 독일 통일을 향한 독일교회의 노력

독일교회의 연합과 일치는 '독일개신교회협의회'(Evangelische Kirche in Deutschland)라는 통일된 연합기구로 탄생되었다. 그리고 이 대표기구를 중심으로 독일교회는 분단된 독일국가와 민족의 통일을 위하여 부단한 노력을 기울이게 된다. 우리는 여기서 다섯 가지 관점에서 독일교회가 취한 독일 통일의 노력을 다루게 될 것이다.

그것은 첫째로는 복음선교적 차원에서 행한 독일교회의 노력이며, 둘째는 정치적이며 사회윤리적 차원에서 행한 독일교회의 노력에 대한 것이며, 셋째는 동서독 교회로의 분리 이후에 취한 특별한 유대관계(Die besondere Gemeinschaft)를 통한 서독교회의 노력과 넷째 동서독에서의 종교교육을 통한 노력에 대한 것들이다. 그리고 마지막 다섯째 동독의 정치적이며 사회적인 전환기와 독일 통일을 이루기까지 행한 동독교회의 노력과 역할을 다루게 될 것이다.

여기서 우리는 독일교회가 과연 어떤 목적과 목표를 가지고 민족과 국가의 통일을 위하여 힘쓰게 되었으며, 어떻게 그 일들을 전략적으로 이루어내게 되었는지를 살펴보게 될 것이다.

1. 교회의 복음선교적 차원에서의 노력

1) 분단 체제간의 화해와 교회와 민족의 일치를 위한 노력

1949년 독일은 두 개의 국가와 정부로 분리된 후, 그리고 1969년

'동독개신교회연맹'(BEK)이란 이름으로 '독일개신교회협의회'(EKD)를 떠나서 동독에 독립된 교회로 나타나기까지 약 20년간 '독일개신교회협의회'는 실제로 조직적인 독일교회의 통합을 유지할 뿐 아니라 복음 안에서 이해된 그리스도의 화해와 교회의 일치를 분단체제 안에서 극복하려고 많은 노력을 기울이게 되었다. 이와 같이 독일교회가 하나의 교회로 조직적인 교회의 통일을 유지하고 있었던 것은 비록 국토와 정부는 분단된 상태에 있지만, 민족은 결코 나누어질 수 없으며 교회가 이 일에 협력하거나 앞장서서 서로 적대시해서는 안 된다는, 그리스도 안에서 하나된 교회의 연합과 일치의 정신을 그대로 고수하고 있었기 때문이다. 정치적 제도로 인한 분단의 상처를 치유하는 것은 바로 그리스도의 복음이 보여준 화해의 가치를 실현하는 것임을 인식하고, 그 복음적 가치의 실현을 위한 노력을 힘썼던 것이다. 이러한 화해를 위한 노력에는 '독일개신교회협의회'의 활동만이 아니었다. '독일교신교회협의회'의 지원과 함께 형성되었던 '교회의 날'(kirchentag)이란 평신도 차원의 행사도 여기에 하나의 커다란 몫을 감당하게 된 것이란 몫을 감당하게 된 것이다.

(1) 분단 초기의 노력 (1945-1960)

독일교회는 과연 그들의 민족통일을 위하여 분단상황 하에서 어떤 노력과 역할을 행하였는가? 그것은 여러 관점에서 거론될 수 있지만 그 가운데서도 분단된 두 민족간의 화해와 평화를 위하여 독일교회가 일치된 모습으로 대처했던 것을 주목해야 할 것이다. 이러한 노력은 먼저 '독일개신교회협의회'를 통하여 이루어졌다.

먼저 '독일개신교회협의회'는 1945년 이후 1949년 동서독으로 분단되기까지 전승 4대국의 통치기간에도 양국의 국민들에게 우리는 한 민족이며 어떠한 정치적인 외세와 이데올로기의 대립 속에서도 그리스도 안에서 하나의 공동체임을 확인시키며 정치적으로도 중립적 위치에서 분단극복의 노력을 계속했던 것이다. 무엇보다 이 협의회는 동·서독의 냉전 이데올로기가 극단적으로 대립하는 가운데서도 기회 있을 때마다 통일에 대한 의지를 천명하였다. 그 대표적인 것으로 1949년 '독일개신교회협의회'의 운영위원회는 독일의 정치적인 분단에 대하여 다음과 같이 천명한다.

" … 우리를 지배하는 세상적인 권세의 모든 결단에도 불구하고 우리는 하나의 민족이며, 형제적인 공동체로서 서로 존중할 책임을 지닌다. 그러므로 서로를 위하여 기도하기를 중단하지 말며 헌신적인 사랑으로 서로를 돌보는 책임을 다하자! … "121)

이 성명서는 계속해서 정부의 책임을 가진 모든 남녀들에게 독일교회가 하나님이 제시하는 의와 진리에 따라 여러분들의 행동이 이루어지기를 권고하며, 양 독일 정부로부터 곧 독일국민에게 국가적인 질서의 하나의 새로운 통일을 제시하도록 전력을 다할 것을 촉구한다고 언급하였다.122)

1952년에 이르러 독일교회는 국가의 분단이 기정사실화되고 이제는 두 개의 국가로 돌이킬 수 없도록 나누어진 상황에서도 계속적으로 독일의 통일을 염원하며, 통일에 대한 하나님의 역사와 도우심을 믿음으로 기다려야 한다는 사실을 '독일개신교회협의회'의 총회(1952년 10월 10일)를 통하여 독일교회 전체에 천명하기도 하였다.123) 이 외에도 같은 해 같은 날 '독일개신교회협의회'의 총회는 독일의 통일과 관련하여 교회의 입장을 공문으로 채택하여 총회장단의 이름으로 그 당시 독일을 점령관리 하는 4개국의 정상들에게 보내기도 하였다. '독일개신교회협의회' 총회는 이 편지에서 '독일개신교회협의회'는 독일과 베를린, 그리고 동독에 있는 4000만의 개신교 그리스도인의 이름으로 독일민족의 생존의 위험이 독일 땅에서 일어나는 이데올로기적이며, 세계 정치적인 논쟁들과 거기서 나타나는 세계평화의 위험의 첨예한 대립에 근거하고 있음을 지적하고, 독일의 무조건적인 항복 이래로 나누인 독일 땅에서 수천만의 정치적이며 경제적인 그리고 영적인 운명을 결정하는 강대국들이 신속한 논의들을 통하여 독일 통일을 향한 길을 자유롭게 하도록 독일과 관련된 것들에 있어서 평화적인 모습의 조건을 간절히 요청한다는 내용의 것들을 찬성해 주었던 것이다. 그리고 이 편지는 그 당시 미국의 트루만(Trumann) 대통령과 영국의 처칠 수상, 불란서의 수상 피나이(Pinay), 그리고 소련의 공산당 서기장 스탈린에게 보내졌으며, 그 외에도 본(Bonn)에 있는 서독수상 아데나워(Adenauer)와 동독의 수상 그레트볼(Gredtwohl)에게도 참고적으로 이 사실을 알려주었던 것이다.

그리고 1954년 2월 12일에 '독일개신교회협의회'의 운영위원회(Rat)와 교회 위원회(Konferenz)는 역시 그 당시 베를린에 모였던 4대국 외무장관들의 회의에 독일교회의 독일 통일에 대한 간절한 염원을 서술한 청원서를 보내게 된다.124) 이 글에서 독일교회는 동과 서에서 살고 있는 우리 백성들이 독일의 통일을 염원하는 일보다 더 소원하고 바라는 일은 없다는 사실을 알고 있으며, 독일의 문제가 해결되지 않고 있는 한 구라파와 세계의 평화가 위협받게 된다는 것을 확신한다는 것, 그리고 독일의 전 국민과 함께 '독일개신교회협의회'는 우리 국민과 세계를 위하여 하나의 만족한 결과가 이루어지기 까지

독일 통일에 대한 노력을 계속해 줄 것을 외무부장과 여러분들에게 간절히 요청한다는 것이었다.125)

이러한 독일교회의 민족분단과 통일에의 노력은 여기서 끝난 것은 아니다. 1954년 3월 18일에는 다시금 독일 백성들의 지속되는 분단으로 인한 고난에 대하여 국민의 입장을 대변하며 천명한 일에서도 강하게 반영되고 있었다.126) 그리고 그 다음해 1955년 2월 3일에 모인 '독일개신교회협의회' 위원회의 한 결의에서도 독일 통일에 대한 간절한 소원이 나타난다. 이 글에서 역시 독일교회는 현재적인 시간에도 하나의 공동적인 의무감을 느낀다고 전제하면서 모든 독일인들과 같이 독일 국민의 통일을 긴급히 소원한다고 피력한다. 그리고 교회가 이러한 통일에 기여할 수 있는 것은 모두 행할 것임을 천명한다. 교회는 잘못된 희망에 대하여 경고한다. 즉 세상에 존재하는 긴장들, 특별히 독일 국민의 분리가 하나의 전쟁을 통하여 극복될 수 있을 것으로 인식하는 기대와 희망에 대한 것이다.127)

1956년에 이르러 독일교회의 총회는 독일교회의 통일에 대한 여섯 가지 관점의 입장을 결정하기에 이른다. 그리고 이러한 내용을 통하여 현재 독일교회는 동독과 서독으로 나누어 있는 국가적이며 민족적인 분단에도 불구하고 그리스도와 복음 안에서 통일된 하나의 교회로 존재하고 있음을 다시금 강조하고 있는 것이다. 이러한 독일교회 총회의 결정은 동독정부가 국경을 초월하여 이루어지는 '독일개신교회협의회'의 활동에 대하여 제동을 걸고 방해하려는 여러 가지 조치들과 관련하여 취해진 결정이었다. 특별히 동·서독 양 교회의 연합활동을 방해하였으며, 입국 비자를 허락하지 않는 등 교회활동과 동서교회의 교류에 국가적인 간섭이 자행되었던 것이다. 그 때문에 이 결의

문 제6항에서는 독일교회의 통일을 위하여 다음과 같은 필수적인 조치를 취하고(동·서독의 자유왕래와 교회간의 교류 등의 문제), 그 실현을 위하여 노력 할 것을 자세히 다루고 있다.[128]

이 당시 벌써 동독 내에서의 국가와 교회의 관계는 하나의 팽팽한 긴장관계가 형성되어 있었다. 동독의 정부는 무신론적 사상을 배경으로 하는 공산주의 정부로서 오랜 기독교의 문화와 전통을 가진 사회적 환경에서 실재하는 그리스도의 교회를 다스린다는 것은 간단한 일이 아니었다. 그러나 동독정부는 계획적으로 그리고 조직적으로 동독 내에서의 교회활동들을 서서히 간섭하며 제한하고 통제하기에 이르게 되었다. 그리고 학교교육에서 행하던 기독교 종교수업을 중단하게 하고 공산주의 세계관을 기초한 무신주의 교육을 강요하기에 이르렀던 것이다.

그리고 결정적으로 동독정권은 1955년부터 공산사회와 국가를 위하여 봉헌하는 '청소년 성인식'(Jungendweihe)을 국가적으로 시행하도록 입법화하였던 것이다.[129] 원래 청소년 성인식은 독일의 사회문화 속에서 생겨난 일종의 성인식과 같은 하나의 사회적 풍속에 속한 것이었다. 그러나 동독정권은 이것을 국가적인 행사로 이용했던 것이라 할 것이다. 그리고 이러한 의식의 강요는 동독의 공산정권(SED)이 의도적으로 실시한 반 교회적이며 반 기독교적인 운동의 하나로서 특별히 동독 내에 있는 그리스도교회의 입교예식(Konfirmation)에 대립하여 큰 타격을 준 사건으로 평가된다.[130] 이것은 실제로 동독 내에 기독교 말살운동의 일환으로 실시되었던 것이다. 한편 이러한 청소년 봉헌식이 국가적으로 실시될 때에 동독 교회에서는 그것을 막기 위하여 교회의 노력을 기울였지만 역시 역부족이었던 것으로 전해진다.

이러한 동독국가의 종교정책으로 교회는 심각한 위기상황에 처하게 되었으며 교회와 국가의 관계는 더 깊은 긴장관계를 갖지 않을 수 없게 되었다. 그리고 이러한 동독 공산정부의 종교정책에 대항하여 '독일개신교회협의회'(EKD)는 공식입장을 천명하기에 이르게 된 것이다.131) 특별히 이러한 입장은 그리스도가 교회에 위임하신 모든 족속에게 복음을 전파하라 하신 사명의 수행과 관련하여 그 책임으로 대처해야 하는 것임을 강조하였다.132)

(2) '교회의 날'(Kirchentag) 행사를 통한 노력

통일을 위한 독일교회의 노력에는 역시 평신도의 참여가 큰 역할을 하게 되었다. 독일교회는 이미 19세기 중엽부터 '교회의 날'(Kirchentag)이란 행사를 연례적으로 행하였다.133) 이러한 '교회의 날' 행사는 1949년에 이르러 완전히 평신도 중심으로 새로이 부활되었고, 이 행사는 2년마다 한 번씩 독일 여러 지역을 순회하면서 개최되었던 것이다.

이 운동의 목적은 독일에 있는 모든 그리스도인들을 그 날에 한 곳에 모이기를 원하며, 믿음 안에서 그들을 강화하고, 그들의 교회 안에서 책임에 대하여 무장시키며, 세상 가운데서 복음을 증거하는 일에 믿음과 용기를 갖도록 격려하며, 그들과 함께 전세계적인 기독교의 공동체로 머물도록 하기 위함이다.

즉 그리스도인의 복음에 대한 이웃과 사회에 대한 의무와 책임을 일깨우고 행동하도록 격려하는 신앙운동이라고 할 것이다.134) 그리고 이러한 독일교회와 평신도 운동으로서의 의의를 가진 이 '교회의 날'

행사는 역시 베를린의 장벽이 설치되기까지 동·서독 양국의 교회에 속한 평신도들이 함께 참여하여 성경공부와 현실적인 문제를 토의하며, 그리고 교파를 초월한 전국민적인 예배로서 행사를 진행시켰던 것이다.

이러한 '교회의 날' 행사는 1949년에 이어 1950년에 서독의 에센(Essen)에서 개최되었고, '사람을 구원하자'(Rettet den Menschen)라는 주제 하에 피난민과 고아와 노동자들을 위한 대책을 논의하는 열띤 토론의 장이 이루어지기도 하였다. 그리고 그 대회에 개회연설을 맡았던 서독의 대통령 호이쓰(Theodor Heuss)는 "이 교회의 날 행사는 인간의 영혼만을 구하는 것이 아니라 인간의 전 존재를 구해야 한다"고 연설하였다.[135]

그리고 1951년에는 7월 11-15일까지 베를린에서 '교회의 날' 행사가 다시 개최되었다. 이 행사는 '우리는 같은 형제들이다'(Wir sind doch Brüder)라는 슬로건으로 동서독의 평신도 청년들이 함께 모였다. 그리고 이 행사는 점점 분단을 고착화하기 위하여 정치적인 공세를 일삼는 양 정부를 향하여 독일의 통일을 호소하는 성명을 발표하게 된다.[136]

이러한 교회의 날 행사에 대하여 동독정부는 민감한 반응을 보이게 되었는데, 그동안 우호적으로 보았던 교회의 날 행사가 정치적인 투쟁의 장으로 변했다는 이해와 함께 더 이상 동독 내에서 이 행사가 개최되는 것을 금지시켰으며, 동시에 동독의 젊은이들이 이 행사에 참여하지 못하도록 금하였던 것이다.[137] 그 후에 이러한 행사를 동독 내에서 행하려고 여러 번 시도하였으나 뜻을 이루지 못하다가 마침내 동독의 라이프찌히(Leipzig)에서 개최하는 기회를 얻게 되었다. 그리고 1961년의 '교회의 날'은 다시금 베를린에서 개최하게 된다. 이 때는 베를린의 장벽이 설치되기 한 달 전으로 동독의 정부는 동독 시민들의 참여를 처음부터 금지시켰던 것이다. 그럼에도 불구하고 약 1만 9천여 명이 참여하게 되었고, 그 중 수 백 명이 피난민으로 서독에 남게 되는 사건이 생기게 되었다. 이러한 사건은 결국 동독정부에 하나의 위기감을 안겨줄 뿐 아니라 마침내 동서로 갈라놓은 베를린 장벽 설치의 구실이 되었다고 하겠다.

결국 이러한 '교회의 날' 행사의 운동을 통하여 먼저 '개신교 아카데미'(Evangelische Akademie)라는 단체가 설립되었다. 그리고 이 단체는 평신도 차원에서 정치 산업 분야의 지도자들과 노동조합의 지도자들이 모여서 사회적인 활동을 펼치게 된다. 그리고 또한 청년단체로서 '화해조성단'(Aktion Sühnezeichen)이란 단체가 만들어지게 되었는데, 약 200여명으로 구성된 이 단체는 과거 나치의 폭정으로 피해를 입은 독일의 이웃 국민들에게 찾아가 그들의 선조들이 지은 죄에 대하여 사과하며, 보상을 치루어 주려는 목적을 가지고 활동하였다.138) 이 단체의 활동은 2차 세계대전 이후에 독일민족의 나치청산에 대한 노력과 관련하여 크게 공헌한 단체로 평가된다. 특별히 이 단체는 국가적 차원에서 이루어진 것이 아니라 민간단체의 활동이란 점과 이들의 봉사는 그리스도 복음의 화해정신에 의한 것으로 독일민족의 자존심 회복에도 크게 영향을 끼치게 되었던 것이다. 이러한 '교회의 날' 행사를 통하여 생겨난 이 두 단체들은 80년대 전반부에 와서 독일교회의 평화운동에서도 크게 활동하는 것을 보게 된다.

이와 같이 '교회의 날' 행사를 통한 독일교회 평신도 운동은 '독일

개신교회협의회'와 더불어 민족적인 분단의 골이 깊어가던 50년대에 분단의 위험을 경고할 뿐 아니라 분단된 동서독 국민을 하나로 묶어주는 만남과 화해의 장으로서의 역할을 크게 감당하게 되었던 것이다.

2) '독일개신교회협의회'의 계속적인 화해(1961-1979)

1961년 8월 베를린의 장벽이 건설되면서 동서독 관계는 더욱 냉전의 긴장관계가 고조되는 방향으로 나아가게 된다. 그리고 양 교회는 독일 통일 자체를 위한 노력보다도 동서독의 양 체제간의 화해를 위하여 더 많은 노력을 기울이게 된다. 그리고 이러한 분단극복을 위한 화해의 노력은 베를린의 도시를 둘로 나누는 장벽 설치 이후에도 계속되었다. 그럼에도 불구하고 '독일개신교회협의회'와 동독 정부간의 관계는 더욱 악화되어갔다. 마침내 1968년에 이르러 동독정부(SED)는 사회주의 국가로서의 새로운 헌법을 발표하게 된다. 그리고 동독교회의 자유를 통제하면서 '독일개신교회협의회'의 연합과 일치의 모습은 하나의 새로운 위기를 맞이하게 된다. 그것은 동독정부가 정치적인 압력으로 동독교회를 독일교회에서 분리시키는 결과를 초래하게 한 것이다. 그것으로 동독교회는 8개의 지역교회(Landeskirche)들이 독일교회로부터 분리되어 갔고, 서로 동맹하여 'BEK'로 불리는 '동독개신교회의 연맹'이란 협의기구로 발전하게 된다. 이러한 독일교회가 분리되는 역사적 상황 속에서도 '독일개신교회협의회'는 어떻게 민족의 분단과 교회의 분리의 시련을 극복해 가며, 특히 그들의 통일을 위하여 어떠한 노력들을 계속적으로 기울이게 되었는지를 알아보기로 한다.

(1) '독일개신교회협의회'와 동독정부(SED)와의 관계

동독정부는 1961년 8월 13일에 베를린시를 둘로 나누는 장벽을 설치하게 된다. 이것은 바로 베를린에서 '교회의 날' 행사를 치룬 한 달 후에 일어난 사건이었다. 이러한 장벽 설치의 직접적인 원인은 그 당시 다수의 사람들이 동독의 정치적 환경에 불만을 품고 서독지역으로 탈출해 갔기 때문이었으며, 동독정부로서는 이러한 상황을 그대로 방치할 수는 없었던 데 있었다. 특히 많은 동독의 지식인들과 기술자들이 그 당시 서독으로 탈출해 갔기 때문에 동독사회에는 엄청난 노동력의 부족이 심각한 사회와 국가문제로 대두되었기 때문이다.[139]

그리고 이러한 베를린의 장벽이 설치된 이후 '독일개신교회협의회'와 동독정부와의 관계는 더욱 악화되기 시작하였다. 먼저 동독정부(SED)는 '독일개신교회협의회'의 지도자들이 동독지역의 교회와 교류하고 왕래하는 일에 제동을 걸기 시작하였다. 이들에게 입국비자를 허용하지 않았던 것이다. 특별히 '독일개신교회협의회'의 독일 통일을 위한 노력에 있어서도, 그리고 동서독교회의 연합과 일치를 추구해 가는 일에도 엄청난 장애를 겪게 된다. 그동안 자유로웠던 서로의 왕래가 단절되었고, 공동의 업무를 추진하는 일도 거의 불가능한 상태에 이르게 되었다. 그러나 이러한 악조건 속에서도 '독일개신교회협의회'는 교회의 하나 됨을 위하여 노력하였다. 특히 동서독 교회는 총회의 장소는 달랐지만 같은 날짜와 시간에 모여 서로 왕래가 가능한 대리인의 도움으로 공동의제에 대한 의결과 임원선거 등을 언제나 공동으로 진행했던 것이다. 이제 동독정부는 동독내의 교회들로 하여금 '독일개신교회협의회'를 떠나 더 이상 관계하지 못하도록 정치적인 압력을 가했고, 마침내 1969년 '동독개신교회연맹'(BEK)이란 동독교회

의 연합기구를 독립적으로 만들게 한다.

그러나 생각해 보면 이러한 동독정부의 '독일개신교회협의회'의 활동에 대한 강력한 제재와 '동독개신교회연맹'으로의 탄생에 대한 직·간접적인 동기는 벌써 1957년 '독일개신교회협의회'가 서독의 연방정부와 군목협정(Militärseelsorgevertrag)을 맺게 되면서부터 시작되었다고 할 것이다.140) 이것은 실제로 동독정부와 동독교회를 자극하는 기폭제 역할을 하게 되었다. 동독정부는 서독의 '독일개신교회협의회'(EKD)를 제국주의적인 나토(NATO)의 군사교회라고 까지 혹평하였다.

그러나 이러한 동독정부(SED)의 '독일개신교회협의회'에 대한 많은 제약과 비난에도 불구하고 동독지역의 각 지방교회들(Landeskirchen)은 여전히 '독일개신교회협의회'의 회원교회로 머물러 있었던 것이다. 그리고 동독내의 '독일개신교회협의회' 회원교회들은 동독정부의 더 강한 비판적이며, 정치적인 압력을 동반한 종교정책에 적응해야 하는 하나의 시련기를 맞이하게 된 것이다. 그들은 마침내 동독정부와 협상하였고, 더 이상 동독지역 내에 있는 '독일개신교회협의회'의 대표로서의 활동을 중지할 것을 합의하였으며, 동독개신교로서의 독립된 교회를 형성하는 방향으로 전환하는 계기를 마련하게 되었던 것이다.141)

마침내 1968년 동독정부(SED)는 새로운 사회주의 국가의 헌법을 발표하게 된다. 이 헌법은 그 동안 허용된 교회의 자유를 심각하게 축소하는 결과를 가져왔다. 특별히 1949년에 제정된 동독 헌법은 완전한 신앙의 자유와 종교행위의 국가적 보호(41조), 종교적 결사의 자유, 종교단체의 자치와 공법적인 지위(43조), 학교 내에서의 종교교육의 허용(44조), 병원, 교도소 및 기타 공공기관에서의 목회활동 허용(46조) 등이 보장되어 있었다.

그러나 새 헌법에서 이러한 자유들은 모두 제한받도록 조치가 취해졌다. 그리고 학교 내에서의 종교교육은 철저히 금지되었던 것이다. 특히 동·서독간의 지도자 교류와 평신도 교류는 일체 금지시켜 버렸다. 그리하여 '독일개신교회협의회'는 더 이상 하나된 조직체로 유지하기가 불가능하게 되었다. 왜냐하면 1969년 동독정부의 집요한 강요에 의하여 동독지역의 교회들은 '독일개신교회협의회'로부터 나누어져야만 했기 때문이다.142)

이러한 동독정부의 압력을 받은 동독교회는 8개 지역교회를 중심으로 '독일개신교회협의회'로부터 독립된 동독개신교회연맹(BEK)으로 탄생하게 된다. 그리고 '독일개신교회협의회'는 이제 서독지역에만 한정된 기구로 축소되는 시련을 맞이하게 되었다. 양국의 교회는 이러한 정치적 압력에 의하여 분리된 교회 분단의 아픔을 경험하면서, 교회의 이러한 결정에 대하여 비판하였다. 그러나 그들은 '독일개신교회협의회'의 분리는 조직상의 분리를 의미할 뿐 결코 그리스도의 신앙공동체로서 나누어지는 것이 아님을 분명히 한다.

이러한 입장에 대하여 BEK는 그들의 교회법에 서로를 '특별한 공동체'(Die besondere Gemeinschaf)로 명명하기 이른다.143) 여기서 중요한 것은 '동독개신교회연맹'(BEK)가 '독일개신교회협희회'와의 관계에서 자신들을 '특별한 공동체'(Die besondere Gemeinschaft)로 명명했다는 점이다. 그리고 서독의 '독일개신교회협의회'도 교회법 1조 2

항에서 '독일개신교회협의회'(EKD)는 독일 내에 있는 개신교의 전체에 대하여 특별한 공동체임을 고백하였다.144) 이러한 양 교회의 입장과 태도는 조직상으로는 나뉘면서도 근본적으로는 특수한 정치적 상황을 고려하여 일시적으로 분리한 것이지, 서로의 관계를 '특별한 공동체'(Die besondere Gemeinschaft)관계로 명명함으로써 계속적으로 그리스도 안에서 하나된 형제의 공동체로 머물러 있음을 확인시켜 주는 것이며, 오히려 하나 됨의 의미를 유지하려는 지혜로운 노력으로 이해되기도 한다. 이러한 상황에 처한 양 교회는 교회의 연합과 일치를 잃지 않도록 교회 내적인 일들에서 협약을 거듭하게 된다. 특별히 성경의 공동번역사용, 찬송가, 예배의 의식과 전통, 그리고 신학교육의 원칙의 일치와 목사직의 상호승인 등의 교회 내적인 통일을 유지하기 위하여 노력하였고, 특히 서독교회는 경제적으로 취약한 동독교회의 지원을 다시 통일이 이루어질 때까지 계속되었다.

이러한 '독일개신교회협의회'의 노력은 교회의 연합과 일치를 추구함에 있어서 크게 기여했을 뿐 아니라 동서독 국민들 간의 적대감을 해소하고 민족의 동질성과 연대감을 유지하는데 크게 기여했다고 할 것이다. 그리고 독일교회의 평화와 통일을 향한 활동은 동서독 양 정부의 상호관계에 많은 영향을 미치게 된다. 특히 '분단된 독일 정세에 붙여'란 1968년에 발표한 '독일개신교회협의회'의 성명서는 교회가 독일의 정치적 장래에 대하여, 특히 독일 통일에 대한 분명한 원칙을 제시한 것으로 높이 평가된다. 그리고 이러한 구라파 전체를 꿰뚫어 보는 교회의 통찰과 식견은 오늘의 통일을 초래하는 차원으로까지 평가하기도 한다. 특별히 이 문서에는 과거 독일의 민족주의는 양 세계대전의 원인이 되었음을 지적하였으며, 독일의 정치적 공동체의 재건은 유럽의 평화 속에서 성취될 수 있음을 천명하였던 것이다. 그리고 이러한 목표를 향한 길은 멀고도 어려운 길이다. 그리고 이 시기 동안에 독일교회는 두 개의 정치적 질서를 고려하지 않으면 안 될 것이다. 그리고 이들 상호관계는 냉전의 적대관계를 해소해야 하며, 통제된 평행관계를 생산적인 협력관계로 유도해 내야 한다는 것들이었다.

(2) 사회주의 안에 있는 교회(BEK)

1969년 '독일개신교회협의회'(EKD)로부터 분리된 동독교회는 동독지역의 8개 교단이 연합하여 '동독개신교회연맹'(BEK)이란 이름으로 독립된 교회의 연합기구를 구성한다. 이러한 동·서독교회의 분리는 전적으로 동독정부의 강요에 의하여 이루어진 것이다. 그리고 동독정부와 '동독개신교회연맹'의 관계는 더욱 갈등의 관계를 견지하게 되었다. 특별히 동독교회는 더욱 어려워진 동독정부와의 관계를 개선하기 위하여 이전부터 시도해 왔던 대화를 계속하였다. 이미 1958년에 정부와 교회의 공동관심사를 '평화'라는 주제에서 이끌어 냈으며, 양자는 외적으로는 세계평화의 정착에 기여하며 내적으로는 독일의 분단 극복과 평화에 기여한다는 공동 코뮤니케를 발표하였다. 그리고 1960년에 와서 동독 공산당의 최고의장이었던 울브리히트는 기독교와 사회주의의 인간적 이념은 서로 대립개념이 아니라 사회주의적인 인간공동체 건설을 위해 교회는 동반자임을 선언하였던 것이다.145) 동독교회는 서독의 '독일개신교회협의회'와 결별한 후 비로소 1971년 2월에 있었던 정부와의 대화에서 교회는 국가에 대하여 파트너가 되는 공식기구로서 인정을 받게 된다.

마침내 동독교회(BEK)는 정부로부터 제한된 것이지만 종교의 자유를 얻게 되었고, 1971년 처음으로 아이제나하(Eisenach)에서 총회를 개최하여 비로소 그들의 교회를 '사회주의 안에 있는 교회'(Kirche in Sozialismus)로 명명하게 된다.146) '사회주의 안에 있는 교회'란 동독교회가 '복음의 증거와 봉사의 공동체'로서의 과제를 동독의 사회주의 속에서 어떻게 실현하며 교회를 지속적으로 존재하게 해야 할 것인가를 깊이 고려하여 찾아낸 중요한 이념이었다. 이에 따라 동독교회는 특별한 사회 속에서 하나님이 허락하는 동안 존재하는 교회로 탈바꿈하게 된다.

'사회주의 안에 있는 교회'(Kirche in Sozialismus)의 이념은 대체로 세 가지로 해석된다. 첫째, 동독 속의 교회를 의미한다. 이것은 현재의 체제와 정치적 상황에 처한 교회가 되겠다는 것을 뜻한다. 둘째, 더 나은 사회주의를 위한 교회를 지향할 것에 대한 의미이다. 이것은 사회주의 속에는 인간에 대한 근본적인 관심이 존재한다는 점이다. 교회는 이점을 인정하고 동독의 정치적이며 사회적인 실제가 그렇지 못함에 관심을 가진다는 뜻이다. 셋째, 현존하는 사회주의를 위한 교회를 의미하는 것이었다. 이것은 동독정부(SED)가 지향하는 사회주의를 받아들이고 그 이데올로기적 근본을 인정하는 것이다.147)

어쨌든 동독교회는 사회주의 안에 존재해야 하는 교회로서 국가와 교회의 관계를 새로운 전략으로 대응하며, 사회주의 안에 존재하는 교회를 만들기 위하여 힘썼던 것이다. 그리고 동독교회는 무엇보다 사회주의 체제 속에서 국민을 떠난 교회로 머물기보다는 그 체제 속에서 국민과 함께 있기를 원했고, 사회주의적 이념이 추구하는 목표와 기독교의 목표를 비교하여 서로의 공통점에서 대화하며 사회주의의 잘못된 부분을 비판하면서 돕는 적극적인 자세를 보이려 한 것이었다.

그러나 동독정부는 교회의 이러한 태도에 깊은 우려를 표명하였으며, 두 번째 해석은 결국 교회가 국가의 정치적, 사회적 문제에 적극 관여하겠다는 의지로 판단하였던 것이다. 그 때문에 정부는 세 번째 해석을 따를 것을 교회에 요구했던 것이다. 이러한 국가의 압력에도 불구하고 '사회주의 안에 있는 교회'의 의미를 동독교회에서는 두 번째 해석을 기본이념으로 하여 정부와의 관계개선과 사회의 변화와 통일을 위한 직접적인 노력을 단행한 것이라 할 것이다.148)

이러한 동독정부(SED)와의 심각한 갈등 속에서도 동독교회는 교회의 예배를 통한 하나님의 말씀의 설교와 의회주의적인 교회의 회의를 통하여 내적인 민주주의 실현에 힘을 기울였고, 끝까지 국가에 의하여 통제되지 않는 유일한 동독내의 기관으로 동독 국민의 가장 큰 신뢰를 받는 기관으로 머물게 되었던 것이다. 그리고 1978년 동독교회는 마침내 호네커 정권과의 회담을 통하여 국가로부터 더 많은 종교의 자유를 확보해 가기 시작하였다. 또한 국제적인 협의회와의 교류와 세계교회협의회(WCC)의 회원교회로서 참여가 가능하게 되었던 것이다. 나아가서 동독교회는 80년대부터 동독 내에서 일어난 평화운동에 관계하여 군사정책(군비축소, 핵무기문제)과 인권문제와 환경파괴 등에 대한 사회적인 문제들에 의지를 적극적으로 표명하며 개선을 위한 활동을 전개할 수가 있었던 것이다,

2. 정치적이며 사회 윤리적 차원에서의 노력

'독일개신교회협의회'의 통일을 향한 노력은 70년대에 이르러서는 새로운 단계로 발전한다. 그것은 정치적이며 사회 윤리적 차원에서 더 많은 노력을 기울이게 되었기 때문이다. 특별히 1979년에서 1982

년까지는 미·소 양 진영간은 새로운 냉전의 시대를 맞이하게 되었다. 이미 1979년 1월에 미국의 대통령 지미 카터(J. Carter)와 불란서의 대통령 지스카르트(Giscard), 영국의 갤러한(Callaghan) 그리고 독일의 수상 슈미트(Schmidt)는 과델루프(Guadeloup)만났다. 여기서 카터는 미국이 구라파에 평준화된 무기를 설치하기를 원한다는 것을 알렸다. 소련은 SS-20 로켓트를 적정선에서 감소할 목표를 가지고 담판하기를 제시하였다. 그리고 이러한 담판의 실패로 퍼싱Ⅱ의 중거리 탄두로켓을 구라파에 설치해야 했던 것이다. 1979년 6월에 카터와 브레즈네프는 빈에서 SALT-Ⅱ라는 군비축소를 위한 일치에 서명하기 위하여 서로 만났다. 그런데 카터는 이때 소련에 대하여 SS-20을 문제삼지 않았던 것이다. 그리고 1979년 12월에 소위 NATO의 이중결정(Doppelbeschlß)이 내려졌던 것이다. 이것은 4년 안에 소련에 제시한 담판이 아무런 결과를 얻지 못하는 상태에 이르면 108개의 PershinⅡ와 446개의 크루즈 미사일을 설치할 것을 결정했던 것을 말한다.149) 그 사이에 소련은 1979년 성탄 때에 아프가니스탄을 점령하게 되었다. 이것은 미·소 양국이 새로운 냉전시대를 맞이하는 결과를 초래하게 되었다. 그리고 소련의 이러한 태도에 대하여 미국은 그 동안 소련에 지원하던 곡물거래를 중단하였고, 서방진영의 여러 나라와 함께 1980년 모스크바에서 개최된 올림픽에 불참하는 결과를 만들게 되었다. 그 당시 새로 등장한 미국의 레이건 행정부는 1980년 초부터 국방 예산을 대폭 증가시켰고, 재래식 군사력의 현대화 계획을 통하여 새로운 군사력 강화의 시대로 나아가게 된다. 이러한 레이건 정부의 군사력 강화는 미·소간에 형성된 군사력의 균형을 깨고 군비경쟁을 부추기는 결과를 가져왔다. 이 때문에 소련은 동독을 포함하여 동유럽지역에 SS-20라는 대륙간 탄도미사일을 배치하게 되었고, 이에 따라 미국을 중심한 나토 여러 회원국들은 서독을 중심한 서유럽 5개국에 지상발사 크루즈 미사일, Pershin II 탄도미사일을 배치하여 소련에 압력을 가하게 되었던 것이다. 이러한 구라파의 대립과 특히 동·서독간의 대립을 직시하고 있던 동·서독의 '독일개신교회협의회'(EKD와 BEK)는 대대적인 핵무기 철거를 위한 데모와 평화운동을 시작하게 되었다. 이러한 평화운동과 관련하여 독일교회의 정치적이며 사회윤리적 차원에서 행한 통일을 위한 노력들이 무엇이었던지를 더 자세히 살펴보기로 한다.

1) 서독, 독일개신교회협의회(EKD)의 평화운동

1981년 6월 독일 항구도시 함부르크에서는 2년마다 한 번씩 열리는 평신도 운동인 '교회의 날'(Kirchentag)집회가 개최되고 있었다. 특히 이 행사에서는 '두려워하지 말라'(Fürchtet euch nicht)는 주제 하에 논쟁과 토론, 기도회, 그리고 예배를 통하여 평화의 주제가 집중적으로 다루어졌다. 이 집회에는 약 12만 5천명의 독일 평신도들이 모였고 이중에는 60%가 젊은 청년들이었다고 전한다. 그리고 이러한 집회는 독일 젊은이들 사이에서 평화에 대한 관심이 얼마나 컸던가를 보여 준 것이며, 이것은 마침내 4개월 후에 열리는 서독의 수도 본(Bonn)에서 개최된 대규모 평화를 위한 군중의 데모로 발전하게 되었다.

1981년 10월 10일, 서독의 수도 본(Bonn)에서는 대규모의 데모를 위한 집회가 열렸다. 그것은 미국을 중심한 나토회원국인 서유럽 5개국에 의하여 퍼싱 II와 크루즈 미사일 기지를 설치하려는 일에 반대하는 데모였던 것이다. 이러한 데모를 주도적으로 이끌었던 리더는 울리히 프라이(Ulrich Frey)라는 변호사였다. 그는 '독일개신교회협의회'(EKD)가 운영하는 평화봉사단(Arbeitsgemeinschaft Dienst für den Frieden)150)의 단장으로 일하고 있었다. 그리고 이 단체의 주된 일은 평화봉사에 대한 일로서 국가에 대한 병역의무를 대신하고자 하는 젊은이들을 도와주는 일을 했던 것이다. 이 외에도 독일교회의 평신도 운동체로 부르는 '교회의 날' 행사를 통하여 조직된 화해조성단(Aktion Sühnezeichen)151)이란 단체가 있었는데, 평화봉사단과 화해조성단이란 이 두 단체가 이날의 데모를 주도하는 세력이 되었던 것이다. 그리고 이 집회에는 또한 85개의 크고 작은 단체들이 참가했는데, 그 중에는 몇 개의 공산주의 단체들도 포함하고 있었던 것으로 알려져 있다. 이러한 행사를 치른 후에 정치적으로 나토회원국들의 이익에 반하는 공산주의자들의 음모라는 비판이 있기도 하였다.152)

이러한 평화를 위한 데모는 그 당시 정치적으로 큰 영향을 끼치게 되었는데, 독일의 여·야 정치인들로 하여금 독일의 평화와 구라파의 평화에 큰 파장을 일으키게 되었던 것이다. 그리고 이 데모는 그 당시 핵무기에 대한 논의가 교회의 분열을 가져올 수 있다는 독일교회 지도자들의 염려로 교회가 정부에 대하여 명확한 입장을 표명하지 못하는 일에 대한 대안으로 이러한 집회가 착상하게 되었다고 한다.153) 이러한 데모의 주역이 된 '평화봉사단'과 '화해조성단'이라는 두 단체는 보복정책과 핵무기의 비윤리성, 유럽의 안전에 대한 대안 등과 같은 주제들을 교회가 정부와의 대화를 통하여 지속적으로 영향을 미칠 수 있도록 하기 위하여 노력하였다. 그리고 이러한 데모는 근본적으로 평화를 위한 것으로 비폭력 운동이어야 한다는 것을 처음부터 호소하였고, 실제로 프라이는 미국과 소련의 일반 국민들을 적으로 보는 관념이 생기지 않도록 매우 신경을 썼다고 한다.154) 그리고 실제로 그 당시 모여온 시위 군중은 약 25만 명으로 집회 중에 경찰과의 충돌에도 한 장의 유리도 깨지 않은 평화의 시위를 벌였다고 그 당시 독일의 신문과 방송은 보도한 것으로 알려져 있다. 그리고 이러한 시위 방식으로 독일에 핵무기 설치를 반대하였고, 평화운동에 대한 폭넓은 지지가 있다는 메시지를 서독정부와 이웃 국가들에게 전달하는 계기를 만들었던 것이다.

또한 이러한 데모를 계기로 서독에서의 평화운동은 각 지방과 지역 차원의 다양한 활동으로 나타나게 되었고, 군사기지나 대사관, 의회와 정부청사 등의 건물을 인간사슬을 만들어 봉쇄하거나 거의 모든 도시의 광장에 평화의 호소를 담은 플랭카드와 입간판을 설치하는 등의 상징적인 강한 메시지를 담은 평화운동을 전개해 나갔던 것이다.[155]

이러한 평화를 염원하는 독일교회의 노력은 그 당시 정부와 정치 지도자들에게 평화의 중요성을 일깨우는 계기가 되었다. 그리고 서독 국민의 다수의 여론은 이러한 평화운동에 지지를 보냈으며, 독일 국민의 평화와 통일에 대한 자의식을 일깨우는 계기가 되었다고 할 것이다. 그럼에도 불구하고 미국에 의하여 주도된 퍼싱 II와 크루즈 핵미사일을 서독 땅에 설치하는 일을 막을 수는 없었던 것이다. 그 이유는 그 당시 국제질서가 신 냉전의 기류 속에서 미국과 소련에 의한 힘이 강하게 작용하고 있었기 때문이다. 그리고 독일은 외교적으로나 군사적인 일에 독자적인 권한을 행사할 수 없는 상태에 있었기 때문에 서독정부는 핵무기 배치에 대한 미국의 압력을 버틸 수 없었던 것이다.

2) 동독 개신교회의 평화운동

서독에서 행하여진 평화운동에 대한 근본 관심은 라디오와 TV를 통하여 동독의 시민들에게 알려지기 시작하였다. 그리고 양 독일국가는 핵무기 충돌의 전위적인 국가로서 함께 위험에 처하게 될 것에 대하여 공동적인 자의식이 생겨나게 되었던 것이다. 이러한 자의식은 다만 동독의 개신교 내에서 문제가 될 수 있었고, 공적으로 확산시키는 일이 어느 정도 성공적일 수 있었다. 여기서 '칼을 쟁기의 보습으로 만들자'(Schwerter zu Pflugschren)라는 플랭카드를 높이든 시위가 큰 자극이 될 수 있었다. 이제 핵무기의 군비경쟁을 통하여 동서독의 평화는 위험수위에 이르게 되었고, 동독의 개신교회는 서독에서의 교회들처럼 그 일에 대하여 반응을 보이기 시작하였다.

이러한 위험스럽게 된 동·서독과 구라파의 평화를 직시하면서 1980년 '독일개신교회협의회'와 '동독개신교회연맹'은 공동의 협의기구를 설치하게 된다.156) 이러한 제안은 동독의 개신교 지도부 컨퍼런스 (Konferenz der Evangelischen Kirchenleitungen in der DDR)의 의장인 감독 쉔헤어(Schönherr)에게서 '독일개신교회협의회'의 자문위원회 의장인 주(州) 지역교회 감독인 로제(E. Lohse)박사에게 1980년 1월 24일자의 한 서신에서 전달되었다. 그리고 1980년 6월 12일에 '독일개신교회협의회'와 '동독개신교회연맹'에 의하여 설치된 협의단체 (Konsultationsgruppe)가 베를린에서 세 번째 회합을 가졌을 때, 1980년 11월 둘째 주일에 동독과 서독, 그리고 서베를린에 있는 모든 개신교회들이 위험스럽게된 세계평화를 위한 특별행사로서 평화를 염원하는 의지를 표현할 예배행사를 개최하도록 추천하였다.157) 그 후에 협의단체는 1981년 5월 20일에 슈베베쉬 할(Schwäbisch-Hall)에서 있었던 회합에서 1981년을 위한 '독일개신교회협의회'와 '동독개신교회연맹'의 지도부에 다시금 10일 동안 평화주간(Friedensdekade)의 특별행사를 개최할 것을 추천하였다(1981년 11월 8-18일).158) 이 기간에 '동독개신교회연맹'의 평화를 위한 시위는 '칼을 쟁기의 보습으로 만들자'는 주제 하에 개최되었다. 그리고 이 운동에 참가한 사람들은 대부분 동독의 기독청년들로서 '칼을 쟁기의 보습으로 만들자'(Schwerter zu Pflugscharen)란 성경구절(미가 4:3)이 적힌 표장을 팔과 자동차와 모든 전시될 수 있는 물건들에 붙이고 거리를 활보하였다. 그리고 이 표장은 대장장이가 칼을 쟁기의 보습으로 만들고 있는 그림이 새겨진 것이었다. 원래 이 그림은 이전에 소련이 뉴욕에 있는 유엔(UN)본부에 보냈던 것이었다.159)

이러한 평화주간(Friedensdekade)의 행사가 계속되던 첫 날에 동독의 작센 주에서 '동독개신교회연맹'의 총회가 개최되었다. 그리고 이 총회에서는 모든 군사 무기를 비롯하여 군사행사에 대해서도 이의를 제기하게 되었다. 그리고 소련의 중거리 핵탄두미사일인 SS-20의 철거를 주장하게 되었으며, 또한 안전한 방어체계 확립과 서유럽과의 신뢰관계 수립 등의 평화운동을 위한 구체적인 지표를 제시하였던 것이다.160) 그러나 불행하게도 이러한 동독교회의 평화운동은 동독정부와의 긴장과 마찰을 초래하게 되었다. 동독의 정부가 교회의 이러한 행위를 곱게 받아들일 리가 없었다. 막데부르그(Magdeburg)의 한 학교에서는 학생들이 달고 다니던 '칼을 쟁기의 보습으로 바꾸자'는 성구의 표장을 떼도록 명령했으며, 이에 불응하는 자들은 학적을 박탈하고 학교에서 쫓아내는 사태가 발생하기에 이른다.161) 그 당시 이러한 사실들이 서독의 신문과 방송에 대대적으로 보도되었고, 그 결과는 역시 동독에서의 평화운동이 마치 서독정부의 사주를 받아 행하는 것으로 오해를 불러일으키게 되었던 것이다.162) 그리고 그것은 곧 동독정부로 하여금 동독의 교회를 통한 평화운동을 단속하는 구실을 주게 되었던 것이다. 마침내 동독정부는 1982년 3월 23일 청소년들의 표장 부착 금지를 동독개신교회연맹에 정식으로 요청하기에 이른다. 동독개신교회연맹은 얼마동안 정부의 이러한 요구에 응하지 않았으나, 교회와 정부간의 대립을 피하고 긴장완화를 위하여 그해 9월 3일에 표장 제조를 중단하기로 결정하고 이 문제를 해결하게 되었다.163)

이러한 동독에서의 기독청년들의 표장 달기 운동의 교회의 평화를 염원하는 의지와 이 운동의 뜻을 전세계에 알리는 일에 크게 작용하게 되었으며, 후에 동독의 평화운동의 기폭제 역할을 한 것으로 알려져 있다. 그리고 1983 5월 15일 튀링겐(Türingen) 지방 주교단의 부감독인 프락케(Fracke)는 어어프르트(Erfurt) 지방에서 개최된 동독교회의 평신도 운동인 '교회의 날'(Kirchentag) 행사의 마지막 날 폐회예배에서 강력한 평화의 의지를 표방하는 설교를 행하여 전세계 보도진의 관심과 이목을 집중시키는 계기가 되었던 것이다.164) 이 집회는 결과적으로 두 가지 결의문은 채택하기에 이르게 되었는데, 하나는 동독정부를 향한 것으로 '평화를 위한 미래상 구축에 아낌없이 많은 공간을 제공해 달라'는 것이었으며, 다른 하나는 동독개신교회연맹을 향한 것으로 '인간을 살륙하는 대량무기의 실험 및 배치가 하나님의 말씀과 법도에 위배된다는 사실을 천명하는 선언문을 제시하라'는 것이었다.165)

그 외에도 동독의 개신교회연맹은 일찍이 국가를 상대하여 양심적으로 병역의 의무를 거부할 수 있는 법을 성립시키는데 중요한 역할을 하였다. 이러한 법이 사회주의 국가 내에서 실시되기는 그 당시 동독밖에는 없었다고 한다. 그리고 교회는 종교와 양심의 이유로 무기소지를 거부하는 자에게 무기 대신 삽을 든 토목병으로 군복무를 수행하도록 권했던 것이다. 이들은 모두 군용도로 시설과 군수공장 건설 및 수리 공사에서 일하도록 국가는 조치했다. 이러한 일은 비록 군인으로 전쟁에 참여하여 인간을 살상하는 행위는 아니지만 결과적으로 전쟁에 협력하는 것으로 해석되어 동독교회는 이 제도를 개선하여 '사회를 위한 평화봉사'라는 새로운 제도를 제시했던 것이다. 사회복지기관이나 복지시설에 근무함으로 병역을 대체할 수 있도록 하려는 것이었다. 그러나 이것은 정부로부터 수용되지 않았고 동독의 많은 수의 청년들이 병역거부로 투옥되기도 하였던 것이다.166)

여기서 동독교회는 평화운동의 주도세력이 되거나 청년들의 평화운동의 근거지를 제공하는 일을 행하게 된 것이다. 1982년 2월 13일 동독의 드레스덴(Dresden)의 십자가 교회에서 개최된 청년들의 평화집회는 동독 내에서의 평화를 갈망하는 일면을 보여주는 사건이 되었던 것이다. 이 집회는 '청년과 함께 평화'라는 주제 하에 약 5000명의 청년들이 모였고, 진지한 토론을 거쳐 첫째는 일방적인 군축을 단행하여 서방진영과의 신뢰관계를 구축하도록 하는 것과 둘째는 학교에서 행하는 군사교육과목 대신에 평화교육을 필수과목으로 신설하라는 것을 결의하기도 하였다.167)

또한 이러한 집회가 있기 1개월 전 '동 베를린 호소집단'이라는 평화단체 중의 하나로서 다음의 호소문을 발표하고 지지 서명운동을 벌인 일이 있었다. 첫째 전 유럽을 비핵지대화 하는 것이며, 둘째 2차 대전 전승국들은 동서독 양 국가에 새로운 평화조약을 맺고 연합군의 군대를 양 독일 땅에서 철수할 것, 셋째, 학교에서의 군사교육의 폐지와 사회적 평화 봉사제를 도입할 것 등이었다. 이 호소문에 수천 명이 서명하였으며, 이 운동의 대표자로 엡펠만 목사가 선출되어 평화운동을 주도적으로 이끌었던 것이다. 이와 같이 80년대 초반의 평화운동은 80년대 후반에 동독에서는 사회변혁운동으로 발전하게 되었고, 이 운동에 주도적 역할을 하게 된 상징적 대변자 엡펠만 목사는 1989년의 동독의 민주화 운동을 이끌게 된 민주개화당(Demokratischer Aufbruch)의 지도자가 되었던 것이다.168)

그런데 이러한 동독에서의 평화운동은 실제로는 동독교회에 전적 속한 자들에 의하여 이루어졌다기보다 교회의 사회윤리적 책임을 강하게 의식한 기초그룹(Die sozialethisch engagierten Basisgruppen)들에 의하여 이루어졌다는 점이다.169) 물론 이들에 의하여 이끌어진 평화운동에 대한 최근의 평가는 서구라파의 평화운동가들과 어떤 연계를 가진 자들이 아니었던가에 대한 질문이 제기 되고 있으나, 그들은 동독 내에서 자생된 자들이며 이러한 운동을 주도한 자들의 모두가 크리스찬이었다고 볼 수는 없지만 기독교적 관점에서 복음의 사회윤리적 차원에서의 책임을 강하게 의식한 자들의 활동으로서 동독 개신교회 지도부의 도움과 보호 하에 움직였다는 사실이 상세히 밝혀지고 있다.170) 그리고 동독내에서 이러한 평화운동이 활발하게 일어나게 된 역사적 계기는 무엇보다 먼저 1975년에 헬싱키(Helsinki)에서 있었던 구라파의 안전과 공동작업을 위한 회합에서의 결정이 동독의 교회와 사회에서의 논쟁점이 되었던데 있다고 평가한다.171) 그 당시 헬싱키 결의의 핵심은 군비증강의 문제성과 인권에 대한 정치적 보장에 관한 것이었다. 동독교회는 80년대에 이르러 사회 윤리적인 문제에 의무감을 가진 기초그룹(비그리스도인 포함)과 연결할 수 있었고, 때때로 그들의 지나치게 정치적이며 비복음적인 행위들 때문에 교회와 그들 사이에 많은 갈등이 있기는 했지만, 국가적인 탄압이 나타날 때 교회는 언제나 그들의 편에 서서 대변하였고 그들 또한 교회와 국가

사이에 충돌이 일어날 때 문제해결에 정치적인 역량을 보여주는 상호관계로 협력되었던 것이다.172)

이와 같이 군비축소의 문제와 인권의 실현과 관련된 동독교회의 평화운동에 대한 입장은 1981년 9월 22일에 개최된 동독개신교회연맹(BEK)의 총회를 통하여 확고한 결의로 제시되었던 것이다.173) 또한 이보다 더 근원적으로 1980년 동독교회는 평화교육(Friedenserziehung)을 위한 구체적인 목적과 방안을 설정하여 가정과 학교와 교회교육에서 실천하도록 제시하기도 하였다.174)

이제 이러한 사회윤리적 책임의식과 함께 일어난 동독에서의 평화운동은 1980년대 말에 이르러 그 절정을 이루게 되는데 그것은 역시 동독교회에서 개최되었던 '세계교회협의회'의 총회로 인한 것이었다. 동독개신교회연맹(BEK)은 1983년 벤쿠버(Vancouver)에서 개최된 '세계교회협의회' 총회에서 인류가 위협받는 '정의(Gerechtigkeit), 평화(Friede), 그리고 창조세계의 보존(Die Bewahrung der Schöpfung)'의 물음에 답을 찾기 위한 교회 연합적인 회합의 필요가 논의된 이후, 동독개신교회연맹은 이러한 주제로 동독에서 대회를 개최할 것을 수용했고, 1988년 2월에 먼저 동독의 드레스덴(Dresden)에서 시작하여 같은 해 10월에는 막데부르그(Magdeburg)에서 개최하였고, 마지막 세 번째 회합을 1989년 4월 30일에 다시 드레스덴에서 개최하였던 것이다.175) 이러한 동독에서의 정의, 평화, 창조세계의 보존을 위한 집회는 1989년 바젤(Basel)에서 개최된 구라파의 에큐메네 회합과 1990년 서울(Seoul)에서 개최된 정의 평화 창조세계의 보존을 위한 세계성직자회합(Weltkonvokation)의 준비작업이 되었던 것이다.176) 그리고 이 행사들은 동독 국민들과 동독의 정치지도부(SED)를 향하여 정치적이며 사회적인, 그리고 환경적인 문제들에 새로운 통찰을 제시하는 역할을 하게 되었다. 그리고 사회 윤리적인 책임을 의식하여 오래 전부터 평화운동을 벌여왔던 동일 개신교의 그룹들이 1989년 가을 독일 통일을 위하여 새로운 방향을 주도해가는 역할에 크게 작용하게 되었다고 할 것이다.177) 실제로 동독교회를 통한 평화운동은 후에 동독의 정치적이며 사회적인 상황의 변화와 독일의 통일에 전주적인 역할들로 평가된다.

3. '특별한 유대관계'를 통한 통일의 노력

서독의 '독일개신교회협의회'(EKD)와 동독의 '동독개신교회연맹'(BEK)으로 서로 분리된 이래 각각은 서로의 교회를 '특수한 공동체'(Die besondere Gemeinschaft)로 명명하였다. 그리고 교회는 정치적이며 조직적으로는 분리된 교회이지만 그리스도 안에서 결코 서로 나눌 수 없는 형제교회요 그리스도 안에서 하나인 일치를 위한 많은 노력을 기울이게 된다. 그 가운데서도 서독의 '독일개신교회협의회'가 동독교회의 운영을 위한 재정적 지원을 배려한 일은 잘 알려진 일이다.178)

특별히 동독교회에서의 재정운영은 1952년까지는 지 교회에 속한 모든 그리스도인들이 지불하는 교회세(Kirchensteuer)에 의존하였다. 그러나 교회세를 징수하는 일은 동독정부의 거부로 더 이상 동독교회에서는 시행되지 않았다. 그 때문에 동독교회는 엄청난 재정적인 어려움을 겪게 되었고, 실제적인 목회자들의 생활비는 전적으로 서독의 '독일개신교회협의회'가 부담하게 된다. 서독의 '독일개신교회협의회'는 1990년 독일 통일이 이루어질 때까지 그 일을 책임있게 담당했던 것이다.

이러한 재정적인 지원은 실제적으로 독일교회의 통일과 하나 됨을 유지하기 위한 중요한 수단이 되었고, 1990년 국가적인 통일 이후에 동서독 교회가 다시금 조직적인 통일을 이룩하는데도 큰 영향을 끼친 것으로 평가된다.

서독교회들이 재정적으로 동독의 교회들을 도운 것은 서독의 '독일 개신교회협의회' 산하에 있는 '디아코니세스 베르크'(Diakonisches Werk)의 활동이 가장 컸던 것으로 알려져 있다. 특별히 재정지원을 위한 계획은 A프로그램과 B프로그램으로 구분되는데, 이것은 교회적 차원 뿐 아니라 사회적이며 정치적 차원에서 막대한 재정이 동독을 향하여 지원되었다는 것을 입증해 준다.179)

4. 종교교육을 통한 통일에의 노력

독일 통일을 위한 교회의 노력에는 역시 종교교육을 통한 노력을 간과할 수 없다. 무엇보다도 서독에서의 종교교육은 교회와 학교교육을 통하여 실천되었고, 그것은 독일 통일에 직접적인 기여라기 보다는 간접적인 그러면서도 기독교 세계관에 근거하여 막스 레닌의 공산주의 이데올로기와 세계관을 극복할 수 있는 시각을 열어주었다는 면에서 그 가치는 높이 평가된다. 그러나 서독에서의 종교교육이 독일 통일의 기여에 긍정적으로 평가되는 반면 동독에 있어서의 종교교육은 일찍이 반 교회적이며 반 기독교적인 부정적인 면을 지니고 있다. 특별히 동독정부(SED)는 종교정책에 따라 학교에서 행하던 종교교육을 1954년 이후부터 일체 금지시켰으며, 동시에 청소년들에게는 그리스도인으로서 교회에 입교하는 대신 일반 성인식으로 알려져 있는 청소년 성인식(Jugendweihe)을 행하도록 강요하였던 것이다. 이것은 결과적으로 동독에서의 기독교를 말살하는 정책이 되었던 것이다. 그럼에도 불구하고 여기서는 동·서독교회와 학교에서의 종교교육을 통하여 나타난 결과들이 어떻게 통일에 기여하게 되었는지를 살펴보려고 한다.

1) 서독교회의 신앙교육

독일교회의 신앙교육은 주로 성장세대들에게는 어린이예배(Kindergottesdienst)를 중심하여 교사들에 의한 성경공과를 배우는 일에서 시작된다. 그리고 가장 주된 신앙교육은 청소년들의 입교를 위한 준비교육(Korfiraiandenunterricht)에서 그 절정을 이룬다. 이 교육과정은 유아세례를 받은 교회의 청소년들에게 기독교 세계관에 근거한 신앙의 교리(Katechismus)를 철저히 가르치고, 그리스도인(세례교인)으로서 교회원으로 모두 기독교에 입교하도록 하는 교회의 중요한 입교의식이다. 그러므로 이 교육과정은 교회의 신앙교육 과정 중 가장 비중을 두고 있는 것이며, 특별히 이 과정의 교육 또한 지 교회의 담임목사가 책임을 지고 가르친다. 이 교육과정은 주로 학습반(Katechumen) 1년 과정, 입교반(Konfirmanden) 1년 과정으로 약 2년 동안 기독교 신앙의 교리에 대하여 배우게 된다, 그리고 이 교육과정은 주간에 개최되며, 대체로 본 연구자의 독일교회에서의 경험으로 보아 학기 중에 주간 화요일과 목요일 오후 3-5시까지 두 시간 동안 교회의 교육관에 모여 공부한다. 이 과정을 마칠 무렵에는 모두 그리스도에 대한 신앙을 고백하고 일생동안 성경의 가르침과 그리스도에 대한 믿음 안에 살아갈 것을 하나님과 교회의 회중, 그리고 부모 앞에서 고백하며 입교 서약을 한다. 이러한 입교예식은 독일교회에 있어서 새신자를 얻는 유일한 방법이라고 할 것이다. 이 교육과정은 실제로 독일교회가 그리스도인, 즉 교회에 속한 자를 획득하는 유일한 방법이며, 또한 이러한 교육과정은 개인적으로 기독교 신앙의 기초를 놓아주는 작업으로서 매우 중요하며, 삶에서 직면하게 될 다양한 이데올로기와의 관계에서 분명한 복음적인 분별력을 제공하는 영적무장을 위한 작업이기도 하다. 이러한 작업은 현재 한국교회가 행하고 있는 초신자 교육과정의 교육보다 더 철저한 면을 가지고 있다고 할 것이다. 더욱이 독일교회의 이러한 신앙교육은 역시 동독의 레닌 공산주의적인 사회주의 세계관에 대한 이념대립의 관계에서 그 모든 것을 극복하도록 자질을 제공한 결과를 초래했다고 할 것이다. 물론 오늘날 이 교육을 실시하는데는 목회자의 신앙과 새로운 교수방법의 적용에 따라 받아들이는 청소년들의 반응이 매우 다양하게 나타나기 때문에 이 교육의 방법적인 문제성이 지적되며, 또한 입교한 청소년들이 입교 후에 대부분 취하는 교회에 대한 신앙적인 태도가 부정적인 것 때문에 역시 입교교육의 시기에 대한 개선의 문제가 대두되기도 한다.

2) 독일학교에서의 종교교육

독일의 모든 학교교육에서 기독교 종교를 배우도록 한 것은 오랜 역사를 가진 일이다. 아마도 이러한 일은 특별히 종교개혁자 마틴 루터의 교육적인 공헌이기도 하다. 루터는 모든 공적인 학교교육에서 성경을 가르치도록 신앙교육의 원칙을 세워주었기 때문이다. 지금까지도 독일은 국가적으로 학교교육에다 루터의 이러한 제안을 받아들여 종교교육을 의무화하고 있는 것이다. 초기에는 모든 학생들에게 성경과 기독교 종교의 가르침(요리문답)을 배우도록 하다가, 19세기에 이르러 기독교 종교를 배우는 과목으로서 '종교교육학'으로 명명하여 통일된 교육과정으로 지도하고 있다. 그리고 독일의 학교교육에 있어서 종교수업은 전 교육과정을 따라 필수과목으로 배열되어 있다.[180] 즉 그것은 초등학교 1학년에서 부터 고등학교 졸업반에 이르기까지 종교학과목은 필수과목으로 종교수업을 받아야 하고 이에 상응하는 학점을 얻어야 진급을 한다.

  종교과목의 가르침의 내용과 목표는 이미 독일 국가법이 정하고 있는 대로 복음의 이해에 따라 기독교공동체의 원칙을 가르치게 하고 있다. 종합하면 근본적으로 기독교 신앙의 전달은 예수 그리스도의 성경적 증거에 따라 가르쳐야 하며, 신앙에 대한 표현과 신앙고백들은 교회의 역사적 관련 속에서 이해해야 함을 원칙으로 하고 있다. 그리고 또한 기독교 신앙의 전달은 교회의 증거와 봉사와의 관련 속에서 보존되어야 함을 전제한다. 즉 예수 그리스도의 성경적인 증거에 대한 연결은 복음적 이해에 따라 교사가 학문적 근거에 바탕을 둔 신앙내용의 전달과 해석과 양심의 자유 안에서 성취된 것을 포함한 것이다. 그리고 기독교 공동체의 원칙은 역시 현재적인 상황에서 기독교 신앙의 여러 가지 역사적인 형태들과 함께 잘 파악해야 하는 것과 자신의 입장과 이해를 검토하며 다르게 생각하는 자들을 이해하며 더 크고 넓은 공동성에 이르기 위한 모든 요구들을 포함한다. 이러한 것은 비기독교적인 종교들과 비종교적인 세계관들과 논쟁을 이끌기 위한 자질에 유효한 것들이라 할 것이다.[181]

  독일에서 종교교육학을 가르치는 교사양성은 일반 교육대학에서 한 전공분야로 교사양성계획에 포함하고 있으며, 특별히 신학학부의 교육과정과 연계하여 상당부분의 신학과목을 이수하게 하여 종교학교사의 자질을 보완하고 있다. 물론 이러한 종교교육은 기독교 신앙의 진리와 복음을 성경적인 이해에 따라 가르치지만 교회에서 요구하는 신앙고백적 형태의 수업을 목표하지는 않는다. 그러나 기독교 세계관에 근거한 기독교 신앙의 진리를 배우게 함으로 역시 그리스도의 복음과 모든 다른 종교들과 여러 이데올로기적인 세계관을 가르침으로 진리의 분별력을 가지게 하며, 다른 가치들과의 논쟁을 통하여 진리에 대한 자신의 입장을 분명히 하는 자질을 길러줌을 종교교육의 목표로 하고 있다. 이러한 학교에서의 종교교육은 역시 교회의 신앙교육과 함께 서구의 기독교적 신앙의 가치와 문화의 지탱에 큰 저력으로 작용하고 있다고 할 것이다.

이러한 독일학교에서의 종교교육은 일찍이 동독을 비롯하여 구라파의 세계가 지향하고 있던 공산주의의 이데올로기를 중립적인 위치에서 바라보며 복음과 진리의 시각으로 분별할 수 있는 비판적 통찰을 얻도록 교육함으로써 이미 오래 전부터 전 국민에게 통일을 준비하는 교육이 실천되고 있었다고 할 것이다.

3) 동독의 교회와 학교의 종교교육

동독에서의 종교교육은 근본적으로 국가가 실시하는 막스 레닌의 무신론적인 사회주의 건설을 위한 세계관과의 충돌 속에서 악전고투한 교육이었다고 할 것이다. 특히 1952년에 벌써 학교 내에서의 종교교육은 금지되었고, 국가의 이데올로기를 전제한 국가법이 허용하는 지극히 제한된 종교의 자유 영역에서만 시행되어야 하는 종교교육이었다. 그 때문에 종교교육은 교회 안에서만 한정되었고, 그것도 동독

내의 모든 청소년들에 국가적으로 적용한 청소년 봉헌식에의 참여를 강요하여 교회의 세례와 입교교육을 대체하려 하였고, 결과적으로는 기독교를 말살하려는 정책에 따라 동독의 기독교와 교회는 존립이 불가능할 정도의 정치적인 박해와 시련 속에 있는 교회였음을 이해해야 할 것이다.

그럼에도 불구하고 동독은 루터가 종교개혁을 통하여 가장 많은 개신교 세력의 전통을 형성시켜 놓은 그 저력(그 당시 동독 국민의 90% 이상이 개신교에 속하였음) 때문에 동독의 사회주의 정부(SED)는 그렇게 간단히 교회를 제거할 수는 없었던 것이다. 1969년 동독정부의 압력을 견디지 못하고 '독일개신교회협의회'(EKD)로부터 독립된 교회를 형성하였으며(BEK: 동독개신교회연맹), 그 후에 '사회주의 속에 있는 교회'(Die Kirche im Sozialismus)라는 정치적인 정체성을 새롭게 확립하고 사회주의 속에서 공존하는 교회로의 적응을 시도하였고, 그러면서도 그리스도의 복음증거와 봉사라는 두 가지 사명을 위하여 최선을 다하는 선교적 상황의 교회로 머 물렀다고 할 것이다. 여기서는 동독교회를 중심하여 실시된 신앙교육의 실제들을 소개하려고 한다.

(1) 교회와 학교에서의 신앙교육의 실태

1949년 10월까지의 동독의 국가법은 제41조에서 학교에서의 종교학습을 보장해주고 있었다. 그러나 실제적인 수행은 학교에서보다는 점차로 교회 자체가 행하는 것으로 처리하기 시작하였다. 이 때문에 교회는 자체가 이러한 신앙교육을 감당하도록 학습의 체제를 갖추고 이 교육을 감당할 교사들을 훈련시켜야 했던 것이다. 이전 히틀러 통치시대에 학교에서 종교학습의 제거를 위한 작업이 이루어지고 있었기 때문에 그 당시 동독 내에는 여러 학교에서 이미 종교학습을 포기하고 있었던 것이다. 이러한 경향으로 동독의 교회들은 오히려 스스로 신앙교육의 책임을 다하기 위하여 교회 안에 세례자들을 영적으로 무장시키기 위하여 '그리스도인의 가르침'(Christenlehre)이란 이름으로 교사와 교육자들의 도움으로 기획하며 준비하고 있었다. 50년대 초기까지 그런대로 동독교회들은 학교에서와 교회 내에서 신앙교육을 위한 세미나를 개최하며, 은퇴한 교사들의 도움으로 교회의 신앙교육을 활발하게 이끌어 갈 수 있었던 것이다. 그리고 목사들의 책임으로 되어 있는 교회에서의 청소년 입교자들을 위한 신앙교육은 잘 유지되어 갔다. 이러한 입교자들을 위한 교육의 중요성은 서독교회나 동독교회 모두에게 있어서 새로운 그리스도인을 획득하기 위한 유일한 통로로서 중요한 의미를 가진 것이라 하겠다.

(2) 1952년 이후 동독교회의 신앙교육

1952년 7월 동독정부는 제2차 공산당 회합을 통하여 동독정부의 '사회주의 국가건설'을 위하여 새로운 결정을 내리게 된다. 그것은 국민교육 현장의 모든 영역에 막스 레닌의 이데올로기를 과학적인 세계관으로 어떠한 타협 없이 관철시키도록 교육강화를 위한 노력을 경주하도록 하는 것이었다.182) 그 이래로 투쟁적인 무신론적 사상은 곳곳에서 선전되기 시작하였다. 그리고 1954년 동독정부는 동독 내에 있는 어린이와 청소년들에 대하여 교회가 끼치는 영향을 막기 위하여 새로운 목표와 전략을 수립하였던 것이다. 그것은 교회가 청소년들을 교회의 입교자로 받아들이는 입교식(Konfirmation)을 대신하여 청소년 봉헌식(Jugendweihe)을 모든 청소년들에게 강요하기 시작하였다.183) 청소년 봉헌식은 원래 독일지역에서 오래 전부터 사회적으로 유행하던 청소년 성인식에 해당하는 일반적인 풍속이었다. 그러나 동독정부는 교회를 말살하기 위한 정책으로 동독의 청소년들이 교회에 속하는 것을 막고, 동독의 국가사회가 지향하는 막스 레닌의 이데올로기에 충성하는 사람들로 만들기 위한 전략이었다. 1954년 11월 24일에 동독에는 청소년 봉헌을 담당하는 중앙위원회가 설치되었고 공적으로 활동을 시작하였던 것이다.184) 그들은 청소년 봉헌식은 청소년들에게 가장 현대적이며 과학에 기초한 세계관과 동시대적인 삶이 지향해야 할 방향을 중재한다고 주장하였다. 1957년부터는 동독정부의 제일 서기장이었던 오토 그로테볼(O. Grotewohl)은 청소년 봉헌은 사회적인 의무에 속한 것이라고 공공연히 선전하였던 것이다. 이러한 선전은 유치원에서부터 대학까지 모든 교육기관들에서 중앙에서 조종을 받는 공격적인 무신론자들의 교란작업이 진행되고 있었던 것이다.

그런데 동독교회는 이러한 청소년 봉헌식의 도입에 대하여 교회의 입교예식과는 결코 일치될 수 없는 것임을 밝혔다. 그리고 그리스도인 부모들과 청소년들에게 봉헌식에 참여하지 않도록 할 것과 그 일로 국가로부터 받게 될 불이익과 시련을 이기고 오직 그리스도에 대한 그들의 신앙이 고백되기를 호소하였던 것이다. 이러한 일로 교회는 동독의 정부로부터 더 많은 압력을 받게 되었다. 그리고 국가는 청소년 봉헌식의 참여는 그들의 자녀의 직업의 미래를 보장해 줄 사회주의적인 국가에 대한 충성을 증명하는 일이라고 해석하였다. 결과적으로 1958년에 이르러 동독교회의 지도자들은 많은 그리스도인들이 그들의 자녀들을 청소년 봉헌식에 참여시키고 있음을 목격해야만 했다. 그리고 그 이래로 교회의 입교예식에 참여하는 청소년의 수는 급격히 줄어들기 시작하였다.

    1965년에 동독정부가 결정한 통일된 사회주의적인 교육체계에 대한 법은 유치원에서 대학교육에 이르기까지 '사회주의적인 인간성 교육'을 그 목표로 설정하였다.185) 그 교육법 제5조는 학생과 도제와 대학생들은 모두 그들이 가진 자질을 사회의 봉사와 국가를 강화하고, 방어하는 일에 준비되기 위하여 동독국가에 대한 사랑과 사회주의의 성취들에 대하여 자부심과 긍지를 갖도록 교육되어야 한다는 것을 담고 있었다. 그것들은 확고한 사회주의적인 신념을 발전시키며 사회주의적으로 생각하고 느끼며 행동하도록 하기 위한 막스 레닌사상에 근거한 철저한 지식을 획득해야 하는 것이었다. 이러한 원칙과 목표에 따라 종교교육은 동독의 교육실재에서 자기 위치를 발견할 수 없었고, 그 어떤 가능성도 주어지지 않았다. 1968년에 제정된 새로운 동독의 헌법은 그 모든 국가의 이념교육을 정당화하는 것으로 준비되었던 것이다. 다만 헌법 제20조에서 교회들의 강한 열망 때문에 신앙과 양심의 자유에 관한 말이 표현되어 있기는 하지만, 이것은 다만 아직도 종교와 결부되어 있는 시민들에게 그러나 동시에 과학적 세계관인 막스 레닌주의의 선전을 방해 없이 보증된 유효한 권리로서, 사회주의 건설에 참여의 의무와 권리를 가질 수 있는 자에게 해당하는 양심과 자유로 해석되었던 것이다. 186)

    이러한 동독교회의 신앙교육은 국가사회의 환경으로는 거의 절망적이었다고 할 것이다. 겨우 교회 내에서 이미 그리스도인된 가정들을 통하여 명맥을 유지할 정도에 불과하였다. 물론 아직도 교회에 속한 많은 수의 그리스도인이 존재하고 있었기 때문에 그런 대로 교회 내에서의 자녀에 대한 신앙교육(입교준비)을 목사는 행할 수 있었다. 그러나 그들이 사회적으로 진출하려 할 때는 많은 제약을 받게 되었으며, 기독교 신앙 때문에 언제나 불이익을 받아야 했다.

(3) 동독교회(BEK)의 신앙교육에 대한 새로운 전략

동독교회는 1969년 독일교회(EKD)로부터 분리하여 독립된 교회를 형성하면서 70년대부터 '사회주의 속의 교회'를 정치적으로 표방하고 새로운 선교와 교육의 전략을 세우게 된다. 그것은 어린이와 청소년들에게는 경험의 분야들이 있다는 사실을 인식하게 된 것에서 출발한다. 즉 그들이 지금 당장 교회에 속한 자가 되도록 하는 것이 아니라 경험의 시간과 공간을 거쳐 후에 교회에 속하는 문제를 결단하도록 유도하려는 전략이다. 이러한 착상에 따라 동독의 교회는 먼저 교회를 '학습공동체'(Lerngemenschaft)로 이해한다. 즉 이것은 배움의 기회와 장소를 제시하는 역할로서의 교회에 대한 이해이다. 이에 따라 동독교회의 교육위원회는 사회적 환경과 경험의 공간으로서 교회에 대한 지금까지의 것보다도 더 강하게 관계된 하나의 교육계획을 수립하게 된다. 이러한 계획의 의도는 교회의 한계들을 뛰어넘어 아이들을 초대하고, 이와 같이 그 당시 국가의 폐쇄된 교육체계와 교양의 체계를 수정하고 보완하면서 영향을 끼칠 수 있는 중립적인 가능성들을 이용하는 것이었다.

이러한 착상은 역시 서독의 종교교육학에서 큰 영향을 입게 되었던 것으로 소위 과정적인 교수학(die curriculare Didaktik)의 이론에 힘입고 있다 할 것이다. 이것은 하나의 세속화된 사회에서의 과제수행 때문에 역시 사회주의적인 사회 안에서의 학습의 조건과 도전들에 상응하는 것으로 보여졌다. 그리고 이러한 교육방식은 사회와 학교로부

터 기독교 신앙을 억압하는 환경에서 기독교 신앙의 내용이 아이들에게 그들의 경험과 함께 낯설고 먼 세계로 느껴지지 않도록 하는 것이었다. 그리고 역시 교회에서의 가르침도 신앙의 의미를 세상의 삶과 깊이 연관된 속에서 경험하도록 하는 것이었다.187) 이러한 방식은 주어진 사회주의적 환경에서 포괄적으로 설정된 국가적인 교육체계의 권위적인 요청에 하나의 교육적인 선택이 제시되었을 때 역시 관심을 불러일으키는 것으로 작용하였던 것이다. 다시 말하면 이러한 방식은 결정적으로는 기독교 신앙의 가르침을 통하여 당장 그리스도인으로서의 신앙고백의 단계로 이끌고, 확신에 찬 그리스도인으로 만들려는 것이 배움과 경험을 통하여 점진적으로 신앙고백과 결단에 이르도록 하는 전략이라고 할 것이다.

이러한 의도를 전제한 교육계획을 동독교회는 1976년 발표하게 되었다. 그리고 이것은 동독교회가 아이들과 청소년들에게 신앙을 가르치는 대 방법과 원리로 삼게 했던 것이다. 즉, 이런 전제에서 아이들은 사회주의적인 환경에서 그리스도인이 어떻게 하나님 앞에서 책임적인 삶을 살 수 있을 것인가를 경험하게 해주려는 것이었다. 이것은 사회주의 사회가 어떤 것인지를 그들의 삶에 적용하도록 가까운 목적들을 깨우치는 교육이 아니라 하나님 앞에서 책임적인 삶에 대하여 깨우치는 것이었다. 이러한 배경에서 교육의 방법적인 것으로는 가정예배(Familiengottesdienst)와 '어린이 날' 또는 '청년의 날'과 같은 지역에 한정된 행사의 집회를 개최하는 것들이 더 많은 의미를 가지게 되었다. 왜냐하면 그것들은 역시 소그룹의 모임을 통하여 의식을 강화하고 교회의 전 공동체에 속하게 하는 가능성을 제시해 주었기 때문이다.188) 이러한 교육적인 방식의 목표는 먼저 교회에 속하기 위하여 아이들과 입교자들을 준비하게 하는 것이 아니라 그들을 '교회의 파트너'(Partner der Gemdnde)로서 이해하려는 것이었다. 여기서 기독교 신앙이란 요구하는 것이거나 원했던 목표가 아니라, 자유로운 공동체가 제시하는 것으로 이해되는 것이다. 더 많은 의사소통에 대한 경험을 위하여 전통적인 학급에서의 가르치는 방식은 크게 후퇴하게 되었던 것이다. 대화와 놀이와 노래 부름과 또래의 어울림과 축제와 회중과 함께 예배하는 일들에 더 많은 공간이 주어졌던 것이다. 아이들과 청소년들은 이러한 작은 참여의 수에 의하여 그들 자신의 물음과 고민들을 말하는 기회와 가능성을 갖게 되었던 것이다. 여기서 모임들은 자주 하나의 표현된 목회상담적인 특성을 가지게 되었다고 할 것이다.

물론 이러한 방식의 학습을 이끄는 것은 간단한 일은 아니었다. 왜냐하면 마땅한 공간들의 부족과 아이들에게 주어진 학교 밖에서의 책임들이 과중하게 학교와 국가로부터 요구되고 있었기 때문이다. 그럼에도 불구하고 동독교회는 이러한 방식의 신앙교육적 시도를 지속하였고, 80년대에 이르러 교회를 통한 평화운동과 함께 모든 어린이와 청소년들에게, 그리고 성인들에게까지 평화교육(Friedenserziehung)을 주도했던 것은 잘 알려진 일이며, 동독교회는 평화교육에 대한 기본적인 지침을 제시하기도 하였다.[189]

동독교회의 이러한 교육과 선교의 전략은 궁극적으로 사회주의 체제 속에서 최대한 존재하는 교회를 유지하는데 성공적이었으며, 80년대부터 시작된 평화운동과 사회윤리적 책임의식을 통하여 전 사회적으로 더욱 고양되었다. 또한 이러한 신앙교육은 동독교회의 그리스도인들을 무장하게 하는 성공적인 전략이 되었으며, 동독국민들이 계속적으로 교회를 신뢰할 뿐 아니라 80년대 말 동독의 전환기에 국민의 신뢰와 함께 분단된 독일을 통일에로 이끄는데 크게 기여한 결과를 낳았다고 할 것이다.

5. 동독의 전환기와 동독교회의 역할

1985년 3월 미하일 고르바초프(Michael Gorvachov)가 소련 공산당 서기장으로 등장하면서 새로운 전기를 맞이하게 된다. 고르바초프는 그 당시 소련이 처한 심각한 사회적이며 경제적이며 정치적인 위기를 타개하기 위하여 글라스노스트(Glasnost) 페레스트로이카(Perestroika)라고 부르는 개혁·개방정책을 시도하게 된다. 그러나 그 결과는 소련 자체보다는 오히려 동유럽의 공산국가들에 큰 영향을 미치게 되었고, 페레스트로이카는 이들 나라의 체제개혁 운동에 결정적인 동인을 제공하게 된다. 그리고 고르바초프의 개혁·개방정책은 동구라파 여러 나라의 변화에 큰 영향을 미치고 있었다. 실제로 그동안 자랐던 동구라파 나라의 국민들의 불만과 해외여행의 신청자의 증가와 집단적인 국경의 탈출과 서유럽을 향한 헝가리의 국경개방과 고르바초프의 통치하에 있던 소련의 군사적 개입에 대한 포기는 동유럽의 모든 국가들에 새로운 전환기를 보여주는 징조들이었다.190)

그런데 동독정부는 지금 동유럽에 확대되고 있는 전환기의 새로운 시대변화에 대하여 전혀 반응을 보이지 아니했다. 그러나 80년대 후반 1988년과 1989년 가을, 동독사회는 급진적인 변화의 소용돌이에 빠지게 된다. 하나의 새로운 시대의 전환이 이루어지게 되었던 것이다. 그러자 동독시민들의 불만이 나타나기 시작하였고, 마침내 89년 가을에는 동독시민들의 사회변혁에 대한 요구가 걷잡을 수 없는 불길처럼 폭발적으로 일어나게 되었다. 그리고 이러한 사회적 욕구의 폭발은 마침내 베를린 장벽의 붕괴와 함께 동독정권의 해체과정으로 이어졌고,191) 종국에는 동·서독이 40년간의 분단역사를 끝내고 하나의 국가로 통일을 이루는 역사적 전환의 과정으로 돌진하게 되었던 것이다. 이러한 동독사회의 변환과 전환기에 동독의 개신교회는 독일 통일의 새로운 전환의 역사가 이루어지기까지 동독에서 발생한 역사적 사건과 함께 중요한 역할을 하게 된다. 우리는 여기서 독일이 통일을 이루기까지 급변하는 동독사회와 함께 동독의 교회가 어떤 역할을 하게 되었는지를 상세히 살펴보려고 한다.

1) 동독의 전환기

1989년 5월 7일에 동독에서는 지방선거가 있었다. 그리고 그 선거의 결과는 집권당의 투표조작 및 선거위조에 의하여 이루어진 선거임이 드러나게 되었다. 특히 선거 감시에 참여했던 교회 단체는 이 모든 사실을 공개했던 것이다.192) 그리고 이미 부정선거에 항거하는 동베를린 시민들의 침묵의 시위가 베를린의 소피엔 교회(Sophienkirche)의 정문 앞에서 행하여졌다. 동독정부의 국가안전국과 경찰들은 그것을 막으려고 안간힘을 다하였다. 그 당시 그 시위에서 수백 명이 체포되었으나 다음날 다시 석방시켰던 것이다. 다음날 베를린의 게세마네 교회 안에는 1500여명의 사람들이 전날의 데모하는 군중을 잡아간 일에 대하여 항거하기 위하여 운집하였다.193) 그러나 교회는 더 이상 그 일로 데모하는 것을 원치 않았으며 지나친 행동이나 데모는 교회의 방법이 아니라는 입장을 발표하게 되었다.194) 그리고 교회는 이 지방선거의 부정사건에서 이미 증인으로서 활동했으며 동독시민들의 불만에 대한 대변적인 역할을 시작하였던 것이다.

한편 8월에 이르러 동독 내에서는 동독을 떠나 해외로 탈출하려는 사람들이 늘어나기 시작하였다. 그 당시 벌써 1989년 5월 2일에 헝가리의 젊은이들이 국경을 넘어 오스트리아로 탈출하는 사태가 발생 했던 것이다. 그리고 곧 이어 약 300여명의 동독의 시민들도 헝가리와 오스트리아의 국경을 넘어 서구로 탈출해 갔다. 헝가리는 9월 11일에 공적으로 오스트리아로 향한 국경의 문을 열어놓게 되었다. 그 일이 있은 3일 후에 동독 시민들의 15,000명 이상이 동독을 떠나 헝가리와 오스트리아의 국경을 넘어 서독으로 넘어가게 되었다.[195]

다른 한편 동독교회는 이러한 구라파와 동독의 혼란스런 사회적 상황과 관련하여 89년 9월 15-19일까지 아이제나하(Eisenach)에서 총회를 개최하게 되었다. 이 총회를 통하여 동독교회는 동독을 탈출하는 일에 대하여 이해를 가지면서도 동독국민들에게 자제하기를 권고하였고, 동시에 동독정부를 향하여 몇 가지 정치적인 개선안을 제시하였다. 첫째로 공적으로 지금 당면한 사회적인 문제들에 대하여 국민과 토론할 것과, 둘째 책임적이며 다양한 조정정책을 취할 것, 셋째 모든 시민들의 여행자유화, 넷째 경제개혁에 대하여, 다섯째, 평화시위의 가능성 허용과 개선된 선거방식에 대한 것 등이었다.[196]

이러한 요구와 함께 동독교회는 정치적으로 중립적인 위치에 있기보다는 동독정부의 지도부를 향하여 이전보다 더 많은 비판을 행하게 되었다. 그리고 교회는 실제적으로 정부를 향하여 의회민주주의로 향하는 과도기를 요구했었다. 동시에 교회는 사회윤리적이며 정치적인 책임을 더 강하게 의식한 기초그룹(Basisgruppen)과 더 가까운 관계를 유지하였다. 이 때문에 1989년 9월에 이르러 교회와 국가와의 관계는 이전보다 더 큰 간격을 경험하게 되었다.

그 당시 동독의 정부 언론지는 아이제나하(ESsennach)에서 개최된 동독교회의 총회에 대하여 다음과 같이 비판적인 기사를 실었다. "교회의 요구는 완전히 모험적이며 비실제적인 것들이다. 그들은 동독 내에 있는 자본주의적인 것들과 관계된 것의 재건에 관심을 가진다"197) 같은 날 '융에 벨트'(Junge Welt)라는 신문에서도 "교회는 복음을 믿는 자들의 모임이 아니라 정당기획을 위한 정치적인 무리의 모임"198)이라 혹평하였던 것이다. 이것은 그 당시 얼마나 동독의 상황이 긴박했으며, 동독의 사회와 정치가 변화되기를 희구하는 국민들 편에서 교회가 어떤 역할을 했는지를 보여주는 일면이었다고 할 것이다. 그리고 이러한 사회적 변화와 혼란 가운데서도 교회는 국민의 편에서 지도적인 역할을 수행함으로 동독국민과 교회는 함께 있었음을 입증하는 것이며, 이것이 사회적 혼란을 막고 동독사회의 안정과 함께 독일을 통일로 이끄는 교회의 노력이었던 것이다.

2) 평화기도회와 민주화시위

동독교회가 행한 '평화기도회'(Friedensgebete)는 오랜 역사를 가진다. 이전에 이미 평화를 위한 기도의 다양한 형태의 모임이 있었기 때문이다. 벌써 80년대 초부터 시작된 평화운동과 함께 특히 평화주간(Friedendekade)에 행했던 기도모임은 잘 알려져 있었다. 또한 1982년에 동서독에 설치된 라케트(Raketen)와 핵무기 제거를 위한 기도모임은 교회 안의 삶들을 뛰어넘어 동독 내에 있는 크고 작은 교회들에서 그리스도인뿐만 아니라 비 그리스도인들까지도 자발적으로 참여하여 행하였던 일이었다.199) 이러한 모임으로 발전되었던 가장 큰 이유는 평화기도회는 사회적인 변화들로부터 요구된 사람들의 마음을 나누는 장이 되었기 때문이다. 거기서 그 기도회는 1989년 가을 이래로 폭발하는 동독사회의 시민들의 요구를 비폭력의 원칙으로 공공의 정치적인 행동으로 옮겨놓을 수 있는 본질적인 전제들을 형성시켜 주었다.200)

동독에서의 민주화를 요구하는 시위는 라이프찌히(Leipzig)에 있는 니콜라이(Nikolai) 교회에서 기도하던 무리들에 의하여 시작되었다. 이 교회는 이미 1983년 평화운동 때에 촛불시위가 있었던 이래로 매 월요일마다 평화를 위한 기도회 모임을 지속하고 있었던 것이다.201) 이제 니콜라이 교회의 평화기도회에 참여했던 사람들은 거리로 뛰쳐나오기 시작하였다. 이 모임에는 동독을 탈출하려는 사람들이 함께 있었던 것이다. 그들은 외치기 시작하였다. 이들의 시위를 폭력으로 가로막고 있는 경찰을 향하여 '우리는 여기에 머무른다'(Wir bleiben hier!)고 구호를 외치기 시작하였던 것이다. 그리고 동독에서 서독으로 탈출하려는 사람들의 수는 날로 늘어만 갔으며, 드레스덴(Dresden)에서는 10월초에 달리는 기차를 세우는 사건이 발생하기도 하였다. 그리고 니콜라이 교회에서 시작된 민주화를 요구하는 촛불 시위는 동독의 전역으로 확산되었고, 드레스덴의 십자가 교회와 겟세마네(Gesemane) 교회, 바톨로메우스 교회, 사마리아 교회 등에서도 해외로 탈출하려는 자들과 함께 평화기도회가 열렸고 역시 시위가 발전되고 있었던 것이다.

이러한 시위는 앞서 밝힌 대로 1985년에 고르바초프에 의한 소련의 개혁·개방정책이 동구라파의 여러 나라에 영향을 미쳤고, 이제 그 영향은 동독사회에까지 나타나게 되었다. 그 동안 동독사회는 모든 것을 국가가 결정하고 국민의 기본적인 것들을 돌보아 주는 나라였다. 그 때문에 동독의 시민들은 정치적인 자기 정체성이 전적으로 결여되어 있었다고 할 수 있다. 그러나 이제 상황이 변하여 동독의 시민들은 거리에 뛰쳐나와 '우리가 인민이다'(Wir sind das Volk)라는 구호를 새롭게 외치기 시작한 것이다. 이러한 구호는 특별한 의미를 가지고 사용했던 것으로 해석되는데, 즉 그 말은 원래 동독의 통일사회당(SED)이 즐겨 사용하던 말이었다는 것이다. 지난 40년 동안 동독의 국가사회에서 이 당은 모든 권력을 독점하고 있었으며, '인민민주주의', '인민연합', '인민재판관', '인민경찰' 등의 말들을 자주 사용함으써 늘 '동독통일사회당'은 인민의 당임을 자처하고 있었던 것이다. 이러한 이해에서 동독시민들은 이제 자신들이 바로 '그 인민'(Das Volk)이라고 외침으로써 인민의 당인 '동독통일사회당'에 도전장을 던지게 되었던 것이다. 그리고 이것은 역시 동독의 국민들, 즉 시민들이 정치적 주체가 되겠다는 의지를 천명한 것으로 해석된다.202)

이러한 동독국민들의 민주화를 요구하는 시위와 관련하여 동독교회의 역할은 역시 평화기도회를 통하여 불을 붙이고 있었다는 점이다. 이와 같이 교회가 주도적으로 이끌었던 평화기도회는 1989년 가을 동독의 사회변화를 요구하는 시위와 연결하여 적어도 다섯 가지 결정적인 의미를 가진 것으로 해석된다.

첫째는 교회가 장소를 개방함으로 공중과 관련된 생각과 문제점들에 대하여 대화를 나누게 한 점, 둘째 평화기도회는 언제나 성경말씀의 전파와 연결되어 있었다는 점, 즉 고통받는 자들의 실제적인 경험들의 진술이 함께 동반된 모임이었다. 셋째 비폭력에 의한 변화를 요구하는 기도였다는 점, 넷째 초교파적인 교회연합의 성격을 전제한 기도모임이었다는 점, 다섯째 교회의 공간은 언제나 국가권력의 폭력으로부터 개인을 보호하는 장이 되었다는 점 등이다.203)

1989년 가을, 동독사회의 정치적 변화를 이끌었던 바로 그 주체는 역시 동독교회였으며, 그 안에서 이루어진 평화기도회는 중요한 수단이 되었던 것을 우리는 마음 깊이 기억해야 할 일이라고 생각한다.

3) 원탁회의의 중재자

1961년 8월에 설치된 베를린의 장벽은 이제 1989년 11월 9일에 무너지게 되었다. 약 28년 동안 장벽으로 갇혀 있던 동독인들은 드디어 자유를 획득하게 된 것이다. 이러한 베를린 장벽의 무너짐에 대한 징조는 여러 사건에서 나타나고 있었다. 벌써 라이프찌히의 니콜라이 교회에서는 월요 평화기도회를 마치고 100여명 이상의 사람들이 체포되는 사건이 생겨났다. 9월 25일에는 6,000여명이 '월요 시위'를 벌이면서 여행의 자유, 의견의 자유, 집회의 자유를 외치고 있었다. 그리고 10월 2일 라이프찌히에서는 2만여 명의 시위 군중이 개혁을 요구하며 거리로 뛰쳐 나왔던 것이다. 그 동안 동독으로부터 20여만 명에 달하는 사람들이 서독으로 탈출하였다. 그리고 10월 9일부터 라이프찌히의 시위대는 7만 명 이상으로 늘어났다. 그들은 '우리는 인민이다'라는 구호와 함께 동독의 민주화를 요구하는 시위를 계속했다. 개혁과 자유선거를 요구하는 대규모 시위는 동베를린과 드레스덴과 라이프찌히를 흔들어 놓았다.

1989년 9월 라이프찌히의 니콜라이 교회에서 시작된 무언의 촛불

Ⅲ. 독일 통일을 향한 독일교회의 노력 143

시위는 동독의 정권교체를 요구하는 목소리로 변하기 시작하였다. 이에 대해 동독의 집권당 지도부는 중국식 해결법204)이라 불리는 조치를 취할 준비를 했다는 것이다. 이 당시 동독정부는 실제로 라이프찌히의 시위대를 향하여 총격을 가할 계획을 준비해 놓고 있었으며, 시체를 담을 자루까지도 준비해 두었고 예상되는 중상자를 실어 나를 준비도 완료되어 있었다고 한다.205) 그리고 그날 7만여 명의 시위대들이 촛불을 들고 침묵 속에 라이프찌히와 드레스덴을 행진하였고, 호네커는 시위대를 향한 발포 명령을 지시하였던 것이다. 그러나 어찌된 일인지 이 명령은 시행되지 않았던 것으로 알려져 있다. 그리고 왜 이 명령이 수행되지 않았던 지에 대하여 동독정권의 붕괴과정에서 하나의 불가사의한 수수께끼로 남게 되었다고 한다.206) 그러나 시위 당사자들이나 시위 진압자 모두는 지금 이들이 하고 있는 일이 무엇인지를 근본적으로 공감하고 인정하고 있었던 일들이며, 또한 거리에서 외쳐진 '비폭력'과 함께 시위자들의 성숙한 태도에 진압자들은 압도당하고 있었던 것으로 이해된다.

동독정권은 라이프찌히의 시위에 대한 '중국식 해결' 계획이 무산되자 당황하였고, 도리어 힘을 얻은 시위 군중들은 이제 동독 정권의 교체를 공공연히 외치기 시작하였다. 다시 그해 10월 16일에는 12만 명에 달하는 동독의 시민들이 라이프찌히 거리로 쏟아져 나와 민주화와 정권교체를 외쳤던 것이다. 이러한 사태에 이르자 동독의 집권당 지도부는 일명 '루마니아식 해결책'207)이라 부르는 회유책을 쓰기로 하였던 것이다. 이것은 우선 당 최고위급 간부들을 교체하는 방법이었다. 이 결정으로 당 서기장인 호네커(Honecker)와 그의 각료 두 명을 물러나게 하였던 것이다. 호네커의 후임으로 그 당시 잘 알려지지 않았던 인물이지만 서독의 정치인들이 우호적으로 여겼던 에곤 크렌

츠(Egon Krenz)가 정권을 위임받았던 것이다.208) 그는 당시 진행 중에 있던 소련식 개혁을 정책의 목표로 제시하였고, 시민들이 동독을 떠나지 않을 것을 호소하였다. 동독의 개혁파로서 신임 정치 국원이었던 모드로브(Hans Modrow)를 새 내각의 수상으로 지명하였던 것이다.209) 이러한 자구책에도 불구하고 정권교체를 요구하는 대규모의 시위행렬을 막을 수 없었던 것이다. 실제로 이러한 행렬이 1961년 이래로 28년 동안 냉전체제의 상징물로서 동·서독을 가로막고 있던 베를린 장벽의 붕괴로 이어지게 되었던 것이다. 베를린의 장벽이 무너진 것도, 실제로는 아무런 명령도 받지 않은 채 동독의 인민군대의 장교들이 밤에 물밀듯 밀어닥쳐 서베를린으로 탈출하려는 시위 군중들이 장벽을 넘어가도록 국경을 열어주자는 합의를 본 것이었다. 이러한 결정은 역시 10월 9일 라이프찌히 시위대를 향하여 내린 발포명령을 실행하지 않은 사건과 함께 또 하나의 수수께끼로 남아 있는 문제이기도 하다.210)

베를린 장벽이 무너지고 동독사회가 큰 혼란에 빠져들어갈 때, 또 하나의 사회 안정을 위하여 기여한 교회의 역할에는 역시 '원탁회의'(Konferenz am Rundetisch)가 있었던 것으로 평가되고 있다. 동독의 기존 정치세력이 무력해지고, 새로운 정치권력이 이를 인수해야 하는 동독의 과도기적 상황에서 '원탁회의'는 중요한 역할을 하게 된 것이다.211) 이것은 소위 아래로부터 시민들의 의견을 수렴하여 국가의 장래를 협의하고 결정하는 공의회적 성격을 띤 새로운 방식으로의 '원탁회의'였던 것이다. 이 회의는 시민 그룹에서 대표를 선출하여, 소도시, 대도시, 그리고 마을에 이르기까지 기존 권력에 있었던 사람들과 새로운 그룹의 대표들이 참여하여 의사결정을 하는 총회와 같은 것이었다.212) 이러한 원탁회의는 대부분의 동독 도시와 지역에서 실행되었다. 그리고 11월에는 베를린에서 개혁자들이 공화국 전체의 문제를 다루기 위하여 '중앙 원탁회의'를 개최하기에 이른다.213) 이 원탁회의는 '당의 주도적 역할'과 그 다음해 3월에 있었던 새로운 선거기간 동안의 공백을 연결해 주는 역할을 하였던 것이다. 그리고 이 회의는 동독의 새로운 헌법초안을 만들어 내는데 까지 역할을 하게 된다. 이제 이러한 원탁회의의 역할로 동독 안에는 자연히 그 동안 지배해 왔던 당의 여론 독점체제가 무너지게 되었으며 복수정당제도가 공식화되기에 이른다.214)

이러한 과정에서 동독의 개신교는 민주화 시위 때와는 달리 새로운 역할을 담당하게 된다. 즉 다양한 정치적인 관심과 의향을 가진 새로운 그룹들과 정당들을 한 자리에 모아, 이들로 하여금 자신들의 경험을 나눌 뿐 아니라 서로 교훈을 받으면서 동독의 미래를 함께 결정해 가는 역할을 교회가 감당해야 했던 것이다. 그리고 이러한 원탁회의에서 사람들은 서로 마주 앉아 정당정치에 대하여 토론하는 것이 아니라, 동독사회가 당면한 구체적인 문제들을 함께 토론하며 중요한 미래적 결정을 주도해가야 했던 것이다. 이러한 과정에서 중요한 것은 무엇보다도 참석자들 사이에 대화의 개방성과 의시존중의 동등성, 그리고 폭력이 아닌 상호 신뢰성에 근거하여 공동의 협정을 이끌어 내야 하는 일들이었다. 바로 여기에 원탁회의를 통하여 이끌어내는 결정들은 탁월한 대화의 능력을 가진 사람들의 참여에 의하여 이루어졌으며, 더욱이 정치적으로 특정한 이해관계에 메이지 않은 자들의 참여가 요구되었다. 즉 다양하고 서로 반대되는 생각까지도 포용하면서 대화의 결실을 이끌 수 있는 훈련을 쌓은 사람들이 필요 되었던 것이다.215)

결정적으로 이 원탁회의를 주도한 역할자들은 역시 모두 그 지역교회의 목회자들이었으며, 교회의 직원들이었다는 것은 바로 동독교회가 국가의 위기적 상황에서 무엇을 위하여 어떻게 봉사하며 역할했던가를 보여주는 증거가 된 것이다. 특별히 이들은 이미 개 교회와 노회와 총회의 교회적인 활동들을 통하여 가장 민주적으로 의사결정을 이끌어 낼 줄 아는 경험을 가진 자들이었다. 그리고 여기서 교회는 화해자로서의 본래의 모습을 따라 비폭력과 대화를 촉진시켰으며, 사회적이고 정치적인 혼란의 과정에서도 모든 것을 안정적이며 평화적으로 이끌어 가는 주도적 역할을 하게 된 것이다. 이러한 교회의 노력은 교회가 자신을 통일의 중심과 주체로서 인식하고 계획적인 의도 속에서가 아니라 그 과정에 평화적 해결을 위한 협력자로서, 그리고 국가적 위기에 대한 질문자요 당사자이지만 오히려 긴급한 상황에 요구되는 역할에 봉사였던 것으로 이해된다.216)

이러한 원탁회의를 주도했던 동독교회 지도자들의 역할은 동독정권의 과도기에 원탁회의를 통하여 화해자로서의 역할과 함께 비폭력과 대화를 촉진시키게 되었다. 이러한 교회의 노력은 시위 군중과 정부 사이에 유혈사태로까지 발전될 수 있었던 동독국가의 권력의 공백기를 평화롭게 극복해 가도록 하는데 큰 도움을 준 것으로 평가된다. 그런 의미에서 '원탁회의'는 동독에서 사회변혁이 정치적 통일로 순조롭게 이행되는 과정에서 그야말로 교량의 역할을 하게 되었다는 사실이다. 비록 원탁회의가 동독사회를 개혁하고 민주적인 사회를 실현하려 했던 의도는 성공하지 못했지만 독일의 새로운 정치문화를 창출하고 그 본을 보여주었다는 면에서 역사적 의의가 있는 것으로 평가되기도 한다.

4) 역사적인 독일 통일

1989년 11월 9일 독일 분단의 상징인 베를린 장벽이 무너지면서 동독 사회변혁의 운동은 민주화에서 통일로 그 흐름이 급격히 변화하게 되었다. 거리로 쏟아져 나온 시위대의 구호는 '우리가 인민이다'(Wir sind das Volk)라고 외치던 구호에서 갑자기 '우리는 한 민족이다'(Wir sind ein Volk)라는 외침으로 바꾸어지게 된 것이다. 1989년 가을 초기의 시위는 동독의 민주화였으며 동독의 개방과 현대화에 있었다. 그리고 무엇보다도 국가의 정치권력에 시민들의 실제적인 참여를 보장하려는 것이었다. 그러나 베를린 장벽의 개방은 동독 국민들에게 새로운 시각을 열어놓게 되었던 것이다. 열려진 장벽을 통하여 서독이라는 발전된 새로운 세계를 직접 보게 되었고, 이제 경험하게 되었다. 그리고 이것은 동독민족에게 대단히 충격으로 작용하게 된다. 동독의 시민들은 동서독간의 경제적인 격차가 이전에 그들이 생각했던 것보다 훨씬 컸다는 사실을 깨닫게 되었고, 동독이 그처럼 떠벌려 왔던 계획경제는 더 이상 무가치한 것으로 판단하기 시작한 것이다. 동독사회가 이러한 사회적 분위기에 사로잡혀 있을 때 서독 수상 콜(H. Kohl)은 1989년 11월 28일 재빨리 독일 통일 10개 항의 프로그램을 발표하기에 이른다.217) 이것은 역시 동독 시민들의 심리를 크게 자극하게 되었다. 동독시민들은 그들의 정부와 사회적 환경에서 벗어나 서독을 통해서 가능한 부족한 것을 보충하려고 노력하였다. 그리고 동독 사람들은 가능한 빨리 서독의 체제를 그대로 수용하여 낙후된 자신들의 형편을 개선하는 일에 도움이 되기를 원했던 것이다.

　이러한 동독인의 심리적 현상은 1990년 3월 18일 동독에서 행하여진 인민의회 선거에서 그대로 증명되었던 것이다. 이 선거는 동독에서 28년 만에 처음으로 행하여진 역사적인 자유선거였다. 이때에 총 유권자 1238만 명 가운데 93.22%가 투표에 참가했던 것이다. 그리고 선거 결과는 '다시는 사회주의'가 아니라 '자유와 번영을!'이란 선거구호를 내걸고 동시에 서독의 기본법 제23조에 의하여 동독의 신속한 서독으로의 편입을 주장했던 '독일연합파'가 대승을 하게 되었던 것이다.218) 다른 한편 서독 기본법 제146조에 의하여 독일 통일의 헌법제정을 위한 국민투표를 주장하면서 독일연합군의 성급한 통일정책에 반대적 입장을 취했던 사민당은 독일연합이 획득한 의석의 과반수에도 미치지 못하는 결과를 얻게 되었던 것이다.

이러한 선거가 치러진 이후에 독일의 통일을 향한 정치적 행보는 가일층 신속하게 진행되었다. 선거에서 승리를 얻은 '독일연합파'는 1990년 5월 18일에 맺어진 국가 간의 협정(통화·경제·사회통합 등)에 따라 단기간 내에 동독의 각 주들이 서독에 편입하기로 결정했던 것이다. 7월 1일에는 동독화폐와 서독화폐를 1:1로 동등하게 통합하는 결정을 이루었던 것이다. 서독 마르크의 단일통화에 의한 경제권을 확립하였다. 이러한 과정을 거쳐서 드디어 1990년 10월 3일에 독일은 완전히 정치적으로 통일을 이루었던 것이다. 그리고 1990년 12월에 전 독일에 첫 자유선거가 치러졌던 것이다.

이와 같이 독일의 통일은 동·서독 두 국가 간의 대등한 위치에서 통일을 이룬 것이 아니었다. 원래 서독의 기본법 마지막 조항인 146조에 따르면 독일민족의 자유로운 결정에 의하여 새 헌법을 제정하고 새로운 국가를 이루어야 하는 것이었다. 그러나 독일의 통일은 동독의 5개 주가 기본법 23조에 의하여 서독의 11개 주로 구성된 기존의 독일연방공화국(서독)에 새로 가입하는 절차를 따라 흡수통일을 이룩했던 것이다. 이것은 동독의 서독에로의 일방적 흡수통일의 방식을 따랐던 것이다. 이러한 신속히 진행된 통일 과정에서 동독의 개신교는 교회 차원에서의 특별한 역할이 있었던 것은 아니었다. 이 기간에 많은 성직자들과 교회의 직원들과 교인들은 단순히 요구되는 정치적인 과제와 기능 등의 관료적이며 행정적인 일에만 참여하였던 것이다. 이와 같이 동독교회는 교회차원이 아니라 개인적인 차원에서 각자의 처한 상황과 상태에서 요구되는 일에서 독일 통일을 위하여 노력했던 것으로 판단된다. 전반적으로 이 기간에는 통일이 신속히 처리되었기 때문에 교회로서 그 일에 특별한 영향을 끼칠 기회가 극히 적었다고 할 것이다.

IV. 통일 후 독일교회의 하나 됨을 향한 노력과 전망

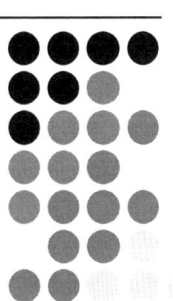

1. 독일교회의 역사적 통일
2. 통일 후 독일사회와 독일교회의 통합 문제
3. 통일독일과 독일교회의 전망

Ⅳ. 통일 후 독일교회의 하나 됨을 향한 노력과 전망

독일이 국가와 민족의 통일을 이룬 후 약 1년이 지나서 독일교회는 그동안 서독의 '독일개신교회협의회'와 동독의 '동독개신교회연맹'으로 나누어져 있던 관계를 청산하고 독일교회가 하나 되는 교회의 통일을 달성하게 된다. 이러한 교회의 통일은 당연한 귀결이라고 할 것이다. 그러나 독일교회의 통일은 독일국가의 통일과는 근본적으로 다르게, 즉 국가의 통일은 동독의 정부가 혼란에 빠진 동독국가를 서독의 국가 통치에로 흡수시키는 관계로 통일을 이룬 반면에 교회는 양 교회의 동등한 입장을 전제하여 교회의 통일을 이루게 되었다는 점이다. 우리는 이러한 역사적 정황을 살펴볼 것이며, 그리고 현재 독일은 통일 이후에 많은 사회적 문제를 안고 있으며 소위 통일의 후유증을 앓고 있는 것이다. 이러한 통일의 후유증은 역시 독일교회에도 동일하게 나타나고 있다. 이러한 문제들을 독일사회는 어떻게 극복하고 있으며 또한 독일교회는 통일의 후유증을 어떻게 극복하고 있으며, 특별히 교회의 연합과 일치라는 대의를 전제하여 독일교회는 선교적 과제를 어떻게 성취해 가고 있는지를 살펴보려고 한다. 여기서 우리는 남북통일에의 기여와 북한선교와 세계선교의 미래를 위한 한국교회의 전망과 대처방안을 찾게 될 것으로 생각한다.

1. 독일교회의 역사적 통일

1) 로쿰(Loccum)에서의 총회

1990년 1월 15-17일까지 로쿰(Loccum)에 있는 개신교 아카데미에서 서독의 교회(EKD)와 동독의 교회(BEK)의 감독과 총무들이 한 자리에 모였고 양 교회의 통합에 관한 비공개 협의회를 가졌다. 이 협의회의 결실로서 양 교회는 감독의 이름으로 공동선언서를 채택하게 되었다.[219] 이 선언서에는 동독의 사회변혁과 독일의 통일 그리고 교회의 통합에 대한 양 교회의 입장과 견해가 포함되어 있다. 동독의 사회변혁의 과정에서 동독 개신교회가 담당했던 역할에 대해 양 교회는 긍정적인 평가를 공동으로 서술하고 있다.[220] 그리고 양 개신교회는 동·서독 두 국가가 평화를 유지하면서 함께 성장하고, 전 유럽의 협조과정이라는 틀 속에서 하나의 국가로 통일되기를 바란다는 입장을 역시 교회의 선언문 속에 견지하였다.[221] 또한 양 교회는 이 선언문을 통하여 지난 20년 동안 서로 분리되어 있었음에도 불구하고, 교회헌법을 통해서 그리고 실질적인 관계를 통하여 양 교회는 '특별한 유대관계(공동체)'[222]를 계속했던 점을 고백하며, 앞으로 교회의 통일 방향에 대해서도 그들이 어떤 자세를 가져야 할 것인지에 대한 입장을 그들의 공동선언문 가운데 밝혀 주었던 것이다.[223] 여기서 중요한 것은 양 교회가 분단되어 있는 동안에 발생한 경험과 차이들에 대하여 주의 깊게 다루고자 한다는 점이다. 즉 양 교회가 서로 다른 체제 가운데 있으면서 나름대로 정의하고 발전시켜온 것들, 예를 들면 교회의 존재 목적에 대한 신학적이며 사회적인 정의와 국가 및 사회와의 관계, 그리고 교회의 조직과 운영방식에 따른 차이들을 충분히 고려하면서 교회의 통일을 이루겠다는 입장에 대한 것이었다. 바로 이러한 점들이 그 동안 동서독의 양 국가가 정치적 통일을 이루는데 있어서 보여준 통일의 접근법과 근본적으로 교회의 통일에 대한 접근법이 서로 달랐다는 점이다. 특별히 독일의 양 교회가 보여준 교회통일의 과정에 대한 방법은 많은 점에서 깊은 교훈을 주고 있다고 여겨진다. 분단된 동·서독은 정치분야에서 공동의 헌법을 가져 본 일이 없었던 것이다. 그러나 동·서독의 개신교회는 20년 이상 서로 나누어 있었지만 근본적으로 1969년에 '독일개신교회협의회'(EKD)에서 '동독개신교회연맹'(BEK)으로 분리 창설되기 전까지 동서독의 양 교회는 하나의 조직을 유지하고 있었으며 하나의 교회의 기본법에 의하여 운영되었던 것이다. 그러므로 양 교회가 하나의 공동의 교회법을 갖는 일은 양 국가가 정치적으로 공동의 법을 갖는 것 보다 쉬운 것으로 생각했던 것이다. 그리고 양 교회가 해결해야 할 문제는 재정적인 것과 조직적인 구조 형성에 대한 것뿐이었던 것이다. 이것을 해결하기 위하여 양 교회는 즉시 공동집행위원회를 조직하기에 이르게 되었다.224)

1990년 7월 서독의 '독일개신교회협의회'와 '동독개신교회연맹'은 공동집행위원회를 구성하여 조직적 통합을 위한 제반 법적이며 제도적인 정비를 하는 한편, 통합 방법에 대한 민주적인 의사를 결집시켜 나갔던 것이다. 논의 과정에서 양 교회는 '동독개신교회연맹'(BEK)이 '독일개신교회협의회'(EKD)에 무조건 흡수하는 통합방식을 따르지 않기로 하였으며, 교회의 통일이 단순한 양적인 팽창이 아니라 질적인 비약을 내포해야 한다는 것에 합의를 이끌어 냈던 것이다. 이러한 교회의 통일 방안은 주(州)교회를 통한 단순한 연합체라는 통념적인 성격을 뛰어넘어 긴밀하게 결합된 교회의 공동체를 지향하기로 하면서, 1986년 이래로 신학적인 검토 작업을 벌여왔던 교회의 연합과 일치(Ökumene)를 구현하기로 결정하였던 것이다. 그 동안 독일의 개신교회는 교리와 전통의 차이로 인하여 크게 세 그룹으로 나누어져 있었는데, 그것은 루터파 교회와 개혁파 교회 그리고 연합파 교회 등이었다. 이러한 교파간의 벽을 허물고 같은 교리와 전통을 형성하여 진정한 교회의 일치와 연합을 이루자는 의도를 발휘하였던 것이다.

2) 독일개신교회협의회(EKD)의 통일

교회의 통일에 관한 구체적인 진전은 1991년 2월 베를린에서 개최된 '독일개신교회협의회'와 '동독개신교회연맹'와의 총회(Synode)에서였다. 양 교회의 총회는 같은 시간과 같은 장소에서 모였다. 그러나 총회는 각각 다른 공간에서 개최되었던 것이다 그리고 이 총회에서 양 교회는 '독일개신교회의 통일과 관련된 교회법'을 먼저 통과시켰다. 형식은 22년 전 분리된 8개 지역의 주(州)교회가 서독의 '독일개신교회협의회'에 재가입하는 형식이지만, 그 내용상으로는 동독의 '동독개신교회연맹'의 의견과 전통을 새로운 '독일개신교회협의회'에 수용하도록 하는 방식을 따랐던 것이다. 그 때문에 '동독개신교회연맹'은 이 법률안을 검토한 후에 정식으로 통합의 절차를 밟아 나갔다. 이러한 과정을 거쳐 그 해 6월 28-30일에 '동독개신교회연맹'에 속한 8개의 주 교단 총회들이 독일의 코부르크(Coburg)에서 개최되었고, 그 통합을 위한 총회에서 서독의 '독일개신교회협의회'와 함께 다시 전 독일 차원의 '독일개신교회협의회'로 통합하는 절차를 밟았던 것이다. 이렇게 해서 지난 22년 동안 서로 분리되어 있던 동·서독의 개신교회는 1991년 7월 1일을 기하여 재통합을 이루게 된 것이다.[225]

2. 통일 후 독일사회와 독일교회의 통합 문제

1999년은 독일이 통일된 지 9년째 되는 해이다. 동·서독의 국민들은 통일에 대한 기대가 컸던 만큼 오늘날 실망하는 일도 많이 나타나고 있다. 가장 큰 통일의 후유증으로는 국가적인 조직체로서의 통일은 이루었지만 아직도 독일국민의 내적인 통일, 즉 사회적 통합은 이루어지지 않고 있다는 점이다. 독일이 통일된 지 3-4년이 경과 하면서(1994년) 나타나기 시작한 오씨(Ossi)와 베씨(Wessi)의 갈등은 역시 독일사회를 여전히 둘로 갈라놓는 사회적 문제가 되고 있기도 하다.226) 이것은 통일을 통하여 구 동독인들이 기대했던 욕구가 성취되지 않음에 대한 불만에 기인하고 있으며, 동시에 서독인들에게는 통일 후에 계속적으로 짊어져야 하는 동독인을 위한 통일세(연대세: Solidaritätssteuer)의 부담은 마침내 오씨와 베씨의 감정 충돌로 나타났다고 할 것이다.

독일교회(EKD)는 동독교회(BEK)와 교회의 통일을 이룬 후에 역시 많은 문제에 직면하게 된다. 지난 95년부터 나타나기 시작한 동독의 그리스도인들이 교회를 집단적으로 탈퇴한 사건은 독일교회에 큰 충격을 던져준 사건이었다고 하겠다. 이것은 독일교회의 통일에 대한 후유증으로 해석된다. 여기서는 이러한 사건의 정황의 원인들이 어디에 놓여 있었으며, 독일국가와 교회는 이러한 통일의 후유증을 어떻게 대처하고 있는가를 살펴보기로 한다.

1) 독일사회의 문제점

독일의 통일은 오래 전부터 기다렸던 독일국민이 소망이었다. 그러나 막상 통일이 이루어진 후 독일인의 대부분은 너무 갑작스레 이루어진 통일에 대하여 부담을 느끼고 있다. 그것은 갑작스런 체제변화에 따라 나타나는 동독과 서독의 문화적이며 경제적인 차이에서 오는 문제라 할 것이다. 독일 통일은 돌이켜보면 동독인들에 의하여 자발적으로 이루어진 자유선택과 자유를 지향하는 역사발전의 필연적인 법칙에 의한 것으로 이해된다. 그러나 통일은 기대보다는 더 많은 독일사회의 어려움으로 다가왔던 것이다.

그동안 독일정부는 동독의 경제재건을 위하여 연간 2,000억 마르크 정도가 필요할 것으로 보았으며, 2000년까지는 약 2조 마르크가 소요될 것으로 예상하였던 것이다. 이 때문에 이러한 재원조달과 동독의 건설을 위하여 그 당시 독일의 콜 정부는 소득세 7.6%의 인상과 여섯 가지 종류의 세금인상과 소위 통일세를 포함하여 세 가지 종류의 세제를 신설하게 된다. 이것은 마침내 정치적 쟁점이 되었고, 지나친 세금제도로 서독국민들의 생활이 이전의 생활보다 더 어려운 상황을 맞이하게 되었으며, 동시에 동독국민들의 생활수준의 개선에도 미흡한 결과를 초래하여 지난 1998년의 총선에서는 기민당(GDU)의 콜 정권에서 사민당(SPD)의 슈뢰더 정권으로 교체되는 변화를 겪기도 했던 것이다. 특별히 기존했던 서독의 실업률과 함께 구 동독의 심각한 실업율은 현재 독일사회가 안고 있는 가장 큰 통일의 후유증이라 할 것이다. 그러면 이러한 통일의 후유증의 원인은 어디에 기인한 것인가?

장은석 교수는 독일 통일에서 나타난 후유증을 진단한 그의 논문에서 다섯 가지 이유를 밝히고 있다. "첫째 동독이 붕괴된 상황에서 서독정부가 성급하게 동독을 흡수 통합하는 방식으로 통일을 추진하였기 때문이며, 둘째 자신들의 경제력을 과신하여 막대한 통일비용을 능히 감당할 수 있을 것으로 안이하게 판단하였던 것. 셋째 오랫동안 계속된 동서독의 교류에도 불구하고 서독이 동독의 경제실태를 제대로 정확하게 판단하지 못함으로써 오류를 범하게 된 것. 넷째 통일 이후 동독의 사회주의체제가 새로운 체제인 자유민주체제로 전환하는데 수반될 수많은 어려움을 과소평가하였던 것, 다섯째 서독정부가 사전에 구체적인 통일프로그램을 갖추지 못한 상태에서 성급하게 통일을 맞이하였던 것"227) 등을 언급하였다.

결국 이러한 서독정부의 판단착오에 의한 통일의 후유증은 구체적으로 양 독일지역의 국민들에게는 생활과 문화의 차이에서 파생되는 엄청난 심리적 갈등으로 나타나고 있는 것이다. 특별히 지난 분단의 45년은 동독인들에게는 인간의 기본권과 사유재산권 그리고 소유권이 박탈당한 채 공산당의 지도체제하에서 피동적인 삶을 살아왔던 동독인들의 사고방식이 문제이며, 그러한 생활은 이제 자유민주적인 사회적 환경에서 엄청난 경쟁력과 함께 자립적이며 책임적인 삶으로 적응되기에는 참으로 고통이 아닐 수 없다고 할 것이다. 그리고 이러한 문화의 커다란 이질감을 단시일에 극복한다는 것이 역시 문제였던 것이다. 아마도 독일 사람들이 말하고 있는 것처럼 독일의 완전한 사회통합은 한 세대가 지나가는 만큼의 긴 시간을 요한다고 해야 할 것이다. 여기서 얻게 되는 교훈은 통일이란 결코 정치적인 통합만으로 해결되는 것은 아니라는 점이며, 하나의 국민으로서의 그 동질성이 회복되기에는 오랜 시간을 요한다는 사실이다.

2) 교회의 통합에 따른 문제

국가의 통일이 이루어진 그 다음해 1991년에 '독일개신교회협회'는 '동독개신교회연맹'과 통일을 이루게 되었다. 역시 국가의 통일과 마찬가지로 교회의 통일에도 통합에 따라 파생하는 문제가 많았다고 할 것이다. 동독교회로 보아서 이것은 새로운 구조변화를 추구하는 개혁과 같은 일이었다. 이것은 교회의 통합에 따른 실제로 해결되어야 할 실제적인 일들이었다. 예를 들면 교회세 제도를 동독교회에도 확대 적용하는 문제와 종교수업을 학교교육에 적용하는 문제, 그리고 군목제도의 적용 등에 관한 것이었다.

(1) 교회세 제도의 적용

동독교회에서는 일찍이 교회세제가 폐지되었다. 동독정부는 국가의 세금을 징수할 때에 교회의 세를 함께 징수하여 교회로 넘겨주는 일을 하지 않기로 금지시켰기 때문이다(1952).228) 그 때문에 동독교회의 운영은 성도들이 자발적으로 내는 헌금에 의존해야만 했다. 이것은 연간 교회 수입의 약 40%에 해당하는 것이었다. 그리고 40%는 서독교회(EKD)가 동독교회의 목회자의 생활비를 보내온 것으로 충당한다. 그리고 10-12% 동독정부가 지원하는 것이었다. 물론 이 돈의 액수도 서독교회와 서독정부의 협조로 보내진 것에서 동독정부가 자기들이 지원하는 형식으로 교회에 전달된 것으로 알려져 있다.

이러한 다양한 재원에 의존했던 동독교회는 통일 이후에 동독의 교회들이 어떻게 자립적인 상태를 유지해야 할 것인지를 판단해야만 했다. 여기서 성도들의 자발적인 헌금에 의존하여 교회를 운영해야 할 것인지? 아니면 서독교회가 행하고 있는 것처럼 '교회세 제도'(Kirchensteuersystem)를 도입하여 운영할 것인지? 등에 대하여 결정해야만 했다. 그러나 이미 교회세제도의 도입에 대하여는 동·서독교회의 통합협정서 교회세 항목(9조 5항)에서 동독교회가 재정적인 면에서 자립되기 위하여 교회세 제도를 수용하는 것을 다루었던 것이다.229) 그리고 이러한 교회세 제도를 적용했을 때 목사를 비롯하여 교회에 고용된 직원들의 생활은 쉽게 안정을 얻을 수 있을 것으로 판단했기 때문이었다. 그러나 바로 이것이 동독교회들에서는 통일 후에 가장 큰 문제로 대두되었던 것이다. 막상 교회세 제도를 적용했을 때 동독교인들은 그 책임을 감당할 수가 없었기 때문이다. 그리고 이러한 교회세제의 적용에 따른 후유증이 마침내 교회의 통일을 이룬지 4년만(1995년)에 나타나기 시작하였다. 그것이 바로 상당수의 그리스도인들이 동독지역의 교회에서 독일교회를 탈퇴하는 파장으로 이어졌던 것이다. 상당수의 교인들이 동독지역뿐 아니라 서독지역에서까지 독일교회를 탈퇴하는 시련을 겪게 되었다. 이러한 근본적인 원인은 서독지역에서는 국가에 내는 소위 통일세가 교회에 지불하는 교회세의 액수에 상응하였고. 계속되는 국가의 의무인 통일세와 교회의 의무인 교회세 사이에서 한쪽을 희생해야 하는 현실적인 생활의 문제가 대두되었기 때문이다. 그리고 동독지역에서는 역시 날로 증가하는 동독지역의 실업자들로 교회세의 의무를 감당할 만한 여건이 형성되지 않았기 때문이다. 실제로 이러한 교회세 제도는 적어도 동독지역의 교회에 적용한 것은 교회정책의 실패였다고 할 것이다. 필자가 독일의 한 신학자와의 개인적인 인터뷰에서 확인된 것은 오히려 동독교회에는 자동적으로 징수하는 교회세 제도를 교회의 성숙이 이루어질 때까지 유보하고 교인들의 자유로운 헌금에 의한 방식을 그대로 적용했더라면 많은 수의 교인들을 잃지 않았으리라는 비판적 시각을 보이기도 했다

1992년 당시 '독일개신교회협의회'의 총 그리스도인 수는 약 2,890만 명에 이르렀는데, 이것은 1989년 보다 더 낮아진 수치로서, 그 가

운데 서독교회의 교인 수는 약 2,490만 명이었고 동독교회의 교인 수는 약 400만 명 정도였다. 이것은 독일 전 인구 약 8,000만 명 중 약 35.7%에 달하는 것이었다. 그리고 약 40%는 카톨릭교회에 속한다.[230] 그런데 결과적으로 이러한 교회세제의 적용은 동족지역의 교회들에서 많은 수의 그리스도인들을 놓치는 결과를 가져온 것이다.

(2) 학교에서의 종교수업의 재개문제

구 동독의 경우 종교교육은 반드시 교회에서 행햐여 했다. 그 이유는 학교교육에서는 정부당국의 공산주의 이념을 강화하는 교육이 실천되어야 했기 때문이었다. 그러나 통일 이후에 상황은 변화되었다. 교회는 다시금 학교에서 종교교육을 실천할 기회를 얻게 된 것이다. 그리고 각 주 정부는 종교교육을 새롭게 개편하고 강화하기를 시작하였다. 튀링겐(Thüringen)주는 1991년 3월 25일에 교육법을 개정하고 종교과목을 필수과목으로 도입하였다.[231] 그 외 나머지 4개의 주에서는 아직도 논의 중에 있으며 윤리교육으로 대체하려는 움직임도 나타나고 있다.

(3) 군목제도의 부활문제

1957년 '독일개신교회협의회'에 의해서 서독의 군대에 군목제도가 적용됐을 때 동독정부(SED)는 그 일에 대하여 맹렬히 비난하였고, 마침내 그것이 동독교회가 생겨나게 된 원인 중에 하나라고 한다.[232] 그 일로 동독에서는 교회가 군대와 관계를 맺지 못했으며 단지 동독교회는 그리스도인들의 징병을 거부하는 일에 시간을 보냈던 것이다. 그 결과 동독의 말기에는 병역의무 수행을 공익요원의 근무로 대체할 수 있었다. 그러나 통일 후에는 군목제도를 동독지역에 있는 군대들에게 어떻게 적용해야 할 것인지가 역시 논란되는 과정에 있다고 할 것이다.

3. 통일독일과 독일교회의 전망

하나의 통일을 이룬 독일과 독일교회는 통일 후에 나타나는 수많은 문제를 직면하면서도 그 모든 문제들은 통일 이전의 시련들과는 비교도 되지 않는 것들이며, 그 많은 통일의 후유증들은 하나 됨의 과정에서 필연적으로 겪어야 할 여진에 불과한 것으로 받아들이고 있다. 그리고 그동안 분단의 상징으로 보였던 국가와 민족과 교회의 통일을 이루었을 뿐 아니라, 세계 2차 대전 이후부터 서독이 보여준 민주국가로서의 발전과 특별히 현재 15개국으로 형성된 유럽공동국의 일원으로서 유럽과 함께 가는 구라파의 평화와 통일을 힘쓰고 있는 나라로서 그 모범을 보이기에 충분하다고 할 것이다. 여기서는 독일국민을 향한 독일교회의 재 선교의 노력과 구라파의 교회와 세계교회협의회와의 관계에서 나타나는 독일교회의 노력과 전망을 소개하려고 한다.

1) 독일국민의 재 선교를 위한 노력

독일교회는 동독교회와 하나의 교회로 통합을 이룸으로써 명실공히 일시에 많은 그리스도인을 확보하게 되었다. 그러나 지난 95년 이후부터 나타난 동독지역의 교회들에서 발생한 교회를 탈퇴하는 자들로 인하여 독일교회는 운영상의 많은 어려움을 겪고 있는 것으로 안다. 이 사건은 독일교회가 선교에 대하여 기본적으로 새로운 방향을 설정하게 하는 계기를 만들어 주었다. 임시적인 조치로는 교회가 운영하거나 지원하던 사회봉사의 기관들(병원, 학교, 양로원, 고아원, 유치원, 탁아소 등)을 민간단체로 넘기는 일이었다. 그리고 목회자들의 일자리 부족에 대한 해결은 한 교회에서 시무하거나 이웃교회에서 일하는 부부 목회자들은 모두 한 사람으로 통일하고 나머지는 다른 이에게 돌려주는 방식으로 해결해 갔다. 또한 급격히 줄어든 교인의 확보를 위하여 청소년들의 입교자를 위한 교육을 선교적 차원에서 강화하고 있으며 학교의 종교교육을 강화하고 있다는 것이다. 이러한 일들은 모두 독일교회의 전 국민을 향한 재 선교의 목표를 향한 노력들이라 할 것이다.

그러나 다원적인 구라파의 상황과 독일사회는 이전의 기독교 국가로서의 모습은 더 이상 교회의 이상이 되지 못하고 있다. 특별히 다원문화적 환경에서 기독교의 복음전파는 하나의 가치관의 전파로 상대화되고 있다. 이러한 사회적 상황과 관련하여 이제 소수의 교회가 되어버린 독일교회는 더 많은 복음선교를 위한 전략이 요구되며 새로운 방법이 요구되는 것이다.

2) 구라파의 교회와 세계교회협의회(WCC)와의 관계

'독일개신교회협의회'(EKD)는 원래 구라파의 교회들과 세계교회협의회를 통한 교회의 연합활동(Ökumene)에 적극적으로 참여한 교회 중에 하나이다. 참여 정도가 아니라 적극적으로 후원하고 이끌어 가는 주도적인 교회 중에 하나라 할 것이다. '독일개신교회협의회'는 동·서독교회로 나누어진 분단상황에서도 각각 독립된 교회로서 구라파의 교회연합과 '세계교회협의회'의 회원교회로 참여하고 활동했던 교회이다. 이러한 구라파의 교회와 세계교회협의회와의 연대 속에서 동독교회의 활동은 실제로 동독정부와 사회에 봉사하는 의의를 찾았던 것이다. 특히 1988년에 정의와 평화, 그리고 창조세계의 보존에 대한 '세계교회협의회'의 주제를 수용하고 구라파의 에큐메네 활동을 동독(DDR)에서 준비한 것은 잘 알려진 일이다. 그리고 독일의 통일도 이러한 구라파교회와 세계교회협의회와의 관계 속에서 이뤄낸 일이라 할 것이다.

특히 서독은 처음부터 '유럽공동체'(Europäische Gemeinschaft)를 형성하는 일에 불란서와 함께 주역을 담당하였었다. 그리고 통일된 독일은 이러한 유럽공동체 건설에 더 큰 역할이 기대되고 있다. 이러한 구라파 사회의 변화에 따라 독일교회는 1994년 3월 4일에 '세계교회협의회'의 위원회로부터 구주공동체 건설에 대하여 지지성명을 발표하였다.233) 그 이래로 '독일개신교회협의회'(EKD)는 유럽공동체와의 관계 속에서 선교전략을 계획하고, 1990년 9월 이래로 유럽공동국의 대표 행정부가 있는 브뤼셀(Brüssel)에 연락처를 개설하였으며, 또한 '독일개신교회협의회'의 총회는 1991년에 '유럽위원회'(Europaauschuß)를 만들었다.234) 1992년에는 '독일개신교회협의회' 산하의 봉사전문사역기관(Diakonisches Werk) 안에 '유럽봉사전담기구'(Europadiakoda)를 설치하였다.235) 이것은 구라파공동체와의 관계에서 구라파 전체의 교회들과 유대하며, 구라파의 전역에 복음사역을 위하여 노력하는 모습을 보여주는 것이다.

독일교회는 역시 '세계교회협의회'와의 관계도 긴밀한 관계 속에서 일하고 있다. 현재 '세계교회협의회'의 사무총장이 독일신학자 라이져(Konrad Raiser) 교수가 책임을 지고 있으며, '세계교회협의회' 내의 여러 위원회에는 6명의 독일교회의 대표들이 역할을 하고 있다. 그리고 독일 통일과 교회의 통일은 원래 '세계교회협의회'의 벤쿠버(Vancouver) 총회 때부터 교회의 통일과 일치의 문제가 다루어졌을 때 거기서 큰 영향을 받게 되었다.

3) 독일교회의 전망

'독일개신교회협의회'(EKD)는 독일국가와 민족을 위한 교회의 역할에서 이제 유럽과 세계교회를 위한 역할로서의 요청을 받고 있다. 그리고 이러한 요청은 유럽공동국(EU)의 탄생과 함께 독일은 하나의 독립된 국가가 아니라 구라파의 한 부분이라는 이해와 함께 본질적으로는 그리스도의 복음이 그리스도 안에서 하나가 되는 범세계적인 교회의 비전을 오래 전에 제시하고 있기 때문이다. 그리고 독일교회는 수많은 정치, 경제적인 이데올로기 가운데서도 그리스도의 복음진리의 파수꾼으로서, 또는 복음증거의 역할자로서(종교개혁과 세계선교), 그 사명을 충실히 감당해 왔기 때문이기도 하다.

현재 동유럽의 붕괴와 함께 오늘날 되살아나고 있는 급진적인 민족주의적인 이데올로기 가운데서도 독일교회는 지난 시대의 나치를 통한 경험과 함께 결코 민족주의적인 교회로서가 아니라, 구라파와 세계교회를 위한 모습으로서 그 복음적 사명의 역할을 준비하고 있으며, 또한 능히 그 역할을 감당하리라고 기대한다. 또한 이러한 복음의 성숙된 이해와 함께 독일교회는 그러한 복음이 요구하는 근원적인 역할과 또한 환경변화가 제시하는 구라파와 세계교회의 요청을 이미 오래 전부터 해왔다고 할 것이다. 또한 미래적으로도 21세기의 유럽과 세계교회를 이끌어가는 복음적인 교회로서의 역할을 하게 될 것을 믿어 의심치 않는다. 본 연구자는 이러한 독일교회를 보면서 하루 속히 한국교회도 이러한 독일교회와 아니 세계교회와 함께 민족의 통일 뿐 아니라 기독교 복음의 범세계적인 역할을 감당하는 한국교회가 되기를 희망한다.

V. 독일교회가 주는 한국교회의 통일노력을 위한 교훈

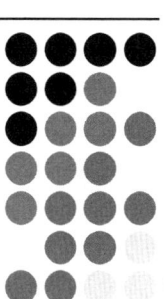

1. 한국교회의 연합과 일치에 대하여 주는 교훈
2. 남북한 교회의 교류와 연합의 활동 방안
3. 평화교육과 통일교육의 실천 방안
4. 세계교회의 각종 연합기구들과의 협력모색

V. 독일교회가 주는
한국교회의 통일노력을 위한 교훈

 이 부분은 본 연구의 마지막 부분으로 독일교회의 통일을 위한 노력이 한국교회의 남북통일을 위한 노력에 주는 교훈이 무엇인지를 찾는 것이다. 이것은 한국교회가 실제로 남북통일을 위하여 무엇을 어떻게 해야 할 것인지에 대한 선교 방법론적인 지혜를 찾는 일이다. 여기서 우리는 먼저 독일교회가 한국교회에 주는 통일노력을 위한 근본적인 교훈의 대원칙을 다음의 세 가지 관점으로 전제할 수 있을 것이다.

 첫째, '성령의 하나 되게 한 것을 힘써 지키라'(엡4:3)는 주의 말씀을 모범적으로 실천하고 있는 독일교회의 모습이다. 그리고 이러한 하나 됨의 정신과 책임이 이데올로기의 대립을 뛰어 넘어 그들 민족의 통일과 교회의 통일을 위하여 최선을 다하는 근원적인 힘이 되었던 것이다.

 둘째, 독일교회는 그리스도 복음의 핵심적 가치인 '화해와 용서'를 전 국민을 향하여 가르치고 교양함으로써 하나님의 의(義)와 평화(平和)가 무엇인지를 깨우칠 뿐 아니라, 마침내는 이데올로기의 대립을 극복하게 하고, 오히려 평화를 선호하는 의식의 성숙과 함께 동족에 대한 두터운 신뢰를 만들어 내었다는 점이다.

 셋째, 독일교회는 '네 이웃을 네 몸과 같이 사랑하라'하신 그리스도의 사랑에 대한 계명의 실천을 이데올로기의 정치적 대립을 뛰어넘어 그들의 동족을 향하여 실천하였다는 점이다. 이것은 서독교회가 동독교회를 향하여 물질적으로 지원한 것과, 그 외에도 여러 가지 동독주민을 향한 봉사적 활동과 지원이 통일될 때까지 지속하였다는 점에서 확인된다.

이러한 세 가지 관점의 대의를 전제하여 독일교회가 실천한 끊임없는 다양한 노력들은 마침내 독일 통일이라는 아름다운 열매를 초래하게 했다고 생각한다. 그러므로 한국교회는 이러한 세 가지 대 원칙에 근거하여 우리의 통일노력을 위하여 힘써야 할 것이며, 더 구체적인 방법들이 이러한 원리에 근거하여 착안되어야 할 것으로 생각한다. 그런 뜻에서 본 연구자는 다음의 네 가지 방안을 제안하는 것이다.

1. 한국교회의 연합과 일치에 대하여 주는 교훈

1) 한국교회의 전체를 통합하는 연합된 협의기구의 구성

한국교회가 서로 연합해야 한다는 것은 시급히 해결해야 할 과제임이 틀림없다. 무엇보다도 독일교회가 이러한 연합과 일치를 어떻게 이루어갔는지를 깊이 주목하고 그 지혜와 방법을 배워야 할 것이다. 특별히 1969년 동·서독교회가 분리되는 시련과 고통을 겪었지만 그러한 분단 속에서도 어떻게 양 교회가 관계를 유지하며, 이념적이며 정치적인 갈등 속에서, 특별히 냉전 이데올로기의 갈등 속에서 양 교회가 어떻게 처신하며 극복해 갔던가는 깊이 주목하고 교훈을 받아야 할 점이라고 본다. 그리고 독일교회가 하나의 교회로 통합된 연합의 힘이 그들의 민족통일과 국가의 통일을 이루었으며 국가의 통일 이후에도 즉각 동서독의 교회의 통일을 이루었던 것이다. 이것은 우리가 교회의 연합과 일치라고 할 때 교단의 역사와 전통을 포기하고 하나의 교단으로, 또는 하나의 교단의 통치기구에로 통합하는 것으로 생각하는데, 독일개신교협의회(EKD)는 전혀 그런 기구가 아니라는 점이다. 독일교회의 연합은 어디까지나 그들의 교회역사 속에서 생겨난 무려 25개 교단의 교파의 역사와 실존적 교회의 조직을 존중하고 있다는 사실이다. 더욱이 종교개혁의 역사에서 파생된 세 교파의 그룹(루터파, 칼빈파, 연합파)이 교리적 차이점에서 파생한 것이며, 오늘날도 이러한 차이는 그대로 존재한다는 것이다. 그럼에도 불구하고 독일교회가 하나의 일치된 교회로 연합한 것은 그리스도의 복음사역의 과제와 이웃과 사회에 대한 봉사, 그리고 그리스도의 복음적 진리의 보존과 이단방어의 과제성취를 위한 것이다. 그리고 교리적 차이는 인간이 만들어 낸 것이며, 그보다 더 우선하는 것은 그리스도의 하나 됨에 대한 명령이며 성령의 하나 되게 하신 것을 힘써 지키라는 그리스도의 말씀에 대한 순종이라고 믿고 있기 때문이다. 바로 이점이 한국교회가 독일교회로부터 크게 배워야 할 점이라고 생각한다.

물론 그동안 한국교회의 지도자들은 한국교회의 일치와 연합운동에 무관심했던 것은 아닌 줄 안다. 초대교회에서부터 여러 형태의 연합운동과 연합체들이 있었고, 해방 이전까지 장로교, 감리교, 성결교를 중심으로 선교사역의 연합운동은 활발히 전개되었던 것으로 안다. 그리고 오늘날 한국교회를 대표하여 세계교회협의회(WCC)의 회원교회로 역할 하는 기구는 소위 '한국기독교교회협의회'(KNCC)가 있다.

그런데 이러한 연합기구는 역사적으로 '조선기독교연합회'라는 이름의 조직체에서 출발된 것으로, 이 조직은 실제로 일제의 통치시대에 일본정부가 그 당시 조선교회를 일본교회와 합병시킬 목적으로 만들었던 단체로서, 그 단체를 만들게 된 동기와 의도에서 하나의 문제를 인식하게 된다. 왜냐하면 그 단체는 한국교회의 복음사역과 사회봉사와 진리의 수호와 신앙의 통일성과 표준을 형성할 목적에서 출발되기보다는 친일어용세력을 만드는 일에 공헌할 목적으로 만들어진 일본국의 정치적인 임의단체로 이해되기 때문이다.236) 그리고 오늘날에 이르러 한국기독교교회협의회(KNCC)는 영문자의 표기가 한국교회를 대표할만한 의미를 지니지 못하는 것도 역시 문제로 여겨진다. 물론 그 협의회에 현재 가입하고 있는 몇몇 한국교회의 6개 기존교단들이 있기는 하지만, 교회의 전체수에 있어서도 전혀 한국교회를 대표하지 못할 뿐 아니라, 그 기구의 이름 자체가 원래 '한국기독교연합회'(KNCC)라는 명칭을 사용하다가 1974년에 이르러 뒤늦게 기독교와 연합회란 말 사이에 '교회'라는 말을 첨가하여 '한국기독교교회협의회'로 명칭변경을 하게 된 것이다. 그 때문에 그 명칭은 한국교회 전체의 맥락에서 보면, 원래 다수의 보수교회와는 전혀 무관한 단체로 이해되었던 것이다.237) 본 연구자의 이해로는 '세계교회협의회'(The world council of church)는 어디까지나 전 세계의 교회들이 연대하여 복음 선교와 사회봉사를 주제로 세계교회를 돕고 있는 협의기구로 이해된다는 점에서 분명한 차이를 가진다고 생각된다. 그러므로 이러한 단체의 역사적 맥락을 따르고 있는 오늘의 한국기독교교회협의회(KNCC)는 과연 무엇을 목적으로 만들어진 것인지? 그 기구를 주도하는 지도자 자신들의 역사적의미의 정당성의 성찰이 요구된다고 할 것이다.

불행하게도 그동안 한국교회는 신학사상에 있어서 진보와 보수의 심한 갈등을 겪게 되는데, 현재 한국교회의 수많은 교파의 분열들은 이러한 갈등에서 빚어진 결과들이라 할 것이다. 이러한 신학사상의 극렬한 논쟁으로, 연합운동의 필요성을 절감하고는 있었지만, 한국교회(보수교회)가 하나 되는 별다른 협의체를 구성하지 못하다가 지난 1989년에 이르러 신학사상에 있어서 대체로 보수주의적 입장을 견지하는 한국교회의 여러 교단들이 북한선교와 남북통일에 봉사해야 할 사명을 깨닫고 '한국기독교총연합회'(한기총)라는 협의단체를 만들게 되었다. 그리고 현재 장로교의 합동측과 통합측을 중심으로 49개 교단이 가입한 최대의 협의기구로 형성되어 있다.[238] 또한 한기총은 지금까지 북한 선교와 북한교회와의 접촉에 적극적인 활동을 전개하고 있는 것으로 이해한다. 이것은 퍽 다행스런 일로 여겨진다. 더욱이 한기총은 한국기독교교회협의회(KNCC)보다는 더 많은 교회의 회원 수를 가지고 있기 때문에 한국교회의 대표로서의 기구는 어느 정도 그 정당성의 의의를 지닌다고 볼 수 있다. 그러나 그 기구의 명칭에 있어서 필자는 역시 의의를 제기할 수밖에 없는 것으로 판단한다. 왜냐하면 한국교회는 지금 '한국기독교총연합회'가 필요한 것이 아니라, '한국교회협의회'가 필요한 것이라고 생각한다. 한국기독교총연합회의 이해에서 보면 한국에 여러 기독교 단체들이 있는데, 그 단체들의 총연합이라는 의미만 나타나지, 과연 한국의 그리스도의 교회와 무슨 관계가 있는 것인지에 대하여는 교회에 대한 신학적인 정체성이 분명하지 않다는 말이다. 예를 들어 기독교적인 이름을 가진 그 어떤 단체라도 회원이 될 수 있다면, 과연 그 단체가 지상에 세워진 그리스도의 교회로서의 의의와 의미에 과연 상응하는 것인지, 그리고 교회와 일치하는 것이라고 말할 수 있는지가 질문인 것이다.

V. 독일교회가 주는 한국교회의 통일노력을 위한 교훈

그러므로 본 연구자의 제안은 기존 한국교회를 대표하여 활동하던 '한국기독교교회협의회'(KNCC)와 90년대에 새로 출발한 '한국기독교총연합회'는 명실공이 한국교회로서의 신학적인 정체성이 분명한, 그리고 한국교회를 대표하는 새로운 협의기구를 형성하는 방안이 추구되었으면 하는 마음 간절하다.239)

지난 1999년 3월 8일에 있었던 대한예수교장로회 합동측 교단과 통합측 교단이 분단 40년 만에 처음으로 화합과 일치를 위한 교단 대표들의 만남과 간담회, 그리고 기도회를 가진 것은 한국교회의 연합과 일치를 이루는 일에 크게 기여할 수 있는 하나의 역사적인 사건이며 그 대표적인 일이라 아니 할 수 없다. 그 때 발표되니 공동선언문은 양 교단의 역사적 만남의 의도를 잘 표현해 준 내용으로 판단한다.240) 그리고 한국교회의 가장 큰 교단들로 대표되는 장로교회의 합동측과 통합측이 움직인다면 21세기의 한국교회는 새로운 변화를 일으킬 것으로 기대될 뿐만 아니라, 복음선교와 사회봉사와 진리수호와 신앙의 가르침의 표준과 통일을 위한 막중한 과제성취를 위하여 가칭 '한국교회연합회' 또는 '한국교회협의회'(KCC: Korean Council of Churches)를 형성하는 일에도 크게 기여할 것으로 기대한다.

2) 대 정부와 대 북한과의 접촉을 위한 대화창구의 일원화

근년에 한국교회는 남북통일과 북한선교에 깊은 관심을 가지고 그 일에 봉사하려는 많은 일꾼들이 생겨나고 있는 것으로 안다. 이것은 지난 1988년 한국기독교교회협의회(KNCC)가 통일선언문을 발표하면서 한국교회가 통일에 관하여 깊은 관심을 갖도록 유

발하였으며, 1989년 베를린의 장벽이 무너지고 1990년에 독일 통일이 이루어지면서 우리의 남북통일에 대한 기대감은 전 민족적으로 생기게 되었으며, 교회 또한 북한선교와 관련하여 이 사역의 중요성을 크게 인지한 것에서라 할 것이다.

이러한 통일에 대한 기대와 북한선교에 대한 인식의 시대적 변화와 함께 그동안 개별적인 주도권에 의하여 북한선교와 남북통일에 기여하려던 여러 단체와 개인들의 노력이 활발했다고 할 것이다. 그러나 이러한 많은 노력들은 어디까지나 개인적이며 개별적인 활동으로, 오늘날에 와서 그 실효성보다는 많은 문제성이 나타나고 있는 것으로 여겨진다. 무엇보다 먼저 북한선교와 남북통일에 대한 중장기적인 계획과 전략에 따라 공동적이며 연합적인 모습으로 시도되어야 한다는 점이다. 지금까지 지나치게 개인적인 차원에서만 여러 시도들이 이루어지기 때문에 경쟁적이며, 전략과 계획에 따라 정보들이 교환되지 않아 많은 문제를 야기하는 일이 발생한다는 것이다

결국 우리의 힘이 개별적으로 분산되기 때문에 실효성을 거둘 수 없다는 데 문제가 있다. 그리고 북한당국과 소위 북한교회대표(조선기독교연맹)와의 접촉은 오히려 북한이 정치적으로 이용하고 있으며, 개별적인 방문과 만남을 허용하면서 엄청난 외화획득의 기회로 삼는 행위는 잘 알려진 북한의 전략이기도 하다. 그리고 저마다 어떤 성과를 이루어 다시 남한교회들에 와서 지원금을 얻기 위하여 선전하는 일들에서 오히려 비밀해야 할 일들이 노출되어 접촉하는 자들이 북한에서 재판을 받거나 사살되는 사건이 최근에 발생하고 있다는 말을 듣게 된다. 지금까지 추진되었던 개별적인 접촉과 북한당국과의 연계 속에

서 추진되는 여러 사업들은 모두 중단 위기에 처하게 되었다는 소식들은 한국교회의 북한선교의 전략을 새롭게 정비해야 한다는 판단을 갖게 해 주고 있다.

본 연구자는 이러한 문제들의 극복을 위하여 가칭 '한국교회연합회' 또는 '한국교회협의회'(KCC) 산하에 남북통일과 북한선교의 문제를 다루는 전문가들을 중심한 위원회 또는 전문상설기구를 설치하고 그 기구의 대표가 대 북한 접촉의 책임을 지게 하는 일이 중요하다고 본다. 그리고 이렇게 대 북한관계의 창구를 일원화함으로써 북한당국이 마음대로 이용하는 정치적 행위가 근절되게 해야 하며 그 접촉과 사업들에 소요되는 경비를 최대한 절감하는 효과를 거기서만 기대할 수 있을 것으로 판단한다.

참으로 연합을 통한 단일화 된 창구로 나아가면 그 협의기구를 절대로 무시하지 않는다는 점을 기억해야 할 것이다. 그런 점에서 북한교회와의 교류를 위한 대화의 창구 일원화는 시급히 이루어야 할 과제로 여긴다.

이것이 독일교회가 보여주는 모습이며 한국교회에 교훈하는 점이라 할 것이다. 독일교회(EKD)는 지금까지 그 교회 산하에 여러 기구를 두어 대 정부와 대 동독간의 일들에 정치적으로 대응해야 할 일에는 교회정치를 맡은 대표를 통하여 대변되게 했으며, 재정적으로 도와야 하는 일은 전적으로 '디아코니세스 베르크'(Diakonisches Werk)라는 봉사전문기관을 통하여 수행해왔던 것이다. 그리고 우리가 독일교회에서 배워야 할 것은 독일교회가 동독교회를 돕는 것은 어디까지나 동독에 있는 목사들의 생활비를 담당하고 교회를 유지하며 교회의 건물을 보수하고 건물을 짓는 일에 재정을 지원하였으며, 그리고 무상으로 가난한자들을 돕는 일이나 구제하는 일에 전적으로 협력하였지 그리스도 교회의 이름으로 공장을 세우거나 돈벌이 하는 사업체를 세우는 일은 행하지 않았다는 점이다. 이것은 복음전파의 사명과 이웃을 돕는 복음의 봉사가 교회의 책임이요 궁극적인 복음의 책임인 것을 실천한 것으로 이해된다.

역시 독일교회는 대 정부와의 관계에서도 교회의 대표를 교회의 대사 자격으로 정부의 행정부처가 있는 수도에 파견한다는 점이다. 그리고 이러한 창구의 일원화를 통하여 정부의 정책결정에 참고하도록 교회의 대 정부 건의와 문제해결의 지혜를 구하는 일에 자문한다는 것이다.

우리의 현 정부와의 관계도 역시 동일한 활동이 필요하며 요구된다. 현재 현 정부와 관료들, 그리고 우리 사회는 한국 개신교의 극심한 분열 때문에 개신교의 중요성을 그렇게 인정하지 않고 있으며, 국가적인 중요한 행사 때에도 대통령이나 정부 당국이 다른 종교의 대표자들은 초청하여 대화하면서도 한국 개신교의 대표는 누구를 불러야 할지? 또는 어느 교파의 누구와 대화를 해야 할지를 모르고 무시해버린다는 것이다. 이것은 한국 개신교회가 연합과 일치를 이루지 못한 데서 취급받는 결과라고 해야 할 것이다. 이러한 문제의 극복을 위해서도 연합과 일치는 필연적으로 요구되는 것이며, 대화의 창구일원화는 반드시 이루어져야 할 것으로 판단하며, 제안한다. 독일교회는 언제나 이러한 연합과 일치의 모습을 견지했기 때문에 대 사회와 대 정부 그리고 대 국가 간에도 만남과 접촉을 통하여 그리스도의 복음의 가치를 보여주며 인지하게 하는 대등한 역할과 활동을 감당했다는 것을 주목해야 한다.

2. 남북한 교회의 교류와 연합의 활동 방안

1) 북한교회의 실체 인정

현재 북한교회는 공식적인 국제적 모임과 대화의 자리에 항상 '조선기독교도연맹'의 이름으로 대표자들이 나온다. 그 대표자로 지금까지 강영섭 목사가 활동한다. 물론 우리가 잘 알고 있는 대로 북한교회의 실체는 북한당국이 정치적인 목적으로 만든 것이며, 어용적 활동의 대표자들이라 할 것이다. 그 때문에 어떤 목사는 이러한 '조선기독교도연맹'과 북한에 세워진 두 교회(봉수교회와 칠골교회)의 실체를 믿지 말아야 하며, 북한교회 대표인 강영섭 목사도 목사로 불러서는 안 된다고 주장한다. 그 이유는 바로 그들이 북한 정부당국의 어용단체들이기 때문[241]이라는 것이다. 물론 이러한 주장은 지금까지의 접촉을 통해서 그 어떤 가능성을 발견하지 못한 실망감 때문에 나타난 소리로 이해한다. 그러나 우리가 북한선교를 진심으로 희망한다면, 그 누군가와 접촉점을 가져야 하며, 그 접촉점의 다양한 형태를 통하여 하나님의 구원의 역사가 실재화 되도록 힘써야 한다는 것은 선교의 상식이다. 그 때문에 아무리 그가 다양한 정치적 가면을 쓰고 나온다 할지라도 우리는 공적으로 나오는 일을 방해하거나 무시해서는 안 될 것이다. 그것은 아직도 그 어떤 북한과의 선교적 접촉점을 발견하지 못한 상황에서는 더욱 그렇다고 해야 할 것이다. 그리고 우리가 그들을 교회로 또는 교회대표로 인정한다 해도 그것은 어디까지나 선교전략상의 문제이지, 그 일에 판단은 하나님이 더 잘 하실 것이라고 생각한다. 그러므로 조선기독교연맹과 그 대표들을 우리는 북한선교에 접촉점을 찾을 수 있는 유일한 가능성으로 알고, 우리는 그들을 언제나 그리스도의 사랑으로 만나고 대하며, 그들이 남한교회의 대표들을 만나 대화할 때 그리스도의 복음의 영향을 입도록 힘써야 할 것이다. "우리가 선을 행하되 낙심하지 말지니 피곤하지 아니하면 때가 이르매 거두리라"(갈 6:9)고 한 사도 바울의 말은 바로 이 일을 두고 한 그리스도의 복음으로 이해하고 싶다. 즉 우리가 북한교회와 그 대표들을 우리와 같은 그리스도의 구속의 은총을 이해한 신앙의 동질성을 확인했기 때문이라기보다 그러한 동질성을 만들어내실 하나님의 역사를 기대하면서 인정하자는 것이다. 그리고 그동안 '한국기독교교회협'(KNCC)는 북한교회의 대표들과 수십 차례 만나서 대화하며 남북통일의 문제를 주도해 왔던 역사를 우리는 부정적으로만 볼 것이 아니라, 긍정적으로 이해하고 그 대화에 합류하도록 해야 할 것이다. 오히려 앞서 제안한 것처럼 현재 한국기독교교회협의회의 공식기구로서의 이름은 퍽 제한적임으로 한국기독교총연합회와 다시 연합하여 명실공이 한국교회를 대표할 수 있는 새로운 연합기구를 형성하여 북한선교와 교류하는 노력이 필요하다고 생각한다.

독일교회가 보여준 일에서 한국교회가 교훈을 삼아야 할 것은 특별히 1969년 동독정부의 강요에 의하여 동독교회(BEK)가 독일교회(EKD)로부터 분리된다. 동독교회는 실제로 공산주의 이념과 사회주의 체제 안에서 살아남기 위하여 70년대에 이르러 '사회주의 속에 있는 교회' (Kirche im Sozialismus)라는 교회정치적인 성격을 발표하게 된다. 이것은 사회주의 속에서 살아남기 위한 동독교회 자체의 고도의 선교전략에서 제시된 것이다. 이것이 오히려 기독교진리를 공산주의 이념과 타협한 결과가 아닌가하여 많은 논의와 비판이 따랐다. 그리고 그러한 행동 안에서는 실제로 소위 동독정부(SED)의 끄나풀들이 있었으며, 앞잡이들이 활동했던 것도 사실이다. 그러나 사회주의가 지향하는 것과 기독교가 지향하는 것에서 공통점이 무엇인가를 찾아내어 그것을 중심으로 공산주의자들을 설득하며 우회적인 방법으로 기독교의 진리를 동서독교회가 계속적으로 전파하며 생존할 수 있었던 것이다. 그리고 그 후에 계속된 사회적인 문제로서 인권문제와 군비축소, 평화 등에 대한 주제들을 교회가 사회 윤리적인 책임감으로 문제를 제기하며 동독인들을 의식화했던 것도 사실은 인내하며 고도의 전술로 하나님의 역사의 때를 바라보면서 꾸준히 추구했던 동독교회의 선교정책이었다고 할 것이다. 동독교회의 모습은 결과적으로 그 당시 공산주의 이데올로기를 극복하는 교회의 선교전략과 지혜였으며 오늘의 독일 통일을 이루어내는 힘이었다고 평가한다.

필자는 한국교회의 북한과의 관계에서 선교의 접촉점(Contact Point of Mission)을 만들지 못하는 딜레마가 여기에 있는 것으로 이해한다. 즉 6.25동란이 일어나자, 대부분의 북한 교회의 지도자와 기독인들은 모두 종교의 자유를 찾아 남한으로 이주해 왔고, 북한 교회는 거의 텅 빈 상태가 되었던 것이다. 그래도 북한 교회와 성도들을 지키겠다고 머물렀던 기독신자들과 지도자들은 북한 공산정부의 박해를 견디지 못하고 거의 순교 당하게 되었던 것이다. 하지만 역시 질문은 왜 우리 한국교회는 동독의 교회처럼, 사회(공산)주의 체제 속에 거하는 기독교가 참으로 불가능했던 것일까? 하는 점이다.

그러므로 이전의 지나친 흑백논리식의 사고는 기독교의 복음의 진리를 신앙하는 우리에게는 극복되어야 할 것이며, 참으로 접촉점을 추구할 고도의 기독교 복음선교의 전략적인 지혜가 요구된다고 할 것이다. 사실은 오늘날 우리가 살고 있는 자유민주주의 체제하에서 그리고 다원 문화적이며 종교다원적인 상황에서 한국기독교와 교회는 그리스도의 복음을 어떻게 전해야 할 것인가에 대한 선교방법을 찾는 것과 북한선교의 전략과 방법을 찾는 문제는 역시 동일한 과제로 여겨지기 때문이다.

그런 뜻에서 필자는 북한교회의 실체를 하나의 가능성, 돋아나는 복음의 싹이라고 생각하고 잘 보호하고 관리해야 할 것을 제안한다. 오히려 그들에게 힘을 실어 주어서 그들로 하여금 북한 땅에 교회를 재건하게 하고, 그들의 손으로 복음을 전파하도록 전략과 방법을 구사하면 어떨까 하는 생각을 제안하는 것이다.

2) 북한의 지하교회(가정교회) 양성화를 위한 지원정책

한국교회는 연합된 대표적 기구와 대 정부와 대 북한선교를 위한 창구 일원화를 통하여 전략적으로 북한교회를 인정할 뿐 아니라, 북한에 음성적으로 발전하고 있는 지하교회, 또는 가정교회의 모임이 양성화되도록 지원해야 할 것이다. 소위 북한교회 대표자들과의 접촉을 통하여 정책적으로 교회설립을 위한 재정을 지원하는 일이 필요할 것이다. 앞서 말한 것처럼 그들에게 힘을 실어주어서 그들로 하여금 북한 당국을 감동하게 하고, 북한주민들을 감동하게 하여 하나님이 허락하시는 때에 모두가 돌아서도록 하자는 것이다. 이것은 마치 독일교회가 동독교회 목회자들의 생활비와 교회의 운영비와 주민들의 필요한 것들을 지속적으로 지원했던 것처럼 적극적으로 북한의 지하교회를 지원할 뿐 아니라, 그 교회를 양성화하는 정책이 시행되기를 바란다. 오히려 조선기독교도연맹의 대표들이

신학교를 세워서 지하교회의 지도자들을 양성하여 목회적인 책임을 지도록 하고 그 지도자들의 생활비를 한국교회가 책임지고 지원하는 형태를 취해보는 것은 어떨까 하는 것이다. 그래서 지하교회로 존재한다는 약 100여 모임을 북한교회로 양성화하는 선교계획을 추진해야 할 것으로 생각한다. 확실한 것은 아니지만 듣는 바에 의하면 한국기독교교회협의(KNCC)대표들을 만나서는 감동을 별로 받지 않는데, 복음적인 대표자들을 통해서는 흔들린다는 말을 간접적으로 들었기 때문이다. 그것은 아마도 한국의 KNCC보다는 한기총을 통하여 1995년 이래로 더 많은 도움이 베풀어진 것에 대한 반응으로 이해된다.

3) 한국교회의 북한 돕기 운동에 적극 참여

그동안 한국교회는 대북 수재지원에 많은 헌금을 모아 북한에 전달하였으며 또한 지금도 대북 식량지원에 한국교회가 앞장서고 있는 것으로 안다. 그리고 또한 한국교회의 대북 지원이 지나치게 여러 단체들에 의하여 혼란스럽게 이루어지던 것을 97년에는 북한동포 지원사업으로 창구의 일원화를 이룬 것도 퍽 다행한 일로 여긴다. 이러한 모습은 한국교회가 연합된 모습을 보여준 하나의 근거라 할 것이다. 이러한 일들은 앞으로도 계속 되어야 할 것이며, 역시 대 북한 창구의 일원화를 통하여 지속되어야 할 것이다.

그런데 지금까지 이러한 일을 행할 때 주의사항은 북한을 도우는 힘을 모으기 위하여 우리는 곳곳에서 선전하고 독려하며 북한의 실상을 알리는 홍보를 행해야 하는 어려움이 있었다. 그리고 그 때문에 지원을 받는 북한도 자존심을 상해하는 일들이 자주 발생하였던 것으로 이해한다. 그러므로 앞으로는 이러한 개인적 차원에서 행하는 일을 일체 중단하고, 구제하는 일을 개인적 실적 올리기와 이름 내기에 이용되는 도구가 되지 않도록 해야 하며, 한국교회가 연합기구를 통하여 한 주일을 북한돕기기금을 위한 선교헌금주일로 정하여 시행할 수도 있으며, 헌금하려는 자들은 언제나 정해진 구좌에 보냄으로써 상시적으로 연합회에서 지원사업계획을 세워 전달해 주는 일을 하게 하면 좋을 것이다

앞서 말한 대로 독일교회는 산하에 둔 봉사사역의 전문기구인 '섬김사역(Diakonisches Werk)'에서 그 일을 전문적으로 하게 하였고, 이 일에 독일정부가 보조하는 국비의 지원금도 포함되어 있었으며, 동독정부를 통하여 전달되는 이 돈이 동독의 환율로 바뀌어(그 당시 6:1 마르크) 동독의 마르크 액수로 지원했던 일은 잘 알려진 일이다. 그리고 동독정부가 거의 5/6를 착취함에도 독일교회와 독일정부는 그 상황을 알고도 문제 삼지 않았던 것은 그 도움마저도 정부의 방해로 중단될까 하여 비밀로 했다는 것은 역시 잘 알려진 일이다.

3. 평화교육과 통일교육의 실천 방안

1) 한국교회의 통일을 준비하기 위한 통일교육의 확대

동·서독교회가 보여준 통일의 노력에 대한 교훈의 중요한 것은 역시 그들의 평화를 실천하는 교육이었다. 독일교회는 그리스도의 복음이 보여준 화목의 가르침을 이웃과의 관계에서 실천하도록 교회의 성경공부와 설교를 통하여 일관되게 강조하였다, 그리고 이러한 교회의

복음전파를 위한 노력은 사회 교육에 영향을 주었으며, 특히 동서독 간의 정치적인 활동에 있어서도 영향을 주게 되었다.

이런 교육적 과제를 한국교회는 본받아야 하며, 역시 사회와 정치적 영역에서 실천되도록 노력해야 할 것이다. 특별히 한국교회는 성경이 가르치는 복음적 가치들, 즉 하나님의 의(義), 죄용서, 화해, 속죄, 화평, 사랑 등의 윤리적 가치들을 성장 세대들로 하여금 삶의 지혜로 철저히 익히도록 교육시켜야 할 것이며 이것이 하나님 사랑과 이웃사랑에 대한 계명의 실천으로 이어지게 해야 할 것이다. 그리고 복음 안에서 자유와 책임, 인격존중과 공동적 삶의 가치를 배우며, 특히 기독교 세계관의 이해를 통하여 다른 이념적 가치들(공산주의, 자본주의 가치관, 다른 종교적 이념 등)을 그리스도의 복음의 관점에서 올바르게 분별하고 판단하며 행동하는 능력을 길러주어야 할 것이다. 그리고 앞으로 북한교회와의 교류가 이루어지면 북한의 성장세대와의 접촉을 준비하는 것도 바람직한 일이라 여겨진다. 교회교육에서 북한교회의 주일학교에서 배우는 것들이 무엇인지를 미리 알아두는 것은 동질성 회복에 도움이 될 것이다.

특별히 독일교회는 독일 통일 이후에 교회의 교육정 방향과 목표를 어디에 두어야 할 것인가에 대한 질문에서 1996년 유네스코(UNESCO)의 21세기 교육을 위한 국제위원회의 연구보고서에 나타난 네 가지 관점의 교육적 지표를 독일교회의 교육의 지표로 삼아야 한다는 제안이 대두되었다.[242] 그 내용의 핵심은 21세기 인류를 위한 교육의 과제로서 첫째 확실히 알기를 배우는 것(Leaning to know)이다. 이것은 21세기에 전개될 고도의 지식사회와 정보화사회를 전망하면서 지적인 이해의 습득과 그것을 어떻게 삶에 적용해야 할 것인지에 대한 지식의 도구들의 활용을 전제한 것이다.243) 둘째, 행하기를 배우는 것(Leaning to do)이다. 이것은 인간의 삶을 이끌어 가는 기술의 자질을 습득하는 것을 말한다. 즉 이웃과의 관계에서 기본적으로 갖추어야 할 커뮤니케이션의 자질, 문제해결의 능력, 공동의 활동을 위한 자질, 충돌을 다스리는 자질, 즉 복음의 실천을 위한 자질의 형성을 목표한 것이다.244) 셋째, 함께 살기를 배우는 것(Leaning to live together)이다. 이 목표는 다른 이를 이해하는 자질의 습득과 다원문화와 다원종교의 상황에서 공동적인 목표를 찾아내는 것을 지향한 것이다.245) 넷째, 존재하기를 배우는 것(Leaning to be)이다. 이것은 사회성과 관련하여 고유한 개성의 개발에 역점을 둔 것을 말한다. 고유한 비판적 사고와 고유한 판단 능력을 발달시키는 것이 중요하다246)는 것이다. 그러므로 우리 한국교회와 사회교육도 이러한 관점의 방향에서 교육이 이루어져야 할 것으로 생각한다.

2) 기독교 학교의 평화와 통일교육의 실천

한국사회에서의 기독교 학교의 역할과 기능은 참으로 중요하게 여겨진다. 특히 남북통일을 준비하면서 기독교 학교들은 미래의 한국교회와 남북통일을 위하여 준비되어야 할 인재들의 교육이 여기서 기대되기 때문이다. 역시 내일의 통일의 시대를 맞이할 때 그 시대를 이끌어가야 할 주체들을 길러냄이다. 그리고 역시 기독교 학교들의 교육은 기독교적 세계관에 기초하여 모든 일반적인 가치들을 복음의 관점에서 해석하고 이해하며 파악하도록 길러줌에 있다. 특히 복음의 관점에서 다른 세계관과 이념들을 분별하는 능력과 자질을 길러줌에 있는 것이다. 이러한 교육이 성공하려면 역시 교회교육과의 깊은 연계 속에서 이루어져야 할 것이며, 교회가 가르치는 성경적 가치들을 배우고 익혀 하나님 사랑과 이웃에 대한 사랑을 실천하는 자들이 되도록 해야 할 것이다. 특별히 기독교 학교들을 설립하여 기독교세계관에 기초한 평화교육과 통일교육을 실천하여 통일시대를 대비하는 일꾼의 양성은 시급한 일이라 생각되며 북한선교를 위한 일꾼의 양성이라는 면에서도 중요한 일이라 생각된다.

3) 일반학교의 평화와 통일교육 실천

평화교육과 통일교육은 교회와 기독교 학교에서만의 일은 아니며, 역시 일반학교에서 먼저 사회 교육적으로 실시되어야 할 교육의 과제인 것이다. 이러한 윤리적으로 역시 자유민주주의의 가치관과 책임사회와 인격의 존중, 특히 자본주의와 공산주의의 가치관에 대한 분별력, 즉 이념비판적인 능력을 길러주어야 할 것이다. 특히 민족의식과 조국애, 그리고 북한동포를 사랑하는 마음, 공동체의식, 평화애호와 평화공존, 전쟁포기, 진리의 승리 등은 인격적으로 형성되어야 할 중요한 교육적 가치들이라 하겠다. 이것은 또한 통일을 준비하는 작업으로 중요하며, 통일 후에 다가올 혼란을 대비하는 작업으로 중요성을 가진다고 할 것이다. 현재 일반대학에 실시하고 있는 북한학 연구, 북한 바로 알기 등은 역시 통일의 시대를 대비하는 교육에 해당한다고 할 것이다.

4. 세계교회의 각종 연합기구들과의 협력 모색

한국교회는 남북통일의 문제와 관련하여 한국교회의 연합과 일치를 모색해야 할 뿐 아니라 역시 국제적인 교회협의회들과의 연대를 모색하는 것도 중요한 과제라고 본다. 한국 개신교회가 연합된 일치의 기구를 형성한다면 당연히 이미 설립, 활동 중에 있는 세계교회협의회(WCC)와 세계적인 복음주의자들의 모임에도 연대를 모색할 필요가 있다고 생각한다. 그리고 그 기구들과도 범세계적으로 연대하여 남북통일에 대한 정보를 교환하고 전략을 모색하며, 국제적인 협력을 얻어내는 도움을 받아야 할 것이다. 물론 한국교회의 연합과 일치는 언제나 신학 사상적인 차이점이 강조되어 아예 연대할 생각을 포기하는 경향이 있으나, 사상적으로 꼭 우리와 동일하게 때문에 연대한다기보다는 남북통일이라는 큰 과제를 성취하고, 그러한 노력이 마침내 북한 땅에 그리스도의 복음을 전하는 일에 유익과 그 길들이 모색되는 일이라면, 믿지 않는 정부와 북한 사람과도 접촉하면 세계교회협의회와 또 다른 국제기구들과 대화하지 않는다는 것은 지나친 부정적인 태도라 아니할 수 없다. 그러므로 마땅히 교류와 연대가 이루어져야 한다고 생각한다.

결 론

결 론

우리는 지금까지 독일교회의 연합과 일치가 독일 통일 전과 후에 미친 영향과 성과에 대한 연구 주제를 설정하고, 역사적인 정황을 실천적인 관점에서 살펴보았다. 그리고 나름대로 독일교회가 한국교회의 통일노력을 위하여 주는 교훈과 지혜가 무엇인지를 살펴보았다.

필자의 결론은 3가지 관점에서 한국교회의 통일노력은 지속적으로 이루어져야 하리라고 생각한다.

첫째, 한국교회는 독일교회의 확고한 연합정신과 일치에 대한 모범적 태도와 정신을 배워야 할 것이다. 그것은 독일교회가 어떠한 정치적이며 사회적인 시대적 환경변화 가운데서도 성경말씀대로 오직 성령의 하나 되게 하신 것을 힘써 지키라고 하신 바울의 말씀을 주님의 말씀으로 이해하고, 실천하였다는 점이다. 그것은 신앙의 책임인 것이다. 그리고 이러한 하나의 교회를 향한 책임적인 믿음은 마침내 28여년의 동·서독 교회의 분단을 극복할 뿐 아니라 45년 동안 나누어졌던 국가와 민족의 통일을 이루어 내는 확신과 저력이 되었다는 것이다. 이것은 역시 교회의 주인은 생명의 주인이신 예수 그리스도이며 교회를 하나 되게 하신 이는 오직 성령의 능력이었기 때문이다.

둘째는 독일교회는 동·서 냉전이데올로기의 가치혼돈 속에서도 '용서와 화해'라는 그리스도의 복음적이며 하나님의 말씀의 기본적인 가치를 확고히 붙들고, 이념대립의 극복을 위하여 끊임없이 만남과 대화를 시도하였고, 그것을 통하여 인격적인 신뢰를 보여 주었다는 점이다. 그리고 평화교육을 종교교육에서, 사회교육에서 학교교육에서 다음세대를 향하여 실천함으로 평화사상이 사회적으로 무르익도록 노력했던 것이다.

셋째는 독일교회의 연합과 일치의 힘은 다시금 그리스도의 사랑의 실천이라는 섬김의 정신으로 승화되었던 것이다. 일명 우리는 독일교회의 통일을 향한 노력을 '섬김의 신학'(Theologie der Diakonia)으로 대변할 수 있을 것이다.247) 이러한 독일교회의 섬김의 신학(정신)은 실적의 드러냄이나 자랑과 선전을 통하여 자기의 명예와 영광을 얻으려는 자본주의적 이데올로기에 편승된 것도 아니며, 하나님 나라에 부름 받은 주님의 백성들의 모임인 교회공동체가 마땅히 그리스도가 보여준 사랑을 이웃에게 실천하는 그리스도인의 삶, 그대로였다고 할 것이다. 이것이 그리스도인의 윤리적 가치관이요 교회는 그 모범이 되어야 한다는 점이다. 그러므로 막상 통일이 주어졌을 때, 독일교회와 국민들은 그 사건을 기적이라고 말할 수밖에 없었으며, 하나님의 선물이라고 고백한 것은 이러한 맥락에서만 이해될 수 있는 것으로 판단한다.

이러한 통일에 대한 독일교회의 연합에 의한 노력은 동·서독의 분단 초기에 벌써 양 정부를 향하여 외치는 일에서 시작되었으며, 복음의 화해의 정신으로 대화를 시도하였고, 분단이 지속되는 가운데서도 일관된 모습으로 대립하는 이데올로기와 정치적 상황을 극복해 갔던 것이다. 그리고 동·서독 교회의 분단이 이루어진 이후에도 양 교회는 끊임없이 양 정부와의 관계에서 긴장완화를 위한 만남과 대화를 시도하였고, 독일 통일에 대하여도 다양한 방법으로 지원하며 노력해왔던 것이다. 이러한 노력은 교회의 분단 이후에도 동독교회를 지원하는 관계를 통하여, 그리고 동독교회는 동독의 공산주의 정부와의 끊임없는 만남과 대화를 통하여 시도되었다. 그것은 마침내 기독교가 공산주의 이념에 적이 아니라 협력자라는 신뢰를 이끌어내었고, 또한 그러한 모습이 동독사회 내의 국민들이 더욱 교회를 신뢰하게 하는 관계로 발전하여 마침내 분단을 통일로 이끄는 저력이 되었다는 것이다. 그리고 이러한 신뢰심은 역시 독일이 사회적으로 자유민주주의적인 가치관과 삶의 공동적 책임에 관한 교육적 노력을 통하여 나치정권의 시대를 청산하고 더 이상 구라파의 주변국을 침략하고 약탈하며 괴롭히는 나라가 아니라 함께 더불어 생존해야 하는 나라로 미·소·불·영 등 구라파의 주변국으로부터 두터운 국제간의 신뢰를 또한 심어왔기 때문이다. 결국 독일 통일은 사회·정치적 관점에서 볼 때, 이미 2차 세계대전이 끝난 직후 서독과 불란서 사이에서 시작된 '유럽공동체'(Europäische Gemeinschaft)의 형성과 오늘날 15개국으로 연대한 '유럽공동체'를 형성하게 되었으며, 이것은 국제간의 신뢰를 주변국들과의 사이에서 쌓아간 결과였다고 할 것이다. 그리고 이러한 독일인의 신뢰는 오랜 기독교적인 역사와 전통 그리고 문화적 배경 속에서 자연적으로 생겨난 것이 아니라, 그리스도를 통한 복음적 가치에서 화해와 평화라는 기본적인 가치를 신앙 인격적으로 실천하고 있었기 때문이라고 생각한다. 여기서 우리는 독일교회와 독인 그리스도인들의 생활화 된 통일노력을 엿볼 수 있다.

결론적으로 이제 우리 민족의 숙원인 남북통일의 문제에 한국교회는 이제라도 깊은 사명감을 가지고, 여기 독일교회가 보여주는 이러한 교훈적 가치를 숙지하고, 지속적으로 통일을 향한 노력을 책임 있게 실천할 때, 불원간에 하나님이 우리 민족에게도 통일이라는 은혜의 선물을 기적 같이 베푸실 것을 굳게 확신하면서 이 글을 맺는 바이다.

각 주

각 주

1) 독일 통일에 대한 동독교회의 노력을 말하는 가운데는 라이프찌히 (Leipzig)의 니콜라이 교회에서 시작된 촛불 시위를 말하는 이가 많다. 이 일은 1983년 가을 50여명의 청년들이 라이프찌히 도시의 광장에서 촛불을 들고 나토와 소련의 미사일 대결에 항의한 무언의 평화시위였는데 해마다 수를 더한 사람들이 니콜라이 교회에 모였고 촛불을 들고 침묵으로 시위하며 평화와 통일을 위하여 기도했다고 한다. 89년 베를린의 장벽이 무너지기 1개월 전, 이 교회당에 많은 수의 시위대가 모였고 진압하려는 경찰과 군인들이 대치하면서 그들은 비폭력을 외치며 대립의 위기를 넘겼다고 한다. 이 기도회와 촛불시위의 모임은 베를린 장벽의 무너짐에 기여했을 뿐 아니라 무혈혁명을 통하여 통일로 가는 기적을 만들어 낸 근원이었다고 평가한다. 참고, 권오성, 독일통일과 교회의 노력, 고려글방, 1995. 47쪽 이하. 이러한 일은 동독의 여러 교회에서 이루어졌는데, 라이프찌히의 니콜라이 교회 외에도 베를린의 사마리아 교회, 겟세마네 교회가 그 대표적인 것들로 알려져 있다. 참고, 박명철 교수의 글 "독일 통일에 비추어 본 우리의 통일현실", 기독교사상, 1997. 6월호 47쪽 이하.

2) 독일교회는 1969년 동독정부의 강요에 의하며 독일교회협의회 (EKD)로부터 8개 지역교단이 나누어졌으며, 사회주의 속의 교회로서 동독교회의 독립적인 협의체가 '동독개신교회연맹'(BEK)이란 이름으로 분리되었던 것이다. 그러다가 통일 직전 1990년 1월 15-17일 로쿰(Loccum)에 있는 기독교 아카데미에서 양 교회 감독과 총무들이 한 자리에 모여 양 교회의 통합에 대한 비공개 협

의회를 가졌다. 그리고 통일 후 1991년 7월 코부르크(Coburg)에서 열린 통합총회에서 동·서독 교회가 독일교회로 통합되었음이 공식 선언되었다.

3) 현재 한국교회의 통일 노력에 있어서 한국교회의 대북 창구의 일원화가 큰 문제로 제기된다. 현재 한기총과 한국기독교회협의회(KNCC)의 대북 활동은 서로의 경쟁과 대립으로 그 어떤 유익과 효과를 초래하지 못하는 어려움에 대하여 비판받고 있다. 현재 남북나눔운동본부의 기획실장으로 역할하는 이문식 목사는 그의 "통일 운동을 위한 진보 보수 교단의 바람직한 관계"란 글에서 이러한 문제를 지적하고 있으며, 새로운 일치와 협력, 그리고 연대를 위한 통일운동 협의체 구성을 모색해야 한다는 입장을 발표한 바가 있다. 참고, 기독교사상, 1995년 7월호, 24쪽 이하. 그리고 민족통일연구원의 책임연구원인 허문영 박사도 그의 "한국기독교 통일운동의 발전 전략"이란 글에서 기독교의 대북창구 일원화와 통일된 기독통일협의회 구성의 필요성을 강조하고 있다. 참고, 기독교사상, 1995년, 7월호 48쪽 이하.

4) 니케아 신조는 콘스탄틴 황제에 의하여 345년에 개최된 최초의 종교회의 였다. 니케아 신조에는 역시 그리스도 안에서 하나인 교회의 일치와 연합을 표현해 주고 있다. 그리고 사도신경은 약 5세기경 익명에 의해 만들어진 것으로 알려져 있다. 그러나 그 내용이 간결하고 삼위 하나님에 대한 고백이 분명하며 그리스도를 통한 구원의 교리가 매우 성경적인 특징을 가진다. 로마교회가 사용할 뿐 아니라 종교개혁 이래로 프로테스탄트 교회가 적극적으로 사용하고 있다.

5) Evangelischer Erwachsenenkatechismus, im Auftrag der Katechismuskommission der VELKD, hrg. v. H.Jetter u. a., 5.

Aufl. Gütersloh, 1989, S.983f.

6) 고린도 교회는 바울의 복음적인 가르침을 혼돈하고 가르치는 자의 생각을 중심하여 그룹을 형성한 것이 교회분열의 문제였다. 오늘날도 가르침의 대립과 혼돈은 한국교회에서도 그대로 적용되어 수 없는 교파와 교단 분리의 원인이 되고 있다.

7) 성례는 말씀과 권징과 함께 그리스도의 교회를 나타내는 교회의 표지에 속한다. 특히 말씀과 성례와 기도는 성령이 은혜를 베푸는 도구로 이해된다. 참고, 대한예수교장로회의 헌법 12신조 제9항. 이러한 교리적인 이해를 전제하면서도 목회의 실제에는 성찬보다는 설교가 압도적으로 지배하는 교회가 바로 한국교회라 할 것이다.

8) 바울은 그의 선교 지역의 교회들에서 헌금을 수집하였고 그것을 예루살렘의 교회로 보낸 것은 역사적으로는 예루살렘 지역에 발생한 7년 흉년으로 고난당하는 예루살렘교회의 성도를 도운 사랑의 행위이며, 이것은 동시에 바울의 선교 지역의 교회와 예루살렘의 교회의 연합과 일치를 위한 노력으로 평가된다. 이러한 행위가 실제로 베드로를 중심한 예루살렘의 교회와 바울을 통하여 새로이 시작되는 선교지의 교회와 바울 자신과 그리스도 공동체의 일체감을 이루는데 크게 기여한 것으로 평가된다.

9) EEK, S. 985f.

10) 심창섭, 개혁교회 전통의 계승과 적용, 한국교회 성장정체 현안과 심층, 그 대안의 모색, 한국교회문제연구소, 1996, 솔로몬, p. 70.

11) Ruth Rouse and Stephen Neill, 종교개혁 이전의 분열과 일치, 에큐메닉스, 선교와 교회일치, 한국복음주의선교학회 편역위원, 성광문화사, 1988. 337쪽 이하

12) 행 15장은 최초로 예루살렘에서 이루어진 사도회의에 대하여 자

세히 알려주고 있다. 안디옥 교회에서 유대인 그리스도인들로서 율법의 할례를 받아야 하는 자와 목 매달린 짐승의 피를 마시는 문제와 우상제물을 먹는 문제의 해답을 위하여 바나바와 바울을 대표로 파송하였고, 사도회의는 복음적 차원에서 처음으로 안디옥 교인들이 어떻게 행동해야 할 것인지 그 신앙적 태도의 기준을 논의하여 결정해 준다.

13) Christian Link, u. a., Einheit der Kirche als prozeß im Neuen Testament heute, Benzinger und Reinhart, 1988, S. 76ff.
14) Ebenda. S. 76ff.
15) 안디옥과 알렉산드리아 학파간의 논쟁이었다. 아리우스는 안디옥의 루치안의 제자로서 활동했다. 서방교회의 지지를 받고 있는 아타나시우스의 견해가 더 수용된 것이다. 참고, K. Heussi, Konpendium der Kirchengeschichte, 1976, S. 95~96ff. Der arianische Streit(318-381) spielte vorwiegend im Osten, unter folgenreicher Anteilnahme des Abendlandes. Gegenstandes Stetes war das Problem der Gottheit Christi, näher die Frage, ob Christus während seiner Präexistenz Gott gleich oder ein Halbgott gewesen ist. Abgesehen von den Resten der Gnostiker und der Sabellianer standen um 318 immer noch mehrere Christologien nebeneinander. 1. Die Origenisten. im Orient die Mehrheit der Bischöfe. vertraten die Lehre vom subordinierten Logos. Ihnen Linken Flügen bildeten die Lucinianisten, die Anhänger des antiochenischen Presbyters Lucianus aus Samosata(Märtyrer 312) : sie faßten die Subordination des Logos noch schärfer als die orginistische Mehrheit. 2. Gegenüber stand eine um 320 noch unabgeklärte Strömung,

aus der die spätere, Orthodoxie, hervorging. Sie lehnte die philosophische Spekulation ab, behauptete die Einheit Gottes und die Gottheit Christi, verwarf aber den Sabellianismus, setzte also an die Stelle klaren logischen Erkenntnis das Begriffsmysterium(so im Orient die Fortsetzung der Kreise, die den alexandrinischen Dyonisius im Rom verklagt hatten, aber auch Bishof Alexand von Alexandria, sowie die Mehrheit des Abendlandes). Die originische und die lucianische Auffassung befriedighten die wissenschaftlichen Bedürfnisse, die orthodoxe Anschaaung aber entsprach der realistischen Erlösungslehre(die durch die Kirche Sakramente folgende substantielle Vergottung der Menschen ist nur möglich, ewnn der Stifter der Kirche selber substantiell voller Gott, $o\mu o o \upsilon \sigma \iota \varsigma$=substanzgleich mit dem Vater, ist.

16) 참고, K. Heussi, S. 99f.
17) EEK, S. 985f.
18) K. Heussi, S. 136-137.
19) K. Heussi, Ebenda, S. 185-189, Daniel B. Clendenin Eastern Orthodox Christianity, translated by Do-Nyoun Kim, pp. 62-66.
20) K. Heussi, Kompendium der Kirchengeschichte, Tübingen, 1976, S. 304. Karl V. besiegelte die konfessionelle Spaltung Duetschlands, er entschied die konfessionelle Geschlossenheit der duetschen Territorien, die sich zu Beginn des 19. Jhs. erhalten hat.
21) 1529년 독일 말부르그(Marburg)에서의 루터와 쯔빙글리와의 성

만찬 문제에 대한 대화는 구라파의 프로테스탄트 교회가 일치와 연합을 이를 수 있는 유일한 기회였으나 실패했다. 14개항에 합의했으나 마지막 성찬에 대한 신학적인 입장에 대하여 그들은 합의를 하지 못하고 나누어진다. 쯔빙글리는 은혜의 수단을 성경말씀에만 한정하여 성찬을 매주일 예배에서 행할 필요가 없는 기념적 사건으로만 보았으나, 루터는 은혜의 수단으로 매주 주일 예배에 말씀과 함께 있어야 할 사건으로 이해한 것이다. 그 후에 제네바의 칼빈과 쯔빙글리의 후계자인 불링거 사이에 스위스 교회의 연합을 위하여 1549년에 대한 Consensus Tigurinus에 서명함으로 스위스 개혁교회들의 연합과 통일이 이루어진 것이다.

22) K. Heussi, S. 315: Die Vereinigung der Schweitzer Kirchen wurde durch den Consensus Tigurinus(verfaBte 1549 von Bulinger) angebahnt, eine Verständigung zwischen Genf und Zürich über das Abendmahl, der die übrigen Schweitzer Kirchen beitraten. Der Consensus beruhte auf gegenseitiger Annährung beider Parteien.

Damit war die Einheit der schweitzerischen Reformation gesichert, aber auch der scharfe Bruch zwischen Calvin und dem duetchen Protestantismus eingeleitet. Galvin stand ursprünglich den duetschen Lutheranern sehr nahe. Aber der Zwist zwischen Melanchthon und den Genesiolutheranern und die Annährung Calvins an die Zwinglianer im Consensus Tigurinus führten zu einem neuen Abendmahlsstreit und zu bitterer Feindschaft.

23) K. Heussi, S. 315f.

24) Trient 종교회의는 세 차례에 걸쳐 18년간 계속된 종교회의였다.

1차: 1545-1549, 2차: 1550-1555, 3차: 1562-1563, Vgl. K. Heussi, S. 335-336.

25) Johannes Calvin, Unterricht in der christlichen Religion(Institutio Christianae religionis), übersetzt von Otto Weber ins Deutsche, 1963. S. 683ff. Das Thema des ersten Kapitels heißt es. Von der wahren Kirche, mit der wir die Einheit halten müssen, weil Sie die Mutter aller Frommen ist.

26) Otto Weber, Die Treue Gottes in der Geschichte der Kirche, Neukirchen. 1968, 김영재 역, 칼빈의 교회관, 풍만출판사, 1985, 195쪽 이하.

27) J. Bohatec, Calvins Lehre von Staat und Kirche, 1937, Nachdruck 1961, bes. 267ff.

28) Institutio, Ⅳ, 1, 2.

29) CR 51, 191.

30) CR 51, 520.

31) Otto Weber, 전게서 199쪽 이하.

32) 칼빈의 기독교강요 서문에 수록했었다.

33) 1539년 추기경 사돌레토는 제네바시에 공개서한을 보내고 그들에게 분파를 종식시키고 하나의 교회(가톨릭)로 돌아올 것을 재촉하였다. 제네바 당국은 칼빈에게 답장을 쓰도록 요청하였다. 칼빈은 6일만에 답장을 사돌레토에게 보냈던 것이다. 그 편지의 일부분을 여기 발췌하여 실었다. Lukas Fischer, Reformed Witness in the ecumenical Movent, 이형기 역, 개혁교회의 증거, 1996, 24-25쪽 이하. 참고, CR 5, 385ff. : OS Ⅰ. 457ff., CR 5, 409 ; OS Ⅰ, 482-483,

34) Otto Weber, 전게서 205쪽 이하.

35) 전게서 208쪽 이하.
36) 전게서 208쪽 이하.
37) Institutio, Ⅳ, 1, 12.
38) H. Schröer, u. a., Auf den Spuren des Comenius, 정일웅 역, 코메니우스의 발자취, 여수룬, 1997, pp. 213-218. 참고, Van der Linde, Die Welt hat Zukunft, 정일웅 역, 미래를 가진 하나님의 세계, 여수룬, 1999, p. 42. 참고, 보헤미아-모라비아의 형제연합교회는 원래 보헤미아의 종교개혁자로서 요한 후스의 후예들인데, 로마가톨릭교회가 이전에 후스를 이단으로 정죄한 것 때문에 베스팔리아 평화조약에서도 형제연합교회를 개신교회 중 하나로 인정하지 않았던 것이다.
39) 참고, 정일웅 역, 코메니우스의 범교육학, 여수룬, 1996. 코메니우스의 발자취, 여수룬, 1997, 코메니우스의 교육신학사상 연구, 21세기 한국교회와 실천신학, 여수룬, 1999, pp. 429~471, 미래를 가진 하나님의 세계, 여수룬, 1999.
40) 코메니우스 자신은 후에 화란의 암스테르담에 망명하여 거기서 화란의 개혁교회에 속하여 활동을 계속하게 된다. 이것은 그가 이미 독일에서 칼빈의 신학을 공부했던 것(Herborn u. Heidelberg 대학)과 관련하여 신학 사상적으로는 개혁주의 신학에 근거를 가지고 있었기 때문이다.
41) Vgl. Gunter R, Schmidt, Zur Frage nach den Grundlagen der comenianischen Pädagogik, in : Comenius-Jahrbuch, Bd. 7-1999, hrg. v. Deutscher Comenius-Gesellschaft, Hohengehren 1999, S. 47.
42) W. A. Visser't Hooft, The Genesis and Formation of the World Council of Churches, 이형기 역, 세계교회협의회 기원과

형성, 한국장로교출판사, 1993, p. 17.
43) 같은 책, 153쪽 이하.
44) 전게서, 154쪽 이하.
45) 참고, 전게서 154쪽 이하.
46) 전게서, 154쪽 이하.
47) EEK, 990쪽 이하.
48) EEK, 전게서 990쪽 이하.
49) EEK, 990쪽 이하.
50) EEK, 990쪽 이하.
51) Scherer, Stephen B.Bevans, S. V. D.(Ed.), New direction in Mission and Evangelization 1, Basic Statement 1974-1991. New York, 1992, pp. 253-259. 1. the Purpose of God. 2. the Authority and Power of the Bible, 3. the Uniqueness and Universality of Christ, 4. The Nature of Evangelism, 5. Christian Social Responsibility. 6. The Church and Evangelism, 7. Cooperation in Evangelism, 8. Churches in Evangelistic Partnership, 9. The Urgency of the Evangelistic Task, 10. Evangelism and Culture, 11. Education and Leadership, 12. Spiritual Conflict, 13. Freedom and Persecution, 14. The Power of the Holy Spirit, 15. The return of Christ.
52) Scherer, A. James, & Bevans, Stephen B(ed.), 전게서, pp. 276-280.
53) 전게서, pp. 292-305.
54) 정일웅, 21 세기를 향한 한국교회와 실천신학, 여수룬, 1999, pp. 157.
55) 정일웅, 전게서 p. 157.

56) 정일웅, 전게서, p. 157.
57) 정일웅, 전게서, p. 157.
58) 스위스 취리히에서는 훌드리히 쯔빙글리(H. Zwingli)가 활동하였고, 그의 뒤를 이어 불링거(Bullinger)가 활동하였고, 스트라스부룩에서는 말틴 부쳐(M. Bucer)가 있었으며, 루터의 사후에는 그의 제자였던 필립 멜랑히톤(P. Mealanchthon)이 활동하였고, 25년 후에 제네바에서는 요한 칼빈(Jhannes Calvin)이 등장하여 종교개혁을 이끌었다.
59) K. Heussi. Kompendium der Kirchengeschichte, Tübingen, 1956, S. 304f.
60) Ebenda, S. 355f.
61) H. Brunotte, Ebenda, 31ff.
62) H. Brunotte, Ebenda, 32ff.
63) K. Heussi, Ebenda, S. 425f
64) Ebenda, S. 428f.
65) Heinz Brunotte, Die Evangelische Kirche in Deutschland, Geschichte, Organisation und und Gestalt der EKD, Gütersloh, 1964, 22-23ff.
66) Landeskirche는 각 州의 이름을 따라 부르며, 독립된 교단을 형성하고 있다.
67) H. Brunotte, Ebenda, S. 24ff.
68) Theologische Realenzyklopädie, Bd. X, 1982, 657.
69) 1946년 1월 5일에서 13일 까지 27개의 개신교 연방국에서 당국의 대표와 베를린에서 회합을 가졌고, 독일개신교회의 새로운 총체적인 조직을 위한 기초를 만들게 되었다. 이 회합에서 의장은 M. A v. Bethmann Hollweg u. K. Grüneisen 등이 역할하였다.

TRE Bd. X, 1982. S. 657.

70) H. Brunotte, Ebenda, S. 40ff.

71) Ebenda, S. 41ff.

72) Ebenda, S. 41-42ff.

73) 1921년 9월 11-15일에 Stuttgart에서 개최된 '교회의 날'(Kirchentag)를 통하여 28개 회원교회들이 교회동맹을 위한 협약과 헌법에 동의하였고, 1922년 5월 25일 주님의 승천일에 마틴 루터의 무덤이 있는 Wittenberg의 Schloßkirche에서 서명하였다. 1924년 3월 31일에 바이마르공화국의 내무국에서 법적인 단체로 공인을 받게 되었다. 참고 H. Brunotte, Die Evangelische Kirche in Deutschland, 47ff.

74) 전게서 47f.

75) 마침내 1931년 '독일 그리스도인들'은 교회의 대표자를 선출하는 선거에 참여하여 60석 중에 5석을 차지하는 정치력을 발휘하였고, 그 조직을 다른 교회로 확대시켜 1933년 1월경에는 연방 지역의 주(州) 지방 선거에서도 30% 이상의 지지를 획득하는 성과를 거두기도 하였다.

76) 참고, 이신건, 독일고백교회 투쟁기에 나타난 칼 바르트의 교회이해, 신학사상, 제62집, 1988, p. 715.

77) 로이트호이져 목사는 그의 설교에서 "진정으로 예수를 믿는 독일인은 히틀러 운동에서 하나님 나라의 운동을 감지할 수 있었다. 교회가 있음에도 불구하고 능력과 영원과의 유대감을 상실해 버린 수백만의 독일인들은 히틀러를 통하여 다시금 하나님과 그의 나라를 믿는 법을 배웠다 … 예수의 영이 독일을 통하여 나타났고, 지옥의 권세를 압도하는 하나님의 나라에 대한 신앙이 출현하였다"고 진술하였다. 레플러 목사 또한 "우리는 영도자의 인물 속에서

독일을 역사의 주인 앞에 세우고 말의 예배로부터, 곧 레위인과 바리새인의 예배로부터 사마리아인의 거룩한 예배로 부르시는 하나님의 사자를 본다. 그러므로 우리는 그 분을 위한 목사가 되려고 결심한다"라는 진술을 하였다. 참고, 이신건, 전게서, p. 727. 재인용.

78) 특별히 여기 나치당을 통한 아리안 조항의 적용이 문제가 되었다. 이것은 히틀러의 이원주의적인 인종관에 근거한 것인데, 아리안과 유대족을 구별한 것이다. 그는 반셈족주의(Antisemitismus) 사상에 따라 유대인에 대한 탄압을 통치의 수단으로 삼았다. 교회에 대한 정책에서도 교회가 아리안의 세력으로 평가되느냐 유대인의 세력으로 평가되느냐에 따라 동지와 원수로 구분하였다. '독일 그리스도인들'이란 단체는 바로 히틀러의 아리안적인 기독교의 통일을 위한 주체세력으로서 이용된 운동이었다. 참고, 황우여, 국가와 교회: 독일을 중심으로, 육법사, 1982. p. 90.

79) 이 소집서에는 다음의 글이 쓰여 있었다. "우리는 고백하는 교회를 위하여 싸운다. 우리의 고백이 침해당하고 있는 것만으로는 족하지 않다. 교회는 구약성서와 신약성서에서 증거 된 십자가에 달리신 주님을 믿는다는 것을 고백하는 법을 새롭게 배워야 한다.", 참고, 이신건, 전게서, p. 730 쪽에서 재인용.

80) 니뮐러 목사와 그의 동료들이 서명한 고백문은 다음과 같다. "나는 말씀의 봉사자로서 나의 직무를 오직 성서와 그것의 바른 해석으로서 종교개혁의 신앙고백에 근거하여 수행해야 할 의무를 가진다. 나는 근거 없는 주장으로 그러한 고백들을 훼손하는 모든 시도에 대하여 저항할 의무를 가진다. … 이러한 의무에 따라 나는 기독교회 내에서 아리안 조항(Arier Paragraph)의 적용을 통해 그러한 고백들이 훼손되고 있음을 증언하는 바이다. 참고, Friedrich

Zipfel, 전게서, p. 40 재인용.
81) 이에 맞서 목사긴급동맹은 격렬하게 저항하였다. 목사직에서의 파면과 교육, 침묵의 강요 등 압력이 강화되었다.
82) 서석인 편저, 불멸의 저항자들: 반 나치스 운동의 기록, 명지, p. 91. 재인용.
83) 이 선언문을 작성하는데 주도적 역할을 한 신학자는 역시 그 당시 본(Bonn)대학 신학부에 조직신학교수로 있었던 칼 바르트(K. Barth)였다. 그는 원래 스위스의 국적을 가진 자였기 때문에 히틀러로부터 독일을 떠나도록 강요되었고, 그는 그의 고향인 바젤대학의 신학부에서 죽을 때까지 교수로 재직하였다.
84) 본 훼퍼는 신학자로서 히틀러의 나치 정권이 하나님을 대적하는 악마의 행위에 의분을 가졌고, 히틀러 암살단에 가담한 것이 사전에 발각되어 체포되었고, 2차대전이 끝나기 직전에 감옥에서 사형되었다.
85) 독일은 5월 8일에 연합국에 항복하였고, 그해 6월 5일에는 모든 독일영역의 통치권이 전승 4개국의 사령관들에게 위임되었다.
86) 이렇게 유럽을 두 개의 세력권으로 나눈 것은 강대국간의 평화적 공존을 위한 것이 아니라 군사적 점령선을 따라 형성된 것이었다. 중부유럽을 나눈 군사적 점령선이 독일을 가르게 된 것은 제2차 세계대전에서 엘베강을 기준으로 하여 동부지역(베를린 포함)은 소련군이 그리고 서부지역은 미국과 영국군이 점령함으로써 나타난 결과였다. 이 군사 점령선은 원래는 유럽에서의 대결이나 유럽의 분단을 의미한 것이 아니었으나, 1947-48년을 거치면서 점차 유럽의 분단선으로 발전하여갔다. 참고, 코넬리우스 폰 하일, 이삼열 역, 독일 분단상황과 교회의 사명, 기독교사상, 1984년, 7호, 196.

87) 스탈린은 전쟁에서 치룬 소련군의 희생대가로 동유럽을 해방시켰기 때문에 이들 동유럽 국가들은 소련에 대하여 우호적인 정부를 가져야 한다는 점을 주장하였다고 한다. 포츠담의 협약은 1945년 2월에 개최된 얄타회담의 결정을 그대로 반영한 회의로 알려졌다. 그리고 얄타회담에서 이미 소련과 폴란드의 국경선은 쿠르존 라인(Curzon Linien)까지 서쪽으로 이동되었고, 폴란드의 손실은 오데르나이세 강 이동을 독일영토로 보상받는다는 원칙이 확정되어 있었던 것이다. 이 결정은 마침내 동유럽과 유럽의 지역에 살던 1,300만에 달하는 독일인들이 황폐한 독일영토로 몰려드는 사태를 빚게 되었던 것이다. 참고, 이민호, 독일의 분단과 제 국면, 서울: 느티나무, 1991, p. 286.

88) 전승 4개국으로는 미국, 소련, 영국, 불란서를 포함한다.

89) 이주영, 김영자, 노명환, 김성형 공저, 서양현대사: 제2차 세계대전에서 현대까지, 서울: 삼지원, 1994, p. 20.

90) 리차드 스티븐슨 저, 이우형, 김준형 역, 미·소 데땅트론, 서울: 창문각, 1988, pp. 41-44.

91) 참고, 이주영 외 공저, 전게서, p. 30.

92) 독일 개신교회가 새롭게 탄생하는 일에는 거의 고백교회 출신자들에게 맡겨지게 되었다. 왜냐하면 패전 당시까지 독일 개신교회를 대표했던 인물들은 대부분 나치정권에 협조했던 민족적인 보수주의자들이었기 때문이다. 종전과 함께 고백교회의 출신들은 이들을 대신하여 교회의 공식적인 대표자와 지도자들이 되었던 것이다. 참고, 라인하드르 헨스키, 권오성 편역, 통일의 촉진자 독일개신교회협의회(EKD), 독일통일과 교회의 노력, 고려글방, 1995, p. 112.

93) Erwin Wilkens, Die Evangelische Kirche in Deutschland, in:

Weidenfeld Werner, Zimmerman Hardtmut(Hrg.), Deutschland Handbuch, Bonn : Bundeszentrale für politische Bildung, 1992, p. 185.

94) H. Brunotte, Die Ev. Kirche in Deutschland, S. 55ff.
95) 전게서, 55ff.
96) 참고, 전게서, S. 57-58. 이 총회는 1945년 8월 27-31일까지 트라이자(Treysa)에서 개최되었다. 위원회의 의장은 Landesbishof D. Wurm이었으며, 그의 대리자는 D. Niemöller 목사였다.
97) 주재용, 전게서, p. 16-17.
98) H. Brunote, 전게서, S. 64ff. 1945년 10월 18-19일 독일 개신교회의 대표들은 슈투트가르트에 모여 그들을 찾아온 세계각국의 교회 대표들 앞에서 죄책선언(Schuldbekenntnis)을 발표하게 된다.
99) 손규태, 독일교회는 화해와 평화의 창조자였다, 월간목회, 1992, 1, p. 96.
100) 이 발표는 1947년 8월 8일 독일 Darmstadt에서 발표되었다. 주제는 'Ein Wort des Bruderrats der EKD zum politischen Weg unseres Volkes', Dorothee Buchhaas Birkholz(Bearbeitet), Zum politischen Weg unseres Volkes: Politische Leitbilder und Vorstellungen im deutschen Protestantismus 1945-1952 Eine Dokumentation, Düsseldorf, Droste Verlag, 1989, pp. 104-106.
101) 라인하르트 렌스키, 전게서, p. 113.
102) Erwin Wilkens, 전게서, p. 185.
103) 독일개신교회협의회(EKD) 헌법 제1조 1항에 "EKD는 루터파교회, 개혁파교회 그리고 연합파교회들의 연맹이다"라고 명시되어 있다. 개혁파 교회는 역사적으로 칼빈파로서 이에 속한 주교회로는 릿페(Lippe)와 서부독일 개혁파 교회의 두 교단으로 형성되어

있다. 루터파와 개혁파의 연합인 연합파교회는 7개의 주교회로 구성되어 있으며, 5개의 주교회로 구성된 루터파교회와 함께 독일 개신교의 주류를 이루고 있다.

104) 주재용, 전게서, p. 9.

105) 주도홍, 독일통일에 기연한 독일교회 이야기, 기독교문서선교회, 1999, p. 73.

106) 참고, 황우여, 국가와 교회: 독일을 중심으로, 육법사, 1982, pp. 21-22.

107) H. Brunotte, 전게서, 독일개신교회협의회(EKD)의 기본법은 1948년 모든 지역교회로부터 수용되었고, 1948년 12월 3일부터 효력을 발휘하게 되었다. 브레멘 교회는 1953년 3월26일에 이르러 수용되었다.

108) 1933-1945까지 '독일개신교회'(Deutsche Evangelische Kirche) 라는 이름이 사용되었다. 이러한 이름은 독일국가사회주의가 '독일 그리스도인'(Deutsche Christen)이란 어용단체를 통하여 마치 '독일민족의 복음'(ein nationales Deutsches Evangelium)이 존재하는 것처럼 불신을 가져다 준 문제를 극복하기 위하여 Evangelische Kirche in Deutschland, '독일에 존재하는 복음적인 교회' 또는 '개신교회'라는 이름으로 바꾸게 된다.

109) Hrg. v. Dr. Merzyn, im Auftrag der Kirchenkanzlei, Das Recht der evangelischen Kirche in Deutschland, 3. Aufl. 1964, 제1조: "1. Die Evangleische Kirche in Deutschland ist ein Bund lutherischer, reformierter und unierter Kirchen. Sie achtet die Bekenntnisgrundlage der Gliederkirchen und Gemeinden und setzt voraus, daß sie ihr Bekenntris in Lehre, Leben und Ordnung der Kirche wirksam werden lassen". 독일개신교회협의

회(EKD)는 루터파, 개혁파 그리고 연합파는 각각의 역사와 전통을 가진 독립된 교회로서 서로 동맹관계로 연합된 것임을 명시하였다.

110) H. Brunotte, 전게서, 72ff.

111) 전게서.

112) 전게서, 73쪽.

113) 전게서.

114) 전게서, 74쪽 이하. 1948년 이 법이 제정되었을 때에 1848년에 J. H. Wichern하여 설립된 국내선교(Innere Mission)와 1945년에 E. Gerstenmeier에 의하여 자극된 복음적인 보조사역(Evangelisches Hilfswerk)과 구별해야 했다. 그러나 후에 발전을 거듭하여 1957년에 EKD의 기구로 통합되었다.

115) 전게서, 74-75.

116) 전게서.

117) Die Evangelische Kirche der Union(EKU) ist also eine Gliedekirche besonderer Art innerhalb der EKD; sie entsendet keine Mitglieder in die Synode der EKD und zahlt auch keine Umlage für den gemeinsamen Haushalt sie hat aber einen Vertreter in der Kirchenkonferenz. EKU는 EKD의 회원교회이면서도 EKD의 총회에 대표회원을 파송하지는 않는다. 그리고 재정 담당을 하지 않으며, 다만 교회 위원회에 대표를 파견한다.

118) EKD는 독일의 수도 Bonn에 교회의 전권대사를 파견하여 독일교회와 정부간의 긴밀한 대화를 나누게 하고 있다.

119) Brunotte, Heinz, Ebenda, S. 71f.

120) Ebenda, S. 84f.

121) Hrg. v. OKR. Dr. Merzyn, Kundgebungen, Worte u.

Erklärungen der Evangelischen Kirche in Deutschland 1945-1959, Verlag des Amtsblatters der Ev. Kirche in Duetschland, Hannover-Herrenhausen, 1993, S. 79f.

122) 전게서.

123) 전게서, S. 144-146: Kundgebung der Synode der Evangelischen Kirche in Deutschland für die Einheit Deutschlands, Elbingelode, den 10. Oktober 1952 ; "Noch immer klafft durch unsere Welt der Riß zwischen den beiden großen Machtgruppen, die sich in Angst und Haß gegenüberstehen. In unserem Vaterlande vollends hat sich der Gegensatz so verschärft, daß im Osten und Westen deutsche Streitkräfte ausgestellt werden, die gegeneinander eingesetzt werden können. ………중략……… Unseren Brüdern im Osten und Westen unseres zerfleißten und gequälten Volkes sagen wir: Es gibt keine Verzweiflung, auf die nicht Gottes Hilfe schon wartete ; es gibt auch keine Sicherheit, die Gott richt zerschlüge, der will. daß wir allein in seiner Gnade GewiBheit finden. Wir erinnern die Sichern an den. der sich für uns ans Kreuz schlagen ließ. die Verzweifelten aber an den seloben Herrn, den Gott von den Toten auferweekt hat …", S. 144ff.

124) 전게서, Kundgebungen, 1945-1960, S. 171f.

125) Wort des Rates und der Kirchenkonferenz der Evangelischen Kirche in Deutschland an die Berliner Außenministerkonferenz für die Wiedervereinigung Deutschlands, vom 12. Feb. 1954

Die in Berlin versammelten Mitglieder des Rates und der Kirchenkonferenz der Evangelischen Kirche in Deutschland

richten in dieser verantwortungsschweren Stunde das folgende Wort an die Außenminister der vier Großmächte:
1. Die Evangelische Kirche in Deutschland weiß aus ihrer Verbundenheit mit dem deutschen Volke, daß dieses unser Volk in Ost und West nichts sehnlicher wilnscht als die Wiedervereinigung Deutschlands. Wir sind überzeugt, daß der Friede Europas und der Welt gefährdet ist, solange die duetsche Frage ungelöst bleibt, Mit dem ganzen deutschen Volk bittet die Evangelische Kirche in Deutschland die Herren Außenminister, die Bemühungen um die Wiedervereinigung Deutschlands fortsetzen. bis ein für unsre Volk und die Welt fruchtbares Ergebnis erzielt ist. ···이하중략···

126) 전게서, S. 175. 이것은 1954년 3월 18일 Spandau에서 개최된 독일교회의 총회 때에 결정된 내용이다.

127) Entschließung des Rates der Evangelischen Kirche in Deutcshland zur Wiedervereinigung des deutschen Volkes. vom 3. Feb. 1955.

128) 1956년 6월 29일자 EKD 총회의 독일개신교협의회 통일에 대한 결의 제6항: Um der Einheit der Ev. Kirche in Deutschland willen sind deshalb folgende notwendigen Maßnahmen durchzuführen und ihre Verwicklichung zu erstreben.
　a) die staatlichen Stellen sind zu bitten, daß für den Verkehr und Austausch zwischen beiden Teilen Deutschlands Erleichterungen gewährt werden(Aufenthaltsgenehmigung, ungehinderte Ber ufssausübung. Austausch von Studenten und Professoren, Austausch in Predigerseminaren und

Pastorallkollegs, freier Zuzug von Amtsträgern) und daß die Einfuhr und der Austausch kirchlichen Schrifttums erfolgen kann:

b) die kirchliche Stellen sind zu bitten, dafür Soge zu tragen, daß die beideseitige Beteiligung bei Generalkirchenvisitation und Gemeindekirchentagen weiter ausgebaut und daß die Herausgabe eines gesamtkirchlichen Informationsdienstes insbesondere für die Synodalen und Kirchenleitungen der Gliederkirchen ins Auge gefaßt wird.

c) In dem der Synode zu erstattenden Bericht des Rates ist jeweils mitzuteilen, was in dieser Sache geschehen ist.

129) Vgl. TRE 17, 1988, S. 430ff. Für das Jahr 1955 erging jedoch der Aufruf des Zentralen Ausschusses für Jugendweihen in der Deutschen Demokratischen Republik vom 12. 11. 1954 an die Eltern ihre Kinder an der Jugensweihe teilnehmen zu lassen, und an die Kulturschaffenden, Lehrer und Erzieher, die Jugendweihe zu einem unvergeßlichen Erlebnis zu gestalten.

130) Ebenda, S. 431.

131) Vgl. Kundgebungen. S. 221-224. Beschluß der Synode der Evangelischen Kirche in Deutschland zur gegenwärtigen Lage der Evangelischen Kirche in der Deutschen Demokratischen Republik. Vom 29. July. 1956.

132) Ebenda, S. 221.

133) 최초의 '교회의 날'(Kirchentag) 행사는 1848년 9월 21-23일까지 루터의 종교개혁의 도시인 Wittenberg에서 개최되었다. 독일교회의 '교회의 날'(Kirchentag) 행사는 역사적으로 3단계의 과정을

거쳐서 오늘날의 것으로 발전되었다. 첫 단계는 1848-1872년까지이며, 둘째 단계는 1919-1930년까지이다. 그리고 셋째 단계는 1949년에서 현재까지이다. 이 교회의 날 행사는 1단계와 2단계 기간에는 매년 연례적 행사로 진행되다가, 1949년부터는 2년마다 한 번씩 개최하는 독일교회의 행사로 되어 있다. 그리고 평신도 중심으로 이루어진 것도 1949년의 행사 때부터라고 할 것이다.

134) EKD 자료.

135) 임상환, 독일의 평신도 운동, 기독교사상, 57호, 1962년 8월호, pp. 53-54. 재인용

136) Dirk Hoffmann, Karl Heinz Schmidt u. P. Skyder(Hrg.), Die DDR vor Mauerbau: Dokumente zur Geschichte des anderen deutschen Staates 1949-1961. München-Zürich, 1933. S. 89-90.

137) Vgl. Aktennotiz über die Auswertung des Evangelischen Kirchentages in Berlin im Politburo am 17. 7. 1951.

138) 이 단체의 청년들은 1년에 6개월 정도로 무보수로 일을 하게 되는데, 1944년 나치의 초토화 작전에 의해 거의 모든 집이 소실되었던 노르웨이 한 지역의 고아들을 위한 집을 지어주었다. 함메르페스트 근처의 한 지방에서는 교회를 지어주었으며, 네덜란드에서도 청년회관을 지어주었고, 프랑스 떼제(Taize)에 교회를 세웠고, 그리스에서는 독일 군대에 의하여 전소된 마을을 다시 복구시켰던 것이다. 참고, 이원제, 전게서, pp. 39쪽 이하.

139) Christoph Kleßmann, Zwei Staaten, eine Nation: Deutsche Geschichte 1955-1970. 1949년 10월부터 1961년 전반까지 서독 지역으로 도망하여 넘어 온 동독 주민의 총수는 2,691,000명에 이른다. 특히 1954년 이후로 고급인력의 대량 탈주가 이루어졌는데,

직업별 구성은 다음과 같다. 일반의사 3,371명, 치과의사 1,329명, 수의사 291명, 약사 960명, 판검사 132명, 변호사와 법무사가 679명, 대학교수 752명, 학교교사 16,724명, 그리고 엔지니어와 기술자가 17,082명 등이다. 이원제의 글 각주 60번, 41쪽 이하에서 재인용.

140) 독일교회(EKD)는 1958년 4월 29일에 군목협정에 관한 입장을 발표한다. Kundgebungen, 1945-1959. S. 271.

141) Heck, Thomas E., EKD und Entspannung: Dei Evnagelische Kirche in Deutschland und ihre Bedeutung für die Neuformulierung der Ost-und Deutschlandpolitik bis 1969, Frankfurt, 1996, S. 44f.

142) EKD, Nachdenken, zum Weg des Bundes der Evangelischen Kirchen in der DDR, EKD u. GEP, 1995, 22f.: Die Zusammenarheit mit der EKD wurde durch den Staat bis an die Grenze der Arbeitsunfänigkeit gezielt gehindert. Der Staat wollte die Trennung der in der DDR gelegenen Kirchen von der EKD und übte einen erheblichen Druck auf die Kirchen insgesamt und auf ein zelnen Leitungsmitglieder aus.

143) BEK의 교회헌법, 제4조 4항: "본 동독개신교회연맹은 독일의 전체 개신교에 대하여 '특별한 공동체'임을 고백한다. 교회연맹은 각각의 조직을 통한 파트너 관계의 자유를 통하여 이러한 공동체를 위한 책임 안에서 독일민주공화국과 독일연방공화국의 모든 교회들에 관련된 과제를 인식한다".

144) Die Evangelische Kirche in Deutschland bekennt sich zu der besonderen Gemeinschaft der ganzen evangelischen Christeaheit in Deutschland. In der Mitverantwortung für diese

Gemeinschaft nimmt sie die Aufgaben, die sich daraus ergeben, in freier partnerschaf mit dem Bund der evangelischen in der Deutschen Demokratischen Republik wahr. Erwin Wilken, op. cit., p. 189. 재인용.

145) 1960년 10월 4일 노동당 대회에서 행한 연설, edp. Dokumentation, Bd1, Witten, Berlin, 1979, 51쪽. 박명철, 독일통일에 비추어본 우리의 통일현실, 기독교사상, 1997년 6호, 45쪽, 각주 10번. 재인용.

146) 주도홍, 독일통일 전 동서독교회의 역할, pp. 27-29: Vgl. Wolfgang Thumser, Kirche im Sozialismus, Geschichte, Bedeutung und Funktion einer ekklesiologischen Formel, Tübingen 1996. W. Bindemann, Kirche im Sozialismus.

147) Schöder, Kirche im geteilten Deutschland, EKD Hanover, 1992. 비교, 권오성 편역, 독일통일과 교회의 노력, 고려글방, 1995, p. 149쪽 이하

148) 참고, 권오성, 전게서, pp. 149-150.

149) Hormann, Martin, Schwerter zu Pflugscharen, Die Friedensarbeit der evangelischen Kirchen in der DDR 1981-1982 - dargestellt an Beispielen aus derEvangelischen Kirche der Kirchenprovinz Sachsen, Berlin, 1998, S. 21-22.

150) 평화봉사단(Arbeitsgemeinschaft Dienst fur den Friedei)은 AGDF로 명명함.

151) Aktion Sühnezeichen(화해조성단)은 AS로 표기함.

152) 그 당시 야당이었던 기민당(CDU)의 비판이었다. 그러나 이 집회는 고도의 종교적 성격을 띠고 진행되었기 때문에 비판의 설득력을 잃고 말았다고 한다. 기민당은 계속해서 그 당시 집권당인

사민당(SPD)를 공격하게 되었는데, 수상 슈미트의 지도력 상실에 대한 비판이 가해지기도 하였다. 그 이유는 그 데모의 주요 연사 가운데는 에플러나 라폰테인 같은 사민당의 유력한 젊은 지도자들이 포함하고 있었기 때문이었다. 참고, 이원제, 전게서, 55쪽 이하.

153) 참고, 이원제, 전게서 56쪽 이하.

154) 프라이는 데모를 벌이기 한 주일 전에 있었던 인터뷰에서 "우리의 항거는 도적적 관심의 표현이지 어느 한 쪽을 편드는 것을 의미하지 않는다. 미국의 무기들에 대해서 뿐만 아니라 소련의 같은 무기에 대해서도 마찬가지다. 그러나 우리는 우리가 영향력을 미칠 수 있는 우리의 정부와 미국에 대해서 시작하는 것이다. 소련에 대해서는 다만 호소할 수 있을 뿐이다"고 하였다. 참고, 파울키트라우스, 편집부 역, '독일 개신교와 평화운동', 기독교사상, 1982년 5월호, 103쪽 이하.

155) 이러한 평화를 목표한 시위 운동은 1983년 10월 15-23일에 남독 쪽에서 그 절정을 이루었는데, 가장 극명하게 연출된 평화시위로는 슈투트가르트(Stuttgart)와 노리 우름(Neu-Ulm)이란 양 도시를 잇는 대규모의 인간사슬을 동원한 행사였다. 동원된 인원은 무려 15만 명에 이르렀고 인간사술의 길이는 약 60마일에 달했던 것으로 전한다. 참고, 이제원, 전게서 57쪽 이하.

156) Martin Homann, Schwerter zu Pflugschareir, S. 24f.

157) Texte im Hammer/Heidingsfeld, Die Konsulf atonpn, S. 345ff.

158) M. Hohmann, Ebenda, S. 26ff.

159) Horst Dähn(hrg.), Die Rolle der Kirchen in der DDR, Olzog Verlag, 1993, S. 162-163.

160) 이원제, 전게서.

161) 전게서, 59쪽.
162) 전게서, 59쪽.
163) 동독교회는 평화운동에 사용한 상징물인 '칼을 쟁기의 보습으로 바꾸자'라는 문구가 정부로부터 사용금지령이 내려지고 정부와 평화운동 그룹 사이에 대립이 고조되자 교회는 정치적인 중재의 역할을 하게 되었고, 마침내 1982년 9월 동독개신교회연맹은 총회를 통하여 그것들을 사용하지 않기로 결의한다. 참고, 이원제, 전게서, 59쪽.
165) 정하은, 동독교회의 평화운동, 세계와 선교. 제 88호(1994. 10), p. 10. 비교, 이원제, 전게서, 59쪽. 재인용.
166) 이원제, 전게서, 60쪽 이하. 비교, Roland Smith, op. cit., pp. 79-80. 60쪽 이하 각 주 89번. 재인용.
167) 이원제, 전게서, 각주 90번. 재인용. 비교, 정하은, op. cit. p. 13.
168) 이원제, 전게서, 61쪽 이하
169) B. Alsmeier는 Wegbreifter der Wende(독일 통일에 길을 넓힌 자들)이라는 그의 책에서 동독교회의 평화운동은 교회에 속한 순수한 그리스도인들에 의하여 주도된 운동이라기 보다는 오히려 사회윤리적으로 강한 책임을 인지하는 동독 내에 이미 자생된 비그리스도인들이 포함된 기초 그룹들(Basisgruppen)의 활동이었다고 소개하고 있다.
170) Vgl. Bernd Alsmeier, Wegbreiter der Wende, Die Rolle der Evangelischen Kirche in der Ausgangsphase der DDR, Centaurus, 1994, S. 23-26.
171) EKD, Nach-Denken, S. 33f. 이 책은 그 당시 동독의 일간지에는 헬싱키의 보도에 대하여 거의 침묵했지만, 동독교회는 교회를

통하여 그 회합에서 결정된 문서의 전문을 전 교회에 대대적으로 알려주었던 것이다. 그것이 동독교회 내에는 군비증강의 문제성을 파악하고 있었으며, 정보의 자유, 여론의 자유 그리고 여행의 자유 등과 같은 개인적인 인권의 실현의 문제들에 깊은 관심을 가지게 되었던 것이다.

172) Vgl. B. Alsmeier, Wegbreiter der Wende, S. 41-42. 참고, S. 31쪽 이하에도 역시 평화운동의 주도자들(Aktivitäten der Basisgruppen)이 교회와 동독정부(SED) 사이에 어떤 중재적 역할이 있었던 지에 대하여 자세히 설명해 주고 있다.

173) 참고. Hrg. v. Manfred Falkenau, Kundgebungen, Worte, Erklärungen und Dokumente des Bundes der Evangelischen Kirchen in DDR. Bd. 2, 1981-1991, S. 36-41.; Der Zentralausschuß des Ökumenischen Rates der Kirchen ist sich bewußt, daß dringend Maßnahmen zur Verhütung eines Atomkrieges und zur Umkehrung der Eskalation regionaler Konflikte ergriffen werden müssen, und richtet daher folgenden Appell an alle politisch Verantwortlichen :

A. Die Führer der beiden militärischen Blöcke sollten sobald wie möglich zusammenkommen, um ernsthaft Abrüstetungsverhandlungen sowohl für Atomals auch für konventionelle Waffen einzuleiten. Um diesen Prozeß zu erleichtern, sollen sie und andere Regierungschefs erwägen, welche einseitigen Abrüstungsmaßnahmen verant wortet werden könnten.

B. Die friedenserhaltenden Menchanismen der Vereinten Nationen und regionaler Organisationen sollten im Interesse von Vertrauensbildung und friedlicher Beilegung von Konflikten verstärkt werden Bereits eingeleitete Abrüstungsverhandlungen sollten neu belebt und intensiviert werden.

C. Um Spannungen zwischen Ländern abzubauen und Vertrauen zu schaffen. sollten die Atommächte gemeinsam eine Revdution im UN-Sicherheitsrat einbringen, die Landem, die sich zur Schaffung atoomwaffenfreier Zonen entschlißen, die volle Respektierung dieser Zonen garantieren würde … (S. 37-38)

174) Manfred Falkenau, Kundgebungen, Bd. 1, 1969-1980, Hannover, 1995, S. 361-369. Vgl. Eberhard Kuhrt, Wider die Militrisierung der Gesellschaft : Friedensbewegung und Kirche in der DDR, Melle, 1984, S. 125-131. 이러한 평화교육에 대한 기본 지침은 동독 개신교 지도부 회합의 위탁으로 BEK의 비서실 산하에 있는 '평화교육'(Friedenserzieung)을 담당한 'ad-hhoc 그룹'이 만들었다고 한다. 그리고 이 내용을 1980년 9월 12-13일 제69회 모임에서 지지를 받았고, 이러한 방향에서의 평화교육이 실시되도록 BEK의 회합에서 제시되었던 것이다.

175) 참고, Hrg. v. EKD, Nach-Denken, Zum Weg des Bundes der Evangelischen Kirchen in der DDR, GEP, 1995, S. 75-76.

176) EKD, Nach-Denken, 전게서, S. 76f.

177) Nach-Denken, 전게서, S. 67f.

178) 주도홍, 독일통일 전 동서독 교회의 역할, 1998년 기독교북한선교회, 37-44쪽 참고. 주도홍 박사는 서독교회가 동독교회를 위하여 동·서독의 분단 이후에 어떻게 재정적 지원을 했는지에 대하여 자세히 다루고 있다.

179) 주도홍, 전게서 39쪽 이하, 각주 106번 참고.

180) Hrg., K. E. Nipkow u. F. Schweitzer, Religionspädagogik, Bd. 2/2: 20. Jahrhundert, S. 199.
181) 참고, 전게서, 201 쪽 이하.
182) Hrg. v. Horst Dähn, Die Rolle der Kirche in der DDr, Eine erste Bilanz, München, 1993, S. 173ff.
183) Horst Dähn, 전게서 178쪽 이하.
184) 참고, H. Dähn, 전게서 175쪽.
185) 참고, H. Dähn, 전게서, S. 108f.
186) Vgl. Buhr/Klaus, 1976: Bd. 2, 944f., H. Dähn, 전게서, 181f 에서 재인용.
187) H. Dähn, ebenda, S. 184f.
188) Ebenda, S. 185f.
189) 참고, Hrg. v. M. Falkenau, Kundgebungen, Worte, Erklärungen und Dokumente des Bundes der Evangelischen Kirchen in der DDR, Bd. 1: 1969-1980, S. 361-369. 이 내용은 원래 1978년 7월에 평화에 대한 교육의 개념범주(Rahmenkonzept)라는 주제로 동독교회연맹 산하에 있던 Ad-hoc 그룹에 의하여 준비 제시된 것이며, 1980년 9월 13일에 동독개신교 지도부의 회합에서 찬성하여 동독의 전 교회에 알려지게 된 것이다. 이 내용은 평화교육의 과제와 내용과 상호 관련과 한계 내에서의 이루어져야할 평화교육의 평면 등을 개괄적으로 잘 요약하여 제시해 주고 있다.

Inhaltliche Schwerpunkte der Friedenserziehung
l. Friedenserziehung: eine schillernde Vokabel
Friedenserziehung ist heute ein allgemein anerkanntes und von den verschiedensten gesellschaftlichen, weltanschaulichen Kräften

gefördertes Anliegen. Die breite Zustimmung zur Aufgabe der Friedenserziehung aknn jedoch nicht darüber hinwegtäuschen, daß es bisher keine allgemeinverbindlichen Konsens über die Ziele und Inhalte gibt. Friedenserziehung hat Teil an der schillernden Mehrdeutigkeit, die den Gebrauch des Wortes Frieden in den politischen und ideologischen Auseinadersetzungen der Gegenwart kennzeichnet. So ist die inhaltliche Füllung und die pädagogisch-praktische Ausrichtung der Friedenserziehung davon abhängig, was unter Frieden positiv verstanden wird und was man meint. wenn mann von Erziehung spricht. Ob mit dem Wort Frieden z.B. vorrangig ein Zustand der Ruhe und Ordnung oder aber ein Prozeß bewußt Veränderung auf mehr Gerechtigkeit und Partizipation bezeichnet wird, ist für Selbstverständnis und Inhalt der Friedenserziehung von entscheidender Bedeutung. Ähnliches gilt im Blick auf die Weise, wie Menschen erzogen werden und wie sie dabei miteinander umgehen Ob z. B. ei Kind in der Familie, in der Schule oder in einer christlichen Gemeinde angenommen, angesprochen und am Geschehen beteiligt wird, ist als vorgängig Rahmenbedingung fär jede Erziehung in Richtung Frieder von Belang. Obwohl Familie, Schule und Gemeinde drei sehr verschiedene Erziehungs und Lernfelder sind, ist jedes von ihnen mit seiner besonderen Ausrichtung für die Friedenserziehung relevant. Von ihnen Inhalten wie von ihren Formen her ist die Erziehung zum Frieden nicht auf ein ein einzieges Modell festgelegt.

2. Friedenserziehung : ein lebensbegleitender Prozeß.
190) 참고, EKD, Nach-Denken, 전게서, 83쪽 이하. 소련은 이전에 1953년 6월 17일, 1956년 헝가리 침공, 1968년 체코의 침공했던 일을 생각하면, 1988년의 동구권에 대하여는 완전히 외면한 상태였다.
191) 참고, 이원제, 전게서, 54쪽 이하.
192) 참고, 전게서, 54쪽 이하.
193) Bernd Alsmeier, Wegbereiter der Wende, Getaurus, 1994, S. 46f.
194) 전게서, S. 47f.
195) 전게서, S. 47f,; Zur Chronik der Fluchtwelle, vgl. im einzelnden Fischer Weltalmanach Sonderband DDR, 1990: S. 138-142.
196) 전게서, S. 48f.
197) B. Alsmeier, Wegbreiter der Wende, S. 49f.
198) Alsmeier, Ebenda, S. 49f.
199) EKD, Nach-Denken, 전게서 S. 86f.
200) EKD, 전게서, S. 87f.
201) William J. Everett, Die Kirche in der Wende: Die Schlüsselereignisse, 1988-1989, Neue Öffentlichkeit in neuem Bund Theologische Reflexion zur Kirche in der Wende, FES, 1992 Heidelberg S. 3-24. 권오성, 독일통일과 교회의 노력, 고려글방, 1955, 199쪽 이하. 참고, 이원제, 전게서, 68쪽 이하.
202) Heino Falke, Gesellschaft und Kirchen der DDR im demokratischen Wandel Bericht vom März 1990, Wieviel Religion braucht der deutschland Staat?, Gültersloh, 1991,

23-38. 참고, 권오성 편역, 독일통일과 교회의 노력, 고려글방, 1995, 61-62쪽이하.
203) 전게서, S. 87.
204) 중국식 해결이란 1989년 천안문광장에서의 민주화운동을 위한 시위대를 등소평 정권이 군인과 탱크를 앞세운 무차별 폭력으로 진압한 천안문 사건을 두고 하는 말이다.
205) 이원제, 전게서.
206) 김영종 역, 독일통일의 배경, Erwin Ka Scheuch u. Ute Scheuch, 종로서적, 1992, pp. 187-188.
207) 루마니아식 해결책이란 미움받은 최고위급 간부를 바꾸어 회유하는 정책이다.
208) 김영종 역, 전게서, pp. 217-218.
209) 김국신 외, 분단극복의 경험과 한반도 통일 1: 독일편, 한울아카데미, 1994, p. 30.
210) 김영종 역, 전게서, pp. 217-218. 참고, 이원제, 전게서, 71쪽 이하에 재인용.
211) 권오성, 독일통일과 교회의 노력, 38쪽 이하.
212) 권오성, 전게서.
213) 이 원탁회의는 일종의 입법회의로서 동독사회에서 새로이 생겨난 정당들과 여러 단체들이 참가한 것으로 알려져 있다. 독일자유노조연합(2), 군소좌파연합(2), 사회민주당(2), 지금민주주의시민운동(2), 새로운 광장(3), 녹색당(2), 독립여성연합(2), 민주개회당(2), SED 후신 민사당(3), 소르브(동독의 소수민족) 원탁회의(1), 농민상호부조연합(2), 기민당(3), 독일민주농민당(3), NDPD(3), LDPD(3) 등, 훗날 다른 그룹들이 추가로 여기에 등록하였다. 이원제, 전게서, 72쪽 각주 107번 재인용, Gert-Joachim Glaessner,

전게서, p. 59.
214) 권오성, 전게서.
215) 윌리암 존슨 에버레트, 독일통일과 변혁기의 교회, in: 권오성, 독일통일과 교회의 노력, 고려글방, 1995, 205쪽 이하: "원탁회의는 나에게 최상의 것이었다. 거기서는 공개적으로 발언하였고, 민주적으로 결의하였다. 그것은 우리 모두가 할 수 없었던 것이었다. 교회 내에서는 그럴 수 있었지만, 그것은 하나님의 섬일 뿐이었다. 독일 통일사회당/민사당(PDS) 대표들과 군인들과 함께 앉아 있는 자리에서 내가 자유롭게 발언할 수 있으리라는 것을 나는 도무지 상상할 수 없었다. 아무도 말을 막지 않고 누구나 경청했다. 노회장 리제벨씨가 그 원탁회의를 책임지고 있었고 아주 잘 이끌어 갔다. 회의할 때, 사회자는 카톨릭 여신도였는데, 그 사람도 자기가 맡은 역할을 뛰어나게 잘 해나갔다". 참고, Neuenhagen의 Sybille Reu와 인터뷰한 글에서 인용함, Richter und Zylla, Hrg., 1991, 200쪽.
216) 중앙원탁회의에 참여하여 주도적인 역할을 한 분들은 예를 들면, '중앙원탁회의'에는 동독교회(BEK)의 베를린 주교단 감독인 포르크(Gottfried Forck)와 총회의장은 슈톨페(Manfred Stolpe), 그리고 평의회 의장 크루쉐(Günter Krusche) 등이 베를린 시장 크라크와 당서기 샤보프스키와의 대화를 통하여 조직한 것으로 알려져 있다. 참고, 윌리암 존슨 에버레트, 독일통일과 변혁기의 교회, in: 권오성, 독일통일과 교회의 노력, p. 206.
217) 이기백 편역, 329일 독일통일, Horst Teltschik의 외교비사일지, 한마당, 1993, 44-45쪽 이하. 참고, 이원제, 전게서 p. 75, 각주 111번에서 재인용. 제1조항: 동독에 대한 즉각적인 지원, 제2,4조항: 동·서독간의 협력 강화, 제3조항: 동독의 자유선거 실시, 집권

당(SED)의 권력 독점종식, 계획경제폐지, 제5조항: 단일 연방 창설을 목표로 한 두 국가 간 연합구조형성, 제 6,7조항: 유럽전통과 유럽공동체 내에서의 양독 관계 발전, 제8조항: 유럽안보협력회의의 역동적 추진, 제9조항: 군축, 군비통제의 지속적 추진 등.

218) 독일연합파는 기민당, 독일사회동맹 그리고 민주개화당의 연합 등이 연합한 정당이었다. 최다의석인 총 400석에서 192석을 차지하게 되었다.

219) 동서독교회협의회가 로쿰에서 발표한 공동선언문(1990년 1월 15-17일). 참고, 권오성, 독일통일과 교회의 역할. 고려글방, 1995, 235-238.

220) 권오성, 전게서, 235-238: "동독의 변혁에 있어서 기독교 교회가 감당했던 역할에 대해 동서독 여론들은 높은 평가를 하였다. 그 중에 몇 가지를 여기서 거론한다면 '평화를 위한 기도회 중보의 예배, 교회당의 대화모임, 여러 교단 총회 성명서, 에큐메니칼 대회, 그리고 특별히 수많은 교회 직원들과 교인들의 개인적인 참여 등이다."

221) 권오성, 전게서, 235-238.

222) 독일의 분단 이후, 그리고 정치적 압력에 의하여 두 교회로 분리 되었을 때에 동·서독의 교회는 서로의 관계를 하나의 '특수한 공동체'(Eine besondere Gemeinschaft) 또는 하나의 '특별한 유대관계'로 명명하여 관계를 이어갔던 것이다.

223) 참고, 권오성, 전게서, pp. 235-236.

224) 월리암 존슨 에버레트, 권오성, 전게서, p. 2210.

225) 이규성, 독일교회의 통일, 그 역사적 과제, 복음과 상황(1991, 9/10), pp. 154-157.

226) Ossi는 동독지역의 독일인들을 부르는 말이며, Wessi는 서독인

을 부르는 말이다. 한국적으로는 경상도, 전라도 사람을 구별하여 칭하는 것과 비슷한 말이다.

227) 장은석, 독일통일에서 무엇을 배울 수 있는가?, in: 통일연수원, 통일문제이해, 1994, p. 331.

228) 현재 독일교회가 적용하고 있는 '교회세 제도'(Kirchensteuer)는 교회의 합의에 의하여 교회에 속한 모든 세례교인들은 직업을 가질 때 그 수입에서 국가의 세금과 함께 교회가 정한 교회세를 의무적으로 지불해야 한다. 이것을 국가는 세무행정을 통하여 교회세 징수에 협력한다. 국세를 징수하면서 함께 교회세를 거두어 속한 교회의 재정구좌로 넘겨준다. 이 세금제도는 개인이 자유로 결정하는 것이며, 이 제도를 거부하는 것은 곧 독일교회의 소속을 포기하는 것이다.

229) 참고, epd, Dokumentation 43호, 1990, 56-58쪽

230) Hrg. v. Wolf Dieter Hauschild u. Erwin Wilkens in Verbindung mit Hermann Barth u. Joachim Mehlhausen, 119./120. Jahrgang, Kirchliches Jahrbuch für die Evangelische Kkche in Deutschland, 1992-93, Gütersloh, 1996 : S. 478-479.

231) 교육법 제18조는 다음과 같다: "종교 수업은 모든 공적인 학교의 정규과목으로 한다. 국가의 장학권에 관계없이 종교 수업은 교회나 종교적인 공동체의 기본 규정들에 따라서 시행한다 … 종교 수업에 참여하는 문제는 학부모 또는 14세 이상의 학생들이 결정한다. 종교 수업에 참여하지 않는 학생들은 세계관에 있어서 중립적인 형태를 취한 윤리과목을 들어야 한다".

232) 참고, Müller-Kennt(1990), 80-82, 99-105쪽, 권오성, 전게서, 215쪽 각주 75번 재인용.

233) Hrg. v. Hauschild, W. D. u. Wilkens Erwin, Kirchliches

Jahrbuch für die Evangelische Kirche in Deutschland, 1992-93, p. 129.

234) Kirchliches Jahrbuch 1992-93, Ebenda, 124.

235) Ebenda, S. 124f.

236) 참고, 이덕주의 글, 한국교회 연합운동의 역사적 맥락, 기독교사상, 1996년 4월호, pp. 15-16. 이 단체는 1938년 5월 8일에 조직되었다. 그리고 일본의 한일합장을 위한 정치적 도구를 위하여 만든 '조선기독교연합회'를 효시로 1943년 5월 '일본기독교조선장로교단'이 창설되고, 곧이어 1943년 8월 '일본기독교조선감리교단'이 만들어 진다. 그리고 1945년 7월에 '일본기독교조선교단'이라는 단일 '프로테스탄트' 교회의 조직체가 만들어 진다. 해방 이후에 교회의 연합의 필요성을 인지한 몇몇 지도자들에 의하여 '일본기독교조선교단'의 간판을 바꾸어 '조선기독교단'으로 만들고 남부대회를 소집하였고(1945. 9), 1946년 9월에 조선기독교단은 다시금 조선기독교연합회로 발족한다. 이것이 오늘의 한국기독교교회협의회(KNCC)의 모체가 되었다. 이덕주의 글, 전게서, pp. 17-18.

237) 김소영 목사는 기독교사상에 발표한 그의 글 "한국교회 연합운동의 어제와 오늘"(1994. 4. p. 49)에서 1970년에 이르러 한국기독교연합회(Korean National Christian Council)가 교단이 참여하는 협의체로서 '한국기독교교회협의회'로 이름을 바꾸었다고 언급하였다. 그러나 영문표기는 전혀 바꾸지 않고 그대로 KNCC를 사용함으로 실제로 한국교회가 중심이 된 모임으로 보기가 어렵다. 우리말 이름만 바꾼 것이지 실제는 바뀐 것이 없다. 더욱이 한국교회의 보수적 신앙을 가진 대다수의 교단들은 KNCC의 신학적 방향의 지나친 진보적 성격 때문에 거리를 두고 있다.

238) 참고, 제10회 총회보고서, 한국기독교총연합회, 1999, 1월 발행

자료.
239) 필자의 생각은 두 기구의 공식명칭이 한국기독교교회협의회, 또는 한국기독교총연합회라는 이름을 가짐으로서 어떻게 보면 그 정체성이 분명하지 못한 것으로 여겨진다. 왜냐하면 한국기독교교회협의회나, 한국기독교총연합회라는 이름은 한국교회와는 관계없는 기독교의 여러 단체들의 협의기구, 또는 연합기구로 느껴지기 때문이다. 그러므로 독일교회협의회(EKD)나 세계교회협의회(WCC)는 그 정체성을 분명히 그리스도의 교회에 두고 있다는 것을 이해해야 할 것이다. 그리고 한국교회협의회(KCC), 또는 한국교회총연합회(KWCC) 등의 이름으로 새로운 협의기구의 탄생이 바람직한 것으로 본다.
240) 참고, 장로교 화합과 일치를 위한 포럼, 1999년 3월 8일, 교육문화회관, 자료집. 그리고 장로교 화합과 일치를 위한 선언문, 선언문 내용은 다음과 같다:
[장로교 화합과 일치를 위한 선언문]
우리는 새로운 천년대로의 전환기인 21세기의 길목에서 온 인류와 세계교회가 지나간 천년동안의 분열의 죄악을 회개하고, 일치에 관한 구체적이고 가시적인 시도들과 함께 새로운 천년을 살아가도록 초대하시는 하나님의 음성을 듣는다. 이 같은 하나님의 시대적인 부름에 응답하기 위하여 우리는 먼저 하나님의 말씀과 예수 그리스도의 삶과 사역의 빛 아래서 그리스도인 각자의 양심을 점검하고, 이에 상응하는 실천을 위한 새로운 기독교 정체성과 교회의 역할을 모색해야 할 책임이 우리에게 있음을 절감한다. 대한예수교장로회 합동교단과 통합교단은 성령의 감동하심을 따라 이같은 시대적 부름에 응답하여 1959년 양 교단이 분열된 이후 40년의 세월을 반성적으로 회고하고, 화합과 일치를 위한 새로운 계

기를 모색하기 위하여 '장로교 화합과 일치를 위한 포럼'을 개최하였다. 우리는 이 포럼이 지난 40년간 반목과 질시와 분쟁에도 불구하고 양 교단 사이에 진행된 화합과 일치를 위한 역사적 여정에 일보를 내딛은 이 포럼을 마치면서 우리는 겸허한 자세로 우리의 여정을 삼위일체 하나님께 위탁하며, 다음과 같은 공동의 확신과 비전을 선언한다.

하나, 우리는 장로교 화합과 일치운동에 있어서 하나 됨의 의미는 근본적으로 복음에 근거한 공동의 소명을 실현하기 위한 운동의 방향성에 있으며, 궁극적으로 이것은 일치와 갱신의 영이신 성령의 능력에 의해 보증됨을 믿는다. 우리는 이 운동이 하나의 초대형 교단의 형성을 목표로 하는 운동도, 교회들 간의 제도적 일치를 협상하는 운동도, 그 어떤 특정한 교회론적 신념을 전파하기 위한 운동도 아니며, 다만 교회들 간의 대화, 협력, 공동의 증언이 교회의 머리되신 그리스도께서 기초하고 있다는 신앙고백에 따라 그리스도 안에서 하나의 참된 교회를 이루어 가는 운동임을 선언한다.

하나, 우리는 장로교 화합과 일치를 위하여 "그리스도는 우리를 그 분 자신의 적으로 삼으셨고, 그 분은 나뉘어져 있지 않다"는 기독교 공동의 신앙고백을 오늘 우리의 신앙고백으로 삼는다. 우리는 그리스도의 참된 교회의 지체가 된다는 것이 특정 교단의 지체가 되는 사도적이며, 거룩하며, 보편적인 교회에 갖는 상관관계를 우선적으로 중요하게 고려할 것을 선언한다.

하나, 우리는 장로교 화합과 일치를 위하여 공동의 기억이 터

위에서 공동의 소명을 실현하는 교회를 지향하며, 그리스도 안에서 개혁신앙을 토대로 일치와 갱신을 실현하는 교회가 될 것을 선언한다. 우리는 상대방 교회 안에 참된 교회의 요소가 있음을 인정하고, 이 세상을 향한 교회의 사명에 대해 서로 다른 상황에서 주 예수 그리스도로부터 함께 배우기를 추구하며, 서로 간의 연대성을 인정하므로 형제자매 관계에 부적합한 행동은 하지 않으며, 이 땅 위에서 함께 그리스도의 몸을 세우는 전인적 관계를 맺어나갈 것을 다짐한다.

하나, 우리는 장로교 화합과 일치를 위하여 하나님의 화해의 대상이 단지 교회뿐만 아니라 전 인류와 모든 창조세계까지를 포함하고 있다는 성례전적 신앙고백과 비전을 가지고, 교회의 일치와 갱신, 인류공동체의 치유와 구원이라는 두 가지 선교적 관심을 하나로 묶는 화해와 구원의 삶에 대한 공동의 청사진을 제시하기 위해 노력할 것이다. 이를 위해 우리는 전 교회가 전 세계를 향하여 전 복음을 공동으로 증거하는 일에 함께 참여할 것을 선언한다.

하나, 우리는 장로교 화합과 일치를 위하여 공동예배를 드리므로 서로 다른 교회들 속에서 하나님께 드려지는 다양한 고백의 형식과 내용들 발견할 뿐만 아니라, 삼위일체 하나님께 대한 하나의 믿음을 발견함으로 교회적 경계를 넘어서 하나로 역사하시는 하나님의 신비를 체험하는 공동의 기회를 확대해 나갈 것을 선언한다.

하나, 우리는 장로교 화합과 일치를 위하여 고립된 선교나 전도에 종사하여 타 교단과 경쟁하거나 개종을 시도하기보다는 교회의 선교를 다른 이들과 함께 나누는 공동의 책임으로 인식하므로, 각각의 장소에서 모든 장소에서 교회들의 공동관심사에 참여하므로, 예배와 선교의 통전을 이루어 내는 일치운동을 전개할 것을 선언한다.

하나, 우리는 장로교 화합과 일치 운동 안에 있는 교회들의 친교가 추상적이거나 정적이거나 교회 지도자들 사이의 공식적인 접촉에 국한되는 것이 아니라, 오히려 역동적이고 관계적인 실체이며, 모든 교회들을 하나님의 백성으로 포괄하여 복음에 대한 공동의 헌신에 이르도록 하기 위한 것임을 선언한다. 우리는 이 운동에 참여하는 모든 교회들이 동등한 가치를 지닌 참여자로 인정되어야 한다고 믿는데 이는 모든 교회들을 친교로 부르는 조건이 교회의 규모나 지원이 아니라 그리스도 안에 있는 교회의 신분이기 때문이다.

하나, 우리는 장로교 화합과 일치가 교회들이 그리스도 안에 있는 온전한 일치를 이루기 위하여 성례전적 친교를 더욱 강화하고 자신들의 경계를 넘어서 그리스도 안에 있는 일치의 충만함으로 나아올 때만 실현될 수 있음을 선언한다. 우리는 교회들이 이 같은 친교에 참여하므로 더욱 깊고 값진 상호헌신의 자리로 나아갈 수 있도록 창조적이고 책임적이며, 비판적인 관계성 앞에 서로를 개방하도록 도울 것을 다짐하면서, 장로교 화합과 일치를 위한 여정에 더 이상의 후퇴는 있을 수 없음을 선언한다.

아버지께서 내 안에 내가 아버지 안에 있는 것 같이 저희도 다 하나가 되어 우리 안에 있게 하사 세상으로 아버지께서 나를 보내신 것을 믿게 하옵소서(요 17:21). 하늘에 있는 것이나 땅에 있는 것이 다 그리스도 안에서 통일되게 하려 하심이라(엡 1:10).

주후 1999년 3월 8일 장로교 화합과 일치를 위한 포럼 참가자 일동

241) 김중석, "조선기독교도연맹은 교회인가", in : 북한교회에 대한 연구, 동평양노회 북한재건위원회 발간, 1993, pp. 50-60.
242) Hrg. v. Eckert Schwerin, Hans-Hermann Wilke, Aufbrüche und Umbrüche, Zur pädagogischen Arbeit der evangelischen Kirchen seit der Wende, Evang-elische Verlagsanstalt, 1998, S. 72-89.
243) 전게서, S. 73.
244) 전게서, 73.
245) 전게서, 73.
246) 전게서, 74.
247) 주도홍, 독일통일에 기여한 독일교회 이야기, 기독교문서선교회, 1999, pp. 139. 주박사는 이것은 원래 헝가리 교회가 실천했던 방식이었으며 무신론적인 공산주의를 이기는 방법이며 또한 독일교회가 교회의 연합과 일치의 힘으로 나타낸 그 실천은 섬김의 신학에 있었다고 생각한다. 독일교회의 동독교회를 향한 재정적 지원은 바로 그 산 증거라 할 것이다.

참고문헌

참고문헌

1. 외국어 서적

- Alsmeier, Bernd, Wegbereiter der Wende, Die Rolle der Evangelischen Kirche in der Ausgangsphase der DDR, Centaurus, 1994.
- Beck, C. H.(Hrg.), Frieden Stiften, Die Christen der Abrüstung. Eine Dokumentation, München, 1984.
- Barth, K., Rechtsfertigung und Recht, Zürich, 1938.
- Barth, K., Christengemeinde und Bürgergemeinde, Zürich, 1946.
- Bassham, Rodger C., Mission Theology: 1948-1975 Years of Worldwide Creative Tension Ecumenical, Evangelical and Roman Cathlic, william Cary Library, 1979.
- Beier, Peter, Die Sonderkonten Kirchenfragen, Sachleistungen und Geld zuwendungen an Pfarrer und kirchliche Mitarbeiter als Mittel der DDR-Kirchenpolitik(1955-1989. 90). Göttingen, 1997.
- Besier, G., Zum Beginn des theologischen Gesprächs zwischen der EKD und der russischen Orthodoxen Kirche nach dem 2. Weltkrieg. Ev. Th 46/1986, 73-90.
- Besier, Gerhard, Die evangelische Kirche in den Umbruchen des 20. Jahrhunderts. Bd. 1-2, Neukirchener, 1994.
- Bisinger, Albert u. Hänle, Joachim, Gott Mehr als Ethik. Der Streit um LER und Religionsunterricht, Herder, 1997.

- Bohatec, J., Calvins Lehre von Steat und Kirche 1937, Nachdruck, 1961.
- Brunotte, Heinz, Die Evangelische Kirche in Deutschland, Geschichte Organisation und Gestalt der EKD, Gütersloh, 1964.
- Calvin, Johannes, Unterricht in der chvistl, Religion(institutio christianae religionis), übersetzt V. Otto Weber ins Deutsche, 1963.
- Dähn. H., Konfrontation oder Kooperation? Das Verhältnis von Staat und Kirche in der DDR 1945-1980, Köln, 1982.
- Dähn, Horst, (Hrg.) Die Rolle der Kirchen in der DDR, München, 1993.
- Denkschrift der Bekennenden Kirche an Hitler(1963), Münschen, 1987.
- Demke, Christoph, Institution im Übergang, Kirchenleitung nach der Wende in Ostdeutschland, in: Evangelische Theologie, 1997(57), S. 119-139.
- EDK-Denkschirft, Frieden wahren, fördern u. erneuern, Gütersloh 1984(6판). edp. Eine Dokumentation, Evangelischer Pressedienst, Nr. 48/90-98
- Evangelischer Erwach senenkatechismus, im Aufltrag der Katechismuskommission der VELKD, hrg. V. H. Jettei u. a., 5Aufl, Gütersloh, 1989.
- Evangelische Kirche und Wiedervereinigung, Kirchliches Jahrbuch, Göttingen, 1990/91, und 1992/93, Hrg. v. Wolf Dieter Hausschild u. Erwin Willckens in Verbindung mit Hermann

Barth u. Joachim Mehlhausen, Gütersloh, 1995, S. 181-332.
-Everett, W, J., Die Kirche in der Wende: Die Schlüsselerreignisse, 1988-1989, Heidelberg, 1992.
-Falkenau, Manfred (hrg.), Kundgebungen, Worte Erklärungen und Dokumente der Bundes der ev. Kirchen in DDR, Bd. 1-2, 1981-1991.
-Falke, Heino, Gesellschaft und Kirchen der DDR im demokratischen Wandel, Bericht Vom März 1990, Gütersloh, 1991.
-Frauke(Hrg.), Bibliography on German Unification: Economics and Social Developments in Eastern Germany, November, 1989-1992.
-Gemeinsam Unterwegs, Dokumente aus der Arbeit der ev. Kirche in der DDR, 1980-1987.
-Goeckel, Robert F., Die evangelische Kirche und die DDR, Evangeilsche V. A., 1995.
-Greschat, M., Christentum und Demokratie im 20 Jahrhundert, Stuttgart, 1992.
-Greschat, M., Im Zeichen der Schuld, 40 Jahre Stuttgarter Schuldbekenntnis, Neukirchen, 1985.
-Hammer, W. u. Heidingsfeld, U. Peter, Die Konsultationen, Hannover EKD, 1995.
-Hauschild, W. D. u. Wilkens, Erwin(Hrg.), Kirchliches Jahrbuch für EKD, 1990/91, Güterloh, 1995.
-Hauschild, W. D. u. Wilkens, Erwin(Hrg.), Kirchliches Jahrbuch für EKD, 1992/93, Güterloh, 1996.

- Heckel, Christian, Die Kirchengemeinschaft in der Evangelischen Kirche in Deutschland, Lang Peter, 1995.
- Heckel, M., Die Vereinigung der ev. Kirche in Deutschland, Tübingen, 1990.
- Herbert, K., Kirche zwischen Aufbruch und Tradition.
- Heussi, K, Kompendium der Kirchengeschichte, 1976.
- Hofmann, Dirk, u. a.(Hrg.), Die DDR Vor Mauerbau: Dokumentate zur Geschichte deoanderen deutschen Staates 1949-1961, München-Zürich, 1933.
- Hohmann, Martin, Schwerter zu Pflugscharen, Die Friedensarbeit der evangelischen Kirchen in der DDR 1981-1982, Berlin, 1998.
- Huber, W., Protestantismus und Protest. Zum Verhältnis vom Ethik und Politik, Hamburg, 1987.
- Huber, W., Wann ist es Zeit für ein Nein ohne Ja?: In: V. Deil (Hrg), Zumutungen des Friedens, 1982.
- Kahle, J., Evangelische Kirche und Demokratie Der Einordnungsprozess der deutschen ev. Kirche in das demokratischen Funktionsystem der Nachkriegsaera in den Westzonen, Pfaffenweiler, 1988.
- Kirche als Lerngemeinschaft, Dokumente aus der Arbeit des Bundes der Ev. Kirche in der DDR, Berlin, 1981.
- Kleßmann, Christoph, 2wei Staaten, eine Nation: Deutsche Geschichte 1955-1970
- Konrad, H., Jahrbuch, Die unverhoffte Einheit 1989-1990, Frankfurt, 1995.

- Kremser, Holger, Der Rechtsstatus der evangelischen Kirchen in der DDR und die neue Einheit der EKD, Tübing, 1993.
- Kundgebungen, Bd. 1-2, 1969-1980, 1981-1991. Hrg. v. M. Falkenau, Hannover. Bd. 1-3, 1945-1958, 1959-1969 Hrg. v. J. E. Christoph, Hannover.
- Kupisch. K. Zwischen Idealismus und Massendemokratie. Geschichte der ev. Kuhrt, Eberhard, Wider die Militariisierung der Gesellschaft: Friedensbewegung und Kirche in der DDR, Verlag Ernst KnothMelle, 1984.
- Kuhrt, Eberhard, Kirche in Deutschland von 1815-1945, Berlin, 1992.
- Küng, Hans, Die Kirche, München, 1963.
- Link, Christian u. a. Einheit der Kirche als prozeß im Neuen Testament heute, Benzinger u. Reinhart, 1988.
- Luther, M. Von weltlicher Obrigkeit. wie weit man ihr Gehorsam schuldig sei?(1523), WA XI(229), 245-281.
- Martin, Hormann, Schwerter 2u Pflugscharen, Die Friedensarbeit der ev. Kirchen in der DDR 1981-1982, Beilin, 1998.
- May, G., Artikel, "Augsburger Religionsfriede, in: EKLBd. 1, Göttingen, 1986, S. 324.
- Merckel, Marcus, Gutzeit, M. (Hrg.), Opposition in der DDR. Zehn Jahre kirchliche Friedensarbeit, Köln, 1994.
- Meckel, M., Rechtsgutachten. Über die Vereinigung der evangelischen Kirchen auf dem Gebiet der Bundesrepublick und der DDR, Siefeck.,
- Merzyn (Hag.) Das Recht der ev. Kirche in Deutschland 3 Aufl.

1964.
- Nachdenken, zum Weg des Bundes der Ev. Kirche in der DDR, Hrg. v. U. Schröter u. H. Zeddies, GEP Buch, 1995.
- Nipkow, K. Ernst u. Schweitzer, F.(Hrg.), Religionspädagogik, Texte zur evangelischen Erziehungs und Bildungverantwortung seit der Reformation, Bd. 2/2: 20 Jahrhundert, Kaiser, 1994.
- Pollack, Detlef (Hrg.), Die Legimitaet der Freiheit. Politisch alternative Gruppen der DDR unter dem Dach der Kirche, Frankfurt, 1990.
- Pollack, Detlef, Religion und Gesellschaftlichen Wandel Zur Rolle der ev. Kirche in Prozess des gesellschaftlichen Umbruchs in der DDR. in: Hans Joas, Martin Kohli(Hrg) Der Zusammenbruch der DDR, Frankfurt, 1993.
- Pollack, Detlef, Von der Volkskiche zur Minderheitskirche, Zur Entwicklung von Religiosität und Kirchlichkeit in der DDR. Käble, J. Kocka, H. Zwahr (Hrg.), Sozialgeschichte der DDR, Stuttgart, 1994.
- Puza, Richard u. a. (Hrg.), Die Kirche und die deutsche Eeinheit, Rechts und Verfassungsfragen zwischen Kirche und Staat im geeinten Deutschland, Akademie der Diözese Rottenburg-stuttgart, 1991.
- Rau, Johannes, Die rechts u. sozialstaatliche Demokratie als Aufgabe der Christenge-meinde: Von der Barmer Erklärung der EKD zur Demokratieden-kschrift der EKD, in: W. Brandt/ H. Golwitscher/ J. F. Henschel(Hrg.), Ein Richter,

ein Bürger, ein Christ. Festschrift für H. Simon, Baden-Baden, 1987.
- Rein, Gerhard, Die protestantische Revolution, 1987-1990, Ein deutsches Lesebuch, Berlin, 1990.
- Scherer, James A. & Bevans Stephen B.(ed.), New Directions in Mission & Evangelization 1, New York, 1992.
- Schmidt, Günter R, zur Frage nach den Grundlagen der Comenianischen Pädagogik, in: Comenius-Jahrbuch, Bd. 7. 1999.
- Schwerin, Eckert, Wilke, Hans-Hermann(Hrg.), Aufbrüche und Umbrüche, Zur pädagogischen Arbeit der evangelischen Kirchen seit der Wende, EV., Verlang, 1998.
- Schröder, Richard, The Role of the Protestant Church in German Unification, DAEDALUS. Vol. 123. No 1, 1994.
- Thomas E. Heck, EKD und Entspannung, Haag u. Herchen, 1996
- Theologische Realenzyklopädie, Bd. X, 1982(TRX. X) BD X Ⅶ, 1988.
- Thumser, Wolfgang, Kirche im Sozialismus, Geschichte. Bedeutung und Funktion einer ekklesiologischen Formel, Tübiugen, 1996.
- Urban, Detlef u. Weinzen, Hans W., Jugendohne Bekenntnis?: 30 Jahre Konfirmation und Jugendweihe im anderen Deutschland 1954 bis 1984/Detlef Urban: Hans Willi Weinzen, Berlin: Wichern Verlag, 1984.
- Ulike Poppe, Rainer Eckert, Ilko Sacha Kowalezuck(Hrg.),

Zwischen Selbstbehauptung und Anpassung. Formen des Widerstandes und der Opposition in der DDR, Berlin, 1995.
- Weber, Otto, Die Treue Gottes in der Geschichte der Kirche, Neukirchen, 1968.
- Wilkens, Erwin, Die Evangelische Kirche in Deutschland, in: Weinfeld Werner u. a.(Hrg.), Deutschland Handbuch, Bonn, 1992.
- Zwahr, Hartmut. (Hrg.), Sozialgeschichte der DDR, Stuttgart, 1994.
- Zwischen Anpassung und Verweigerung, Hrg., Chr. Demke. M. Falkenau u. H. Zeddies, 1994.

2. 국내서적

- 통일 어떻게 할 것인가?, 남북한 통일방안 심포지엄, 동아일보사, 1988.
- 민족통일연구원, 통일 및 북한관련 연구문헌 목록, 민족통일연구원, 1992.
- 볼프강 쇼이블레, 나는 어떻게 통일을 흥정했나?(W. Schauble, Der Vertrag: Wie ich Über die deutsche Einheit verhandelte), 한창우 역, 동아일보사, 1992.
- 통일원, 독일 통일실태 자료집, 통일원 1994.
- 주독대사관, 통독 관련 연구자료 목록, 서울, 1993.
- 헬무트 슈미트, 이건 아니다. 독일지식인 7인의 반 통일선언(Weil das Land ändern muß), 박성조 역, 서울, 1993.
- 통독 이후 경제 사회 문제 관련 자료(독일 연방의회 제12기 내용,

93. 2. 26-5. 17), 국회도서관소장.
-통일원, 독일 통일실태 자료집, 비 경제 분야, 통일원 통일정책실, 1992.
-통일원, 통독 2주년 보고서, 통일원 통일정책실, 1992.
-통일원, 동서독 조약 협정 자료집, 통일원 통일정책실, 1993.
-통일원, 통독 3주년 현황과 평가, 통일원 통일정책실, 1993.
-통일연수원, 통일문제이해, 1994.
-KNCC 자료집, 제5차 한독교회협의회 공동성명서 제6차 한독교회협의회를 위한 자료집, 1987.
-고왕인, 통일 희년을 향한 한국 교회의 프로그램 및 교회의 실제적용, 목회와 신학, 1993. 1, pp. 105-116.
-고범서, 기독교 정의관, 개인윤리와 사회윤리, 한국신학연구소, 1978.
-권오성, 독일 통일과 교회의 노력, 고려글방, 1995. 기독교 사상, 39권 7호, 독일 통일과 교회의 역할, 102-107.
-김영언, 독일 통일의 교훈으로 본 한반도 통일에 관한 연구, 동국대학원, 1997.
-김영한, 개혁주의 평화통일신학, 목회와 신학, 1993. 1, pp. 76-92.
-김영한, 독일 통일과 교회의 역할, 민족통일과 한국기독교, IVP, 1994. 6.
-김영한, 평화통일과 한국기독교, 서울: 풍만, 1990.
-김일무, 독일 통일과 남북한 통일, 서울: 대왕사, 1995.
-박덕규, 통일 후 구 동독시민의 적응과정 연구, 서울: 민성사, 1996.
-박명철, 독일 통일에 비추어 본 우리의 통일 현실, 독일 통일에 있어서 교회의 역할, 기독교사상, 1997. 6, pp. 40-53.
-박명철, 독일 통일 이후 동서독 교회의 체제 재편, 민족과 신학,

1994. 2, 현대신학연구소, 1994.
- 박성조, 독일 통일의 과정과 교훈, 통일연수원, 1992.
- 박순경, 민족통일과 기독교, 서울: 한길사, 1986.
- 박종화, 전환기에 선 한국교회와 신학, 서울: 양서각, 1988.
- 박종화, 평화통일신학의 쟁점과 전망, 목회와 신학, 1993. 1, pp. 66-75.
- 백경남, 독일 분단에서 통일까지, 서울: 강천, 1991. ₩
- 세계개혁교회연맹편, 정의 평화 창조질서의 보전, WARC 서울대회 보고서, 대한기독교서회, 1989.
- 손규태, 사회윤리학의 탐구, 서울: 기독교서회, 1992.
- 손선홍, 새롭게 쓴 독일 현대사, 외교관이 쓴 분단에서 통일의 역사, 서울: 소나무, 1994.
- 심창섭, 개혁교회 전통의 계승과 적용, 한국교회 성장정체의 현안과 심층 그 대안 모색, 한국교회문제연구소, 솔로몬, 1996.
- 양택규, 독일 통일을 통해본 한반도 통일전망, 경희대 행정대학원, 1994.
- 연합통신, 독일 통일의 명함, 통독 3년이 우리에게 주는 교훈, 연합통신, 1993.
- 하버마스, 위르겐, 현대성의 새로운 지평, 하버마스 한국방문 7강의, 한상진 편, 서울: 나남, 1996.
- 이기백, 329일 독일 통일, 서울: 한마당, 1993.
- 이삼열, 평화의 철학과 통일의 실천, 서울: 햇빛, 1991.
- 이원재, 독일 통일에 이르기까지 독일 개신교의 역할, 1945-1990년까지, 한국외국어대학 석사학위 논문, 1997.
- 이태영, 서독의 통독대비 정책연구, 국토통일원, 1978.
- 이형기역, 개혁교회의 증거, 한국장로교출판사, 1993.

-이형기역, 세계교회협의회 기원과 형성, 한국장로교출판사, 1993.
-임태수, 성경을 통해 본 통일의 당위성, 목회와 신학, 1993. 1, pp. 56-65.
-전호진, 포용론적 입장에서 본 북한 선교대책, 목회와 신학, 1993, 1. pp. 93-99.
-정용길, 이야기로 엮은 통일로 가는 길, 고려원, 1993.
-정일웅, 남북 통일에 대한 신학적 성찰, 교육목회학, 서울: 솔로몬, 1993.
-정일웅, 21세기 한국교회와 실천신학, 여수룬, 1999.
-정일웅 역, 코메니우스의 범 교육학, 여수룬, 1996.
-정일웅 역, 코메니우스의 발자취, 여수룬, 1997.
-정일웅 역, 미래를 가진 하나님의 세계, 여수룬, 1999.
-주도홍, 독일통일 전 동서독 교회의 역할, 1998년 기독교북한선교회 연구논문으로 발표, '독일통일에 기여한 독일교회 이야기'란 제명으로 기독교문서선교회, 1999.
-한국문화정책개발원, 민족 동질성 회복을 위한 이후 독일의 문화 통합과정 연구, 서울, 1996.
-한국법제연구원, 독일 통일과 기본법의 개정, 1995.
-한국정신문화연구원, 통일 후유증 극복방안 연구, 민족 사회적 가치 체제의 융화, 정신문화연구원, 1994.
-허문영, 통일의 법적 조명, 서울: 박영사, 1994.

3. 국내잡지

-기독교사상, 1993년 1호.
-기독교사상, 1994년 4호.

-기독교사상, 1995년 7호,
-기독교사상, 1996년 4호,
-기독교사상, 1997년 6호.
-기독교사상, 1998년 6호.
-장로교 화합과 일치를 위한 포럼 자료, 1999. 3. 8.
-제10회 총회보고서, 한국기독교총연합회, 1999.

독일교회를 통하여 배우는 한국교회의 통일노력

찍음 / 2015년 8월 25일 1판1쇄
펴냄 / 2015년 8월 31일
지은이 / 정일웅
펴낸이 / 정일웅
펴낸곳 / 범지(汎智)출판사
서울시 강남구 개포로 623, 1712호(개포동, 대청타워)
신고번호 / 제2015-000202호(2015. 7. 20)
전화 02-537-7075(팩스겸용)
값   12,000원
범지출판사, 2015, Printed in seoul, Korea.
ISBN 978-89-957126-5-8